Herderbücherei INITIATIVE
Band 9511

D1929125

Bibliothek
Oblatenkloster
Mainz

Die Macht der Meinungsmacher

Die Freiheit zu informieren und informiert zu werden

Herderbücherei INITIATIVE 11

Herausgegeben von
Gerd-Klaus Kaltenbrunner

Herderbücherei

Originalausgabe
erstmals veröffentlicht als Herder-Taschenbuch
Alle Rechte vorbehalten – Printed in Germany
© Herder München 1976
Verlag Herder Freiburg · Basel · Wien
Freiburger Graphische Betriebe 1976
ISBN 3-451-09511-4

Dieses Zweimonatstaschenbuch kostet im Einzelverkauf 9.90 DM,
im Abonnement 7.90 DM zuzüglich Versandspesen
(Preisstand vom 1. Oktober 1975)
Eine entsprechende Preisvergütung für Abonnenten
bleibt auch für den Fall garantiert, daß der Verlag infolge allgemeiner
wirtschaftlicher Verhältnisse gezwungen ist,
den Listenpreis der Serie zu überprüfen.
Abonnementsbestellungen nimmt jede Buchhandlung entgegen.

Inhalt

Vorwort des Herausgebers

„Es war die beste der Zeiten, es war die schlimmste der Zeiten." Der Beginn von Charles Dickens' Roman „Zwei Städte" könnte auch als Leitmotiv der zunehmend lauter werdenden Debatte über die Wirkungen und Möglichkeiten der Massenmedien gelten. Die Diskussion oszilliert, ähnlich der über die Rolle der Technik, zwischen überaus extremen Standpunkten. Auf der einen Seite finden wir überschwängliche Hoffnungen auf eine durch totale Kommunikation aller mit allen mündig gewordene, der Herrschaft nicht mehr bedürftige Demokratie; auf der anderen erhebt sich ein nichts auslassender Manipulationsverdacht, dessen düstere Prognosen an Orwells „1984" gemahnen. Vielfach werden die beiden Positionen von den gleichen Leuten vertreten: *Dämonisierung* und *Utopie* als Phasen eines „heilsgeschichtlichen" Prozesses, der aus Manipulation, Vermassung und „falschem Bewußtsein" ins Paradies einer total aufgeklärten Kommunikationsgesellschaft führen soll. Bisweilen nimmt die sowohl von linken als auch konservativen Autoren vorgebrachte Kritik an den Massenmedien geradezu die Gestalt von *Weltverschwörungstheorien* an, denen zufolge verborgene Gremien von Drahtziehern – nach dem Vorbild der „Weisen von Zion" – teuflischen Machenschaften gegen die Intelligenz und Integrität der ihnen ausgelieferten Massen obliegen.

Die einen wittern in den Redaktionen der großen Zeitungen, Wochenmagazine und Sender einen maskierten oder offenen „Gegenstaat“, der die bestehenden demokratisch-liberalen Institutionen schrittweise auszuhöhlen unternimmt; die andern verteufeln die meinungsbestimmenden Medien als Agenturen des „Bestehenden“.

In diesen einander widersprechenden Urteilen äußert sich eine tiefgreifende Krise unserer Kultur, und diese Krise ist in hohem Maße auch eine Krise der menschlichen Kommunikation. Das Wort kommt vom lateinischen *communicare,* das Cicero, Luther und auch noch die humanistisch gebildeten Gelehrten des 19. Jahrhunderts auf ihre Briefwechsel bezogen. Communicare bedeutet mitteilen, teilnehmen lassen, Anteil nehmen, auch: sich beraten und besprechen. Gegenstand des Mitteilens sind aber Informationen. Auch dieser Begriff kommt aus dem Lateinischen: *informare* bedeutet formen, gestalten, bilden, unterrichten, darstellen. Das römische Wort hat eine künstlerische Aura, umfaßt weit mehr als die bloße Weitergabe von Neuigkeiten und Nachrichten. Kommunikation und Information sind zwar relativ junge Kunstworte, doch die Sache selbst ist so alt wie die Menschheit, von den tierischen Kommunikationsmöglichkeiten, um deren Entschlüsselung Konrad Lorenz, Karl von Frisch und andere Verhaltensforscher sich verdient gemacht haben, einmal abgesehen. Menschwerdung vollzieht sich durch Kommunikation, durch Sprache, Mitteilung, Dialog. Deshalb sagt auch der Dichter: „Viel hat von Morgen an, seit ein Gespräch wir sind und hören voneinander, erfahren der Mensch ...“ (Hölderlin). Menschen führen nicht bloß ein Gespräch, *selber* sind sie eines. Und wenn sie alleine sind, setzt sich das Gespräch in ihrem Innern fort. Diese menschenbildende, wirklichkeitsgestaltende Macht der Sprache hat sich bereits dem mythischen Bewußtsein aufgedrängt. Die Weltschöpfung geschieht, indem Gott spricht. Im Anfang war das Wort. Altes und Neues Testament stimmen in dieser Hinsicht völlig überein.

Gesellschaftliche Evolution vollzieht sich durch Wandlungen der Kommunikation. Die Hauptphasen der Menschheitsgeschichte – archaische Gesellschaften, Hochkulturen, technologische „Weltgesellschaft“ – sind markiert durch jeweils dominierende

Kommunikationsweisen, in denen die früheren nicht einfach verdrängt, sondern ergänzt, umgeformt und neudefiniert werden. Was menschliche Gesellschaft sonst noch immer sein mag, auf jeden Fall kann man sie mit Niklas Luhmann auch als Kommunikationssystem umschreiben, als Gesamtheit der füreinander zugänglichen, kommunikativ erreichbaren Erlebnisse und Handlungen. Dies ist die in die Sprache der Systemtheorie und politischen Kybernetik übersetzte Botschaft von Mythos und Dichtung[1].
Wenn man die menschheitliche Entwicklung sup specie communicationis betrachtet, dann zeigt sich ein – wenngleich nicht gradliniger – Fortschritt von kleinen, noch schriftlosen Gesellschaftssystemen, in denen Kommunikation auf dem persönlichen Kontakt beruht, zu der den gesamten Erdball umspannenden, das Erleben und Handeln tendenziell aller Menschen synchronisierenden Massenkommunikation im letzten Drittel unseres Jahrhunderts.
Ob wir wollen oder nicht: wir leben und weben in einer überwiegend durch elektronische Medien hergestellten und sich permanent verändernden „Noosphäre"[2], so wie die Fische im Wasser schwimmen und die Vögel durch die Luft fliegen. Was hier geschieht, ist weit mehr, als die abgegriffenen Ausdrücke „Information" oder auch „Verschleierung der Wirklichkeit" zu verraten scheinen. Durch die Massenmedien, die gleichsam eine zweite Welt neben der Welt unserer Primärerfahrung produzieren, wird Wirklichkeit nicht nur bekanntgemacht oder auch manipulativ verzerrt, sondern in zunehmendem Maße überhaupt erst produziert. Die Massenmedien sind, worauf Günther Anders bereits vor zwei Jahrzehnten hingewiesen hat, nicht bloß ein technisches, sozialpsychologisches, erkenntnistheoretisches und politisches Problem, sondern zuvörderst ein ontologisches[3]. Sie können Wirklichkeit abbilden, verschleiern und verzerren, weil sie fähig sind, Wirklichkeit zu definieren und in zunehmendem Maße auch zu erzeugen. Was wir als Wirklichkeit wahrnehmen, ist nicht einfach

[1] Vgl. Karl W. Deutsch: Politische Kybernetik. Freiburg i. Br. 1969; Niklas Luhmann: Veränderungen im System gesellschaftlicher Kommunikation und die Massenmedien. In: Die elektronische Revolution. Hrsg. von Oskar Schatz. Graz 1975, S. 13ff.
[2] Vgl. Adolf Haas: Teilhard de Chardin-Lexikon. Freiburg i. Br. 1971, Bd. 2, S. 201ff.
[3] Vgl. Günther Anders: Die Antiquiertheit des Menschen. Über die Seele im Zeitalter der zweiten industriellen Revolution. München 1956.

eine Gegebenheit für sich, sondern eine Leistung der Medien. Man braucht sich dazu nur zu vergegenwärtigen, wie das Fernsehen sowohl den Freizeitkonsum als auch den Stil der Politik innerhalb weniger Jahre grundlegend verändert hat; wie die erwartete dramatische Darbietung von Geiselnahmen, Flugzeugentführungen und anderen Terrorakten zum bewußt eingerechneten Element der Tat selbst wird; und wie politische Geschehnisse, die an sich vielleicht bloß lokale Bedeutung hätten, durch ihre audivisionelle Kolportage zu Auslösern von Ereignisketten auch in weit entfernten Ländern werden können.

Trotz dieses Universalismus der Kommunikation sind wir heute verhältnismäßig weniger informiert als unsere Vorfahren im 18. Jahrhundert, denen die Kenntnis der Bibel, Homers und Newtons genügte, um die ganze Welt zu verstehen und sich zu allem einen Reim zu machen. Das Sammeln, Prüfen und Revidieren von Informationen wird zeitraubender, mühsamer und frustrierender. Die gewaltige Veranstaltung, in der Wirklichkeit präsentiert, interpretiert und, wie wir gesehen haben, auch konstituiert wird, heißt zwar Massenkommunikation. Doch die Vermittlung der Aussagen, Meinungen und Bilder geschieht mit Hilfe technischer Medien, und deshalb ist sie indirekt, einseitig – es findet keine unmittelbare *gegenseitige* Beeinflussung zwischen Sender und Empfänger statt – und abstrakt. Mit dem Mut zu gewissen Vereinfachungen kann man sagen, daß seit dem Aufkommen der modernen Massenmedien die dialogische Struktur der Kommunikation abgebaut wird, während die monologisch-diskursive überhand nimmt.

Karl Marx wandte gegen den Liberalismus des frühkapitalistischen Bürgertums ein, daß die Freiheit der wenigen, die über die Produktionsmittel selbstherrlich verfügen, die Verknechtung der vielen einschließe, die von ihrer Hände Arbeit zu leben gezwungen sind. Es bedarf nur einer kleinen Überblendung, um das von Marx erkannte (und von voreiligen Marx-Kritikern für endgültig überwunden ausgegebene) Dilemma heute erneut in den Blick zu bekommen. Wenn die Massenmedien, was kaum zu bestreiten ist, als gesellschaftlich relevante Produktionsmittel angesehen werden können, dann stimmt die Freiheit derer, die Aussagen, Nachrichten und Meinungen für die Öffentlichkeit formulieren und verbreiten, nicht notwendig mit der Freiheit der Empfänger überein, selb-

ständig zu fragen, zu urteilen und sich eine eigene Meinung zu bilden.
Nicht nur in den Ländern eines totalitären Sozialismus dienen die Massenmedien als Propaganda- und Indoktrinationsmittel, mit deren Hilfe den Regierten vorgeschrieben wird, was als Wirklichkeit zu gelten habe. Auch in den westlichen Ländern gibt es die Erscheinungen des missionarischen Kolumnisten und televisionären Zuchtmeisters, in denen liberale und konservative Kritiker, wie Arnold Gehlen, Helmut Schelsky, Caspar von Schrenck-Notzing, Helmut Schoeck, Helmut Walther und andere die ersten Keime zu einer neuen Oligarchie, zu einer „Klassenherrschaft der Sinnvermittler" erblicken[4]. Die genannten Autoren unternehmen den Versuch, auf den Medienkapitalismus von heute das Marxsche Klassenkampftheorem anzuwenden. Die Medienfreiheit erscheint ihnen als Gegenspielerin zur Informations- und Meinungsfreiheit. Jene führe dazu, daß die Massenmedien sich als „vierte Gewalt" etablieren, wodurch eine neuer Klassengegensatz entstünde: der Gegensatz zwischen denen, die die Publikationsmittel beherrschen, und denen, die dieser neuen Klasse von Medienpriestern ausgeliefert sind. So wie der liberale Konkurrenzkapitalismus dem Monopolkapitalismus gewichen sei, so habe sich unter den Bedingungen einer hochentwickelten technologischen Gesellschaft die liberale Meinungsfreiheit aller in ein Privileg weniger verwandelt. Die Beziehungen zwischen Produzenten und Konsumenten von Ideen entfernen sich dadurch immer weiter vom klassischen Modell des freien Marktes[5]. Der vulgärmaterialistische Satz, daß der Mensch ist, was er ißt, erhält nachträglich eine informationstheoretische Pointe. An die Stelle der veralteten Leibeigenschaft tritt eine neue Geisteigenschaft durch Manipulation. Wo sind die Grenzen zwischen gewaltloser Überredung, moralischer Indoktrination, politischer Verführung und systematischem brain washing? Gibt es nicht genügend Zeugnisse, die den

---

[4] Vgl. vor allem Erwin K. Scheuch: Kulturintelligenz als Machtfaktor? Zürich 1974; Helmut Schelsky: Die Arbeit tun die anderen. Klassenkampf und Priesterherrschaft der Intellektuellen. Opladen 1975; Caspar von Schrenck-Notzing: Zukunftsmacher. Stuttgart 1968.
[5] Vgl. Geoffrey Vickers: Freiheit im kybernetischen Zeitalter. Stuttgart 1974, S. 145f.

auf seine geistige Selbstbestimmung stolzen Individualisten erbleichen lassen können[6]?
Im 19. Jahrhundert bildete die Presse den liberalen Gegenpol zum überwiegend noch monarchischen Staat, dem der Verzicht auf Zensur erst nach langen Kämpfen abgerungen worden war. Inzwischen ist jedoch eine Situation akut geworden, in der die Frage sich aufdrängt, ob nicht der Staat und seine Bürger vor den illiberalen Zensur- und Inquisitionspraktiken der Massenmedien in Schutz genommen zu werden verdienen.
Wie ein Blick auf die Weltgeschichte zeigt, waren Tyrannei und Zensur stets die Regel, Freiheit und Toleranz die Ausnahme, insbesondere das Recht auf freie Meinungsäußerung. Es ist auch keineswegs ausgemacht, daß die Zensur nur von Staat und Kirche ausgeübt werden könne. Aus der Tatsache, daß es in den westlichen Gesellschaften kein staatliches Zensoramt gibt, zu schließen, eine Zensur finde überhaupt nicht statt, wäre zumindest voreilig. Bereits Maurras hat die These aufgestellt, daß auf die Souveränität der Könige nicht die des Volkes folgte, sondern die des *homme de lettres,* des Intellektuellen und Literaten, und Chesterton sprach den Verdacht aus, daß an die Stelle der staatlichen Pressezensur die *Zensur durch die Presse* getreten sei. „Ein Demokrat vom alten Schlage würde heute nicht Freiheit für die Presse, sondern von der Presse fordern“, schlußfolgert Oswald Spengler in seinem „Untergang des Abendlandes“[7].
Was diese geistvollen konservativen Autoren polemisch ausgesprochen haben, findet seine unerwartete Bestätigung durch eine Reihe zeitgenössischer Publizistikwissenschaftler und Kommunikationstheoretiker, deren Ergebnisse sich durchaus zu der These verdichten lassen, daß die Massenmedien eine Zensur ausüben. Eine der Voraussetzungen für diese Zensur besteht bereits darin, daß in der Presse, noch mehr aber in Rundfunk und Fernsehen, die Neuheit als solche – oder zumindest, was dafür gilt – einen Selbstwert hat. Hier herrscht die *Diktatur der Aktualität.*

---

[6] Vgl. Wilhelm E. Mühlmann: Zwischen Exzeß und Ordnung. Reflexionen über die Steuerung des Menschen. In: INITIATIVE 9 (1975), S. 28ff., bes. 44ff.
[7] Oswald Spengler: Untergang des Abendlandes. München 1963, S. 1142. Vgl. dazu: Theodor W. Adorno: Spengler nach dem Untergang. In: Prismen. Kulturkritik und Gesellschaft. München 1963, S. 43–67.

Es gibt Gesellschaften und Gruppen, etwa strenge Mönchsorden, denen Neuheit verdächtig und gefährlich, Neugier – *rerum novarum cupido* – geradezu frevelhaft erscheint. Sie kultivieren asketische Disziplinen gegen die Verführung durch das Neue. Die in den Massenmedien zur öffentlichen Gewalt gewordene Bevorzugung des Aktuellen gehört zu den auffälligsten Kennzeichen der modernen Zivilisation, wie sie sich im 18. Jahrhundert, im Zeitalter der Aufklärung, zu entfalten begonnen hat. Diese Zivilisation versteht sich selbst als Prozeß und Progreß, in dem fortlaufend Neues entsteht und Altes abgetan wird. Auch die kapitalistisch organisierte Wirtschaft ist systemnotwendig an den Prinzipien der Mobilität, der fortwährenden Umwälzung und Infragestellung aller vorgegebenen Verhältnisse orientiert. Neuheit ist überdies das am leichtesten erkennbare Merkmal an Aussagen. Sie vermag noch am ehesten Aufmerksamkeit zu erregen, als Sensation, als dernier cri, als neueste Mode. So wirkt bereits dieses rein formale Auswahlprinzip verzerrend, und hier gilt Marshall McLuhans Wort: *„The medium is the message!"*
Es gibt keine Gesellschaft, so progressiv und innovationsfreundlich sie auch sein mag, die gänzlich nach dem in den Massenmedien geltenden Gesetz des Vorrangs der Neuheit organisiert ist. Da die Medien jedoch in der modernen Gesellschaft eine überragende Rolle spielen, ergeben sich erhebliche Rückwirkungen. Kritik wird zum Höchstwert, Verdächtigen zur Ganztagsbeschäftigung, Entlarvung zum Gesellschaftsspiel. Andere menschliche Grundbedürfnisse, wie die nach Stabilität und gewissen „kulturellen Immobilien" bleiben ungedeckt. Diese schon im System angelegte Tendenz wird noch verstärkt durch das Aufkommen eines bestimmten Intellektuellen- und Journalistentypus, dessen Vorformen der antike Sophist und der radikale Aufklärer sind. Es sind dies, wenn wir Joseph A. Schumpeter folgen, Leute, die die Macht des gesprochenen und geschriebenen Wortes handhaben, ohne für die praktischen Folgen direkt verantwortlich zu sein und ohne über jene Kenntnisse zu verfügen, wie sie nur die Erfahrung geben kann. Ein weiteres Merkmal sei die „kritische Haltung, die nicht weniger aus der Situation des Intellektuellen als eines bloßen Zuschauers – in den meisten Fällen auch als eines Außenseiters – als aus der Tatsache entsteht, daß seine größten Erfolgsaussichten in sei-

nem tatsächlichen oder möglichen Wert als Störungsfaktor liegen"[8].

Dieser Charakter kann nur in einer bürgerlich-liberalen Gesellschaft gedeihen. Die mittelalterliche Feudalgesellschaft kannte ihn nicht, und ebensowenig wird er in den modernen totalitären Staaten geduldet. Der moderne Journalist ist angewiesen auf pluralistische Regimes, die keine Staatsideologie und offizielle Zensur kennen. Doch wenn man sich unter Zensur nicht eine Hierarchie boshafter Beamter vorstellt, die mit Rotstift und Schere Manuskripte und Druckfahnen bearbeiten, sondern ein Repertoire von Techniken, mit denen bestimmte Cliquen die Veröffentlichung bestimmter Aussagen begünstigen, die anderer verhindern, dann kann man sehr wohl behaupten, daß in den liberalen Demokratien eine Zensur stattfindet: eine Zensur durch die Meinungsmacher.

Thomas Molnar hat in einem Aufsatz, der vor allem die amerikanische Szene beleuchtet, neben anderen folgende Beispiele angeführt[9]:

1. Die laufenden Ereignisse werden in einer Weise dargestellt, die den Eindruck erweckt, daß bestimmte politisch-ideologische Bewegungen und Länder die Zukunft für sich haben. Andere Entwicklungen und Staaten, denen der Zensor-Publizist nicht wohlgesonnen ist, bleiben unerwähnt, außer wenn es sich um unerquickliche und bedenkliche Aspekte handelt. Im Laufe der Zeit gelangt der Leser, Hörer und Zuschauer zu der Auffassung, daß die Geschichte eine bestimmte Richtung nimmt, daß Fortschritt, Humanität und Erfolg eindeutig lokalisiert sind, und was in dieses Schema nicht hineinpaßt, wird entweder verdrängt, als bloßes Überbleibsel oder zufällige Deformation abgetan.

2. Die neuen Zensoren sind sich klar darüber, daß im Zeitalter der Massenmedien auch ein Angriff der Sache des Gegners nützen kann. Deshalb ziehen sie es häufig vor, auf Polemik zu verzichten und den Gegner überhaupt zu ignorieren. Gewisse Publikationen, Meinungen, Theorien usw. werden totgeschwiegen, sofern sie der eigenen Richtung zuwiderlaufen. Auf der anderen Seite wird noch

[8] Vgl. Joseph A. Schumpeter: Kapitalismus, Sozialismus und Demokratie. Bern 1950, S. 235ff.

[9] Vgl. Thomas Molnar: Die neuen Zensoren. In: Criticón, H. 11 (Mai/Juni 1972), S. 112.

der geringfügigsten Hervorbringung aus dem Lager, mit dem man sympathisiert, unverzüglich massive Publizität verliehen. Das Ergebnis dieser Praxis ist schließlich die Verankerung des Glaubens, daß bemerkenswerte intellektuelle Leistungen nur in bestimmten Quartieren erbracht werden und daß die Auseinandersetzung mit andern nicht lohnend sei.

Von diesen Kraftlinien des Schweigens handelt ein bemerkenswerter Essay der westdeutschen Demoskopin Elisabeth Noelle-Neumann[10]. Wer unter dem Einfluß der soeben erwähnten Zensurpraktiken zu der Meinung gelangt, daß er mit seinen Ansichten zur Minderheit gehört, erliegt nur zu leicht einem hemmenden Inferioritätsgefühl, das ihn zögern läßt, in politischen oder moralischen Kontroversen sich mit einer eigenen entschiedenen Stellungnahme zu exponieren. Durch diese Abstinenz verstärkt er noch den Eindruck, den die Mehrheit ohnehin ausübt, wodurch diese in Rückkoppelung noch mehr Menschen dazu veranlassen kann, abweichende Meinungen für sich zu behalten.

George Kennan sagte vor einigen Jahren, daß es niemals einen größeren Gegensatz gab zwischen dem Ernst der internationalen Lage und ihrer Einschätzung durch die öffentliche Meinung. Öffentliche Meinung ist jedoch von jeher veröffentlichte Meinung. Kennan bezog sich deshalb ausdrücklich auch auf die „Meinungsmacher, Gesetzgeber, Journalisten, Schlagzeilenmacher und, von wenigen Ausnahmen abgesehen, die Experten und verantwortlichen Politiker“[11]. Während in Sachen Watergate – obwohl in Vietnam noch der Krieg tobte und im Nahen Osten hochgradig schwierige politische Entscheidungen zu treffen waren – geradezu krankhafter publizistischer Enthüllungsdrang Orgien feierte, der die Exekutive der Weltmacht fast lahmlegte, ignorierten die Informationsmedien der USA gewichtige Resolutionen des amerikanischen Gewerkschaftsbundes, in denen gewisse Illusionen der sogenannten Entspannungspolitik kritisiert wurden. Grund: sie paßten nicht ins Konzept der „liberalen“ Journalisten und Kommentato-

---

[10] Elisabeth Noelle-Neumann: Die Schweigespirale. Über die Entstehung der öffentlichen Meinung. In: Standorte im Zeitstrom. Festschrift für Arnold Gehlen. Frankfurt a.M. 1974, S. 299–330.

[11] Zit. nach Henry Regnery: Kritik als Machtmittel. In: Criticón, H. 5 (März/April 1971), S. 95.

ren, die, anstatt umfassend zu informieren, die Stelle der Regierung zu besetzen trachteten.
Die Gefahren, die von dem medialen Komplex ausgehen, sind nicht zu übersehen. Doch noch immer herrscht bei uns Meinungsfreiheit. Sie wird so lange herrschen, als sie nicht nur von den Großmeinungsmachern genutzt wird. Die geschichtlichen Erfahrungen zeigen überdies: sogar die totale Beherrschung der Massenmedien durch eine bestimmte Partei oder Regierung vermag nicht zu verhindern, daß die ihnen ausgelieferten Empfänger völlig anders denken und, sobald sich Gelegenheit dazu ergibt, auch entsprechend handeln. Die Erhebungen in Polen und Ungarn im Jahre 1956 – wer gedenkt noch ihrer? – fanden statt, obwohl Presse und Rundfunk dieser Länder ausschließlich Sprachrohre der Machthaber waren. Der Zorn der Bevölkerung richtete sich in beiden Fällen gegen sehr verschiedene Formen von Unterdrückung. Die Ungarn und Polen empörten sich gegen nationale, soziale, wirtschaftliche und politische Unfreiheit. Doch was sie am wenigsten ertragen konnten, war die ständige und systematische Verlogenheit des Regimes, die das Ausmaß dessen, was Völker von jeher von den Herrschenden erwarten und ihnen sogar zugestehen, bei weitem überstieg. Die Leute wollten einfach nicht mehr angelogen werden. Sie haben damit die Wahrheit des Diktums Heimito von Doderers bestätigt: „Freiheit ist im wesentlichen das Freisein von der Lüge."
Die Massenmedien haben als *„Treuhänder der Öffentlichkeit"* (Gerd H. Padel) einen Kontrollauftrag gegenüber den staatlichen Gewalten zu erfüllen. Umgekehrt ist aber auch der Staat verpflichtet, dafür zu sorgen, daß die Medien ihre Aufgaben im Rahmen von Verfassung und Gesetz wahrnehmen und sich als *Diener der rechtsstaatlichen Ordnung* benehmen. War im vergangenen Jahrhundert die Freiheit der Presse gegenüber dem Staat zu erringen, so stehen wir heute teilweise vor der Frage, wie wir den Staat vor der zügellosen Freiheit der in den Medien Wirkenden schützen können. Das Problem besteht darin, ob pluralistische Gesellschaften, deren langfristige Probleme – angesichts der immer stärker werdenden Verflechtung aller Lebensbereiche und Regionen mit allen anderen – zunehmend abstrakter und inkommunikabler zu werden drohen, imstande sind, durch allgemein zugängliche Information und Orientierung sich wenigstens jenes *Minimum an*

kollektiver Übereinstimmung zu bewahren, auf das sie lebensnotwendig angewiesen sind, *und* zugleich in ihren Bürgern jene *kritischen Fähigkeiten* zu kultivieren, die sie befähigen, ihre komplexen Institutionen unter Kontrolle zu halten. Es gilt anzuerkennen, daß das Recht des einzelnen und insbesondere der privilegierten Meinungsmacher, sich eine eigene Meinung zu bilden und Kritik zu üben, nur sinnvoll sein kann im Rahmen einer institutionellen Ordnung, die auf bestimmten fundamentalen, der Diskussion entzogenen Prinzipien beruht, diesen Prinzipien auch profilierten Ausdruck verleiht und eben dadurch die Menschen vor dem Delirien zufälliger Meinungswillkür schützt[12].

Alle technischen, institutionellen, juristischen und politischen Maßnahmen zur Bewältigung der großen Probleme der Massenmedien wären fruchtlos, wenn nicht in den lesenden, zuhörenden und zuschauenden Individuen selbst jene noch kaum ergründeten *Abwehrkräfte* lägen, für die der kecke Gassenjunge in Andersens „Des Kaisers neue Kleider" ebenso bürgt wie die Tatsache, daß nicht einmal zwei Menschenalter marxistisch-leninistischer Indoktrination imstande waren, die Russen zu überzeugten Marxisten zu machen. Hier gibt es noch viele Fragen. Woher kommen diese Kräfte? Wie kann man sie fördern und kultivieren? Auf jeden Fall kann man sagen, daß hier nicht bloß kritisch-intellektuelle Fähigkeiten im Spiele sind.

Ein Blick auf kleine Kinder zeigt, daß es so etwas wie einen schöpferischen Drang gibt, eine im Grunde mit dem Leben identische Lust zu suchen, zu fragen, zu forschen, zu zweifeln und wahrzunehmen. Es ist dies ein in des Wortes ursprünglicher Bedeutung *ästhetischer* Drang. Ästhetik kommt von dem griechischen Wort *aisthánesthai*, das soviel wie mit den Sinnen wahrnehmen bedeutet. Ästhetik ist eigentlich die Lehre von der sinnlichen Wahrnehmung und in dieser Bedeutung gebraucht noch Kant das Wort, der einen Teil seiner Kritik der reinen Vernunft, eben die Lehre von der sinnlichen Wahrnehmung, die transzendentale Ästhetik nennt. Alexander Gottlieb Baumgarten, ein älterer Zeitgenosse Kants,

---

12 Vgl. Bertrand de Jouvenel: Über die Staatsgewalt. Freiburg i. Br. 1972, S. 374f.; Geoffrey Vickers: Der Preis der Institutionen. Frankfurt a. M. – New York 1974, S. 105, 127f.; Walter Hildebrandt: Widersprüche im Bürgerstaat. In: INITIATIVE 7 (1975), S. 99ff.

definierte geradezu: *Aestheticus finis est perfectio cognitionis sensitivae.* Ziel der Ästhetik ist die Vollkommenheit der sinnlichen Wahrnehmung (Äesthetica, 1750–1758, § 14). Im Zeitalter der unser Wahrnehmungsvermögen sowohl erweiternden als auch überschwemmenden Massenmedien kommt es darauf an, die Aufgaben der Ästhetik, der Lehre von der Wahrnehmung, und ihrer Kultivierung neu zu bestimmen. Es bedarf, in einem von Schiller etwas abweichenden Sinn, einer „ästhetischen Erziehung des Menschen", wenn wir der Macht der Medien standhalten wollen.

Wenn wir gewissen Nachrichten vertrauen dürfen, dann ist die Hoffnung nicht unbegründet, daß die Medien selbst zu Instrumenten jenes vitalen Elans, der mit jedem Kind wiedergeboren wird, gemacht werden können. Ein Meinungsbildner wäre dann keine besondere Art von Mensch, sondern jeder Mensch eine besondere Art von Meinungsbildner. Professor Ithiel de Sola Pool vom weltberühmten Massachusetts Institute of Technology (MIT) wagte die Prognose, daß die Auswirkungen der neuen Medientechnik von denen der alten völlig verschieden sein werden. Es lasse sich voraussehen, daß sowohl die bestehenden als auch die kommenden Kommunikationseinrichtungen immer mehr dem *individualisierten* Gebrauch angepaßt werden können. Wenn diese technische Entwicklung, die sich im eigentlichen Sinn unter das derzeit oft mißbrauchte kybernetische Fachwort „feed-back" subsumieren läßt, schließlich dazu führen wird – und teilweise tut sie es schon jetzt –, daß dem Konsumenten Apparate zur Verfügung stehen werden, die er benutzen kann, wo und wann er es wünscht, allein oder in Zusammenarbeit mit anderen, dann – so schreibt Sola Pool – wird er Maschinen als eine Erweiterung seiner eigenen Fähigkeiten und seiner Persönlichkeit benutzen, indem er weltweit spricht, hört und jedwede gesuchte Information auftreiben kann[13].

Der in Brasilien lehrende Philosoph und Kommunikationstheoretiker Vilem Flusser schreibt über die sich abzeichnenden Möglichkeiten: „Das Fernsehen birgt in sich ungeahnte Möglichkeiten für Dialoge. Nicht im Sinn von ‚runden Tischen' und von Programmen, an denen ein beschränktes Publikum teilnimmt. Das sind in Diskurs verwandelte Dialoge, nämlich ‚rundgefunkte' Dia-

[13] Vgl. Ithiel de Sola Pool (Hrsg.): Talking Back. Citizen Feedback and Cable Technology. MIT Press, Cambridge (Mass.) 1973.

loge. Sie sind ein Symptom für die Dekadenz aller Dialoge. Sondern im Sinn einer Ausgestaltung des Fernsehnetzes in ein dialogisches Netz, das jeden Empfänger potentiell befähigt, Sender zu werden. Also eines Netzes, das sich selbst programmiert, nämlich das von der Summe aller an ihm Beteiligten programmiert wird. Dies ist technisch und theoretisch möglich, dank der Theorie der Spiele. Wer sich eine Revolution im Fernsehen vorstellt, stellt sich eine neue Gesellschaft vor, nämlich eine solche, die wieder aus dem Privaten dialogisch ins Öffentliche vorstößt. Wenn es stimmt, daß Demokratie gleichbedeutend mit Dialog ist, dann wäre eine solche Revolution im Fernsehen die Öffnung des demokratischen Raums, das heißt des Raums zwischenmenschlichen Austausches und Ausgleichs, also der Freiheit."[14]
Eine Folge dieser Umwälzung in den Medien wäre nicht nur ein Mehr an *dialogischer Kommunikation,* sondern auch ein Mehr an *Objektivität,* wobei letztere nicht mit Neutralismus oder parteipolitischem Proporz zu verwechseln ist. Objektivität in den Medien kann nur bedeuten: Reichtum an Perspektiven, Sinn für die Vieldimensionalität und Komplexität der Welt, ein möglichst großes Potential von Fragen und Antworten, Standpunkten und Einsichten. Es entstünde dann nicht nur ein ausgewogenes, umfassenderes, reichhaltigeres Abbild der Wirklichkeit, sondern gleichsam ein ontologischer Mehrwert: ein *Mehr an Wirklichkeit.*
Von Nietzsche stammt das Wort: „Die Wahrheit beginnt zu zweien." Hier liegt, unbeschadet aller revolutionären Wandlungen im Kommunikationswesen, der vor aller Technik und Öffentlichkeit liegende Kern menschlicher Substanz. Kommunikation ist beides: *res publica* und *res intima.* Und alle Geschwindigkeit, mit der Minute für Minute Nachrichten um den Erdball gefunkt werden, ändert nichts daran, daß andere Dinge nach wie vor ihre Weile brauchen. Immer noch dauert es neun Monate, bis ein Kind geboren wird; immer noch dauert es seine Zeit, bis sich entwickelt, was in sich sinnvoll und schön ist: ein Kunstwerk, das Verständnis eines Gedichts, ein Gespräch, ein Freundschaft. Daran haben auch die Massenmedien nichts geändert, und es ist gut so.

Der Herausgeber

---

[14] Vgl. Vilem Flusser: Die Tyrannei der Sender. In: Frankfurter Allgemeine Zeitung, Nr. 273, 25. November 1971, S. 24.

HERMANN BOVENTER

Macht und Ohnmacht der Meinungsmacher

Sind die meisten Nachrichten falsch?

In Horkheimers Vorlesungen „Eclipse of Reason" aus dem Jahre 1947 wird der Junge zitiert, der zum Himmel aufblickt und fragt: „Daddy, für wen soll der Mond Reklame machen?" Fast dreißig Jahre später – Horkheimers „kritische" Saat ist inzwischen voll aufgegangen – fragt man in unserem Land, für wen die Publizistik Propaganda macht, wem sie gehört, wem sie gehorcht, wer sie beherrscht. Man fragt nach den mit der Information verbundenen Absichten. Der große Ideologieverdacht geht nun auch in der Publizistik um. Bedingungen, politische Relevanz und gesellschaftliche Legitimation der kommunikativen Verhältnisse werden „hinterfragt". Die Massenmedien – o böse Macht! – werden entlarvt als Herrschaftsmittel, die bestehende Strukturen zementieren wollen. Dies ist, wie man weiß, etwas Satanisches. Die Welt der Massenkommunikation, das zeigen solche Fragen, liegt im argen. Nicht daß die Fragen nicht legitim seien, doch kommen sie vorwiegend aus ein und derselben Ecke. Hier hätten wir den ersten Vorbehalt anzumelden, wenn wir herauszufinden suchen, wie es dazu gekommen ist, daß Meinungsmacher als höchst suspekte Kaste gelten, soweit sie sich nicht progressiv gebärden oder tarnen, und worauf sich heute die vielgerühmte Furcht vor einer falschen Beeinflussung und Manipulation durch die Massenmedien gründet in einem Land, das eine freie Presse hat.

Der Schlachtruf „Manipulation"

Rudi Dutschke und seine Freunde von der außerparlamentarischen Opposition entdeckten in den sechziger Jahren ihre hartnäkkigsten Gegner in der Presse. Die Jünger Herbert Marcuses erfüllten damals mit ihrem Schlachtruf „Manipulation" die öffentliche Szene, als in den turbulenten Ostertagen des Jahres 1968 unter der Parole „Enteignet Springer!" Studenten und aufgewiegelte Jugendliche den Vertrieb der „Bild"-Zeitung gewaltsam zu verhindern suchten und dabei zwei Menschen ums Leben kamen. An keinem progressiven Rockaufschlag durfte der Anti-Springer-Slogan fehlen. Protest- und Demonstrationszüge fanden nicht ohne die obligatorischen Spruchbänder statt, auf denen die Macht der Pressekonzerne angeklagt wurde. Der Hauptvorstand der IG Druck und Papier hat allerdings die Forderung nach Enteignung damals noch kategorisch zurückgewiesen und in einer Erklärung am 16. April 1968 ein unmißverständliches Bekenntnis abgelegt mit dem Satz: „In der Tat ist die Presse überall dort, wo sie frei ist, privatwirtschaftlich organisiert."

Als Willy Brandt die Kritiker seiner Friedens- und Ostpolitik „Schreibtischtäter" nannte, wurde die Pressemacht auch amtlicherseits an den Pranger gestellt. Das Wort erinnerte an die Abgründe des Naziterrors und ließ an anklägerischer Schärfe nichts zu wünschen übrig. Der damalige Bundeskanzler nahm Kritik oft persönlich, aber auch der viel hartgesottenere Herbert Wehner grollte vor noch nicht langer Zeit laut und öffentlich über „diese Schurken mit dem Kugelschreiber", die ihn mit der Guillaume-Affäre in Verbindung bringen wollten.

In Kreisen der Koalitionsregierung dürfte die Furcht vor der Manipulation wohl kaum den Ausschlag gegeben haben, daß sich schon bald der Ruf nach gesetzgeberischen Maßnahmen einstellte. Eher schon der Unmut darüber, daß eine gewisse Presse auch vor sozialistischen Fürstenthronen nicht in die Knie ging. Der Demokrat lebt mit diesem Unmut mehr schlecht als recht. Aber so war es, wenn auch mit grollendem Unterton, die Regel gewesen in den beiden ersten Lebensjahrzehnten der Bundesrepublik. Selbst Adenauer mußte seine Fernsehpläne wieder begraben. Erst im Gefolge der Studentenunruhen der neuen Linken gelang es, den

Manipulationsverdacht gegen die Presse zu schüren und zum öffentlichen Thema zu machen, im Verein mit linken Konjunkturrittern und den Juso-Kadern in der Sozialdemokratie. Das war auch gleichzeitig die Geburtsstunde einer neuen Politik, nämlich der Medienpolitik. Der Schlachtruf der „Manipulation“ hatte seine Schuldigkeit getan.
Warum die Medienpolitik so plötzlich aktuell wurde, hatte mehrere Ursachen. Eine davon ist die Konzentration: die Zahl der publizistischen Einheiten mit Vollredaktionen sinkt seit den fünfziger Jahren ständig ab. Der Trend ist weltweit zu beobachten und hat zum „Zeitungssterben“ geführt. So entstand die politische Forderung, die Meinungsvielfalt müsse durch staatliche Maßnahmen erhalten und die anhaltende Pressekonzentration begrenzt werden. Diesem – manchmal als „äußere“ Pressefreiheit gekennzeichneten – Problem gesellte sich ein weiteres hinzu: das der „inneren“ Pressefreiheit, des Wunsches nach vermehrter Mitsprache und Mitbestimmung in den Redaktionen und gegenüber dem Verleger. Es ging um eine „Demokratisierung der Presse“, also nicht unwesentlich um eine Kontrolle tatsächlicher oder angeblicher Verleger- und Zeitungsmacht durch Mehrheitsentscheidungen und räteähnliche Strukturen. Von hieran wurde Medienpolitik in der Bundesrepublik mit einem charismatischen „M“ geschrieben, als ob die Pressefreiheit in einem tiefen Sumpf steckte und wir alle heillos unter den Bann der großen Manipulation geraten wären.
Heute ist es um die Medienpolitik stiller geworden. Vielen Zeitungsverlagen steht wirtschaftlich das Wasser bis zum Hals. Sie haben Sorgen um ihre Existenz. Erinnern wir uns daran, wie auf der Woge der Manipulationsfurcht ein öffentliches Unbehagen erzeugt werden sollte, aus dem heraus die sich ohnmächtig und betrogen Fühlenden nach einem Mächtigen Ausschau halten konnten, das Ganze zu verändern. Dieser Mächtige war, wie konnte es in Deutschland anders sein, der Staat, der das Reizwort „Medienpolitik“ usurpierte und eine allzuständige Fürsorgepflicht nunmehr auch für den freien Pressebereich mit einer neuen „Politik“ anmeldete, einer „Policy“, wie man es englisch sagt, worin aber auch das alte deutsche Wort „Polizey“ wiederzuerkennen ist[1]. Der Versuchung einer Medien-„Polizey“ waren denn auch

nicht wenige Politiker mit ihren perfektionistischen Entwürfen in der Ära der allgemeinen Reformitis erlegen.

Kulturintelligenz als Machtfaktor

Die Medienpolitik hütete sich, in den Geruch eines Instruments zu der Widerspenstigen Zähmung zu geraten. Im Gegenteil, mit frommem Augenaufschlag erfand und gelobte sie ein neues „Recht" der Bürger, zwar nicht einklagbar, aber politisch gut zu verkaufen. So hieß es in einer Entschließung des SPD-Parteivorstands zur Medienpolitik: „Das Recht der Bürger auf eine möglichst umfassende Information, die auch die Vermittlung vielfältiger Meinungen einschließt, muß durch gesetzliche Maßnahmen (Presserechtsrahmengesetz und Wettbewerbsrecht) gesichert werden."[2] Ungesagt und ungeklärt blieb bei diesem neuen Bürgerrecht, das dem Leser gewissermaßen einen Rechtsanspruch auf eine möglichst umfassende Information zusichert, welches Verfahren man sich vorgestellt hatte, um dieses Recht zu gewährleisten und zu kontrollieren. Selbsternannte Staatsfunktionäre, die reglementierend in die Pressefreiheit eingreifen, würden die freie Kommunikation schon im Keim ersticken. Die Medienpolitik wollte die gute Moral der Medien sozusagen von Staats wegen garantieren. Aber verschleiert wurde das Primäre der Pressefreiheit, die ein Menschenrecht vor und über aller Staatsgewalt ist. Der Staat, der sich anmaßt, Pressefreiheit „regeln" zu wollen, überzieht seine Kompetenzen[3].

Manipulationsfurcht und Medienpolitik gingen eine Ehe ein, die so neu auch nicht war. „Unter dem Stichwort Medienpolitik", schrieb Johannes Gross, „werden in der Bundesrepublik die verschiedensten Anschläge auf die Meinungsfreiheit feilgehalten. Einem politisch leichtgläubigen Publikum wird eingeredet, die Herrschenden nähmen ein Interesse daran, die Chance der Kritik an ihnen selbst zu erhalten. Die Praxis jedes Tages und ein Blick in die Geschichte erweisen freilich, daß Meinungs- und Pressefreiheit nur immer gegen sie hat erkämpft und befestigt werden können."[4]

Herbert Marcuse und die Neue Linke sieht den Menschen in der spätkapitalistischen Gesellschaft allenthalben unter dem Bann der „Manipulation“. Er wird als Marionette an den Fäden einer allgewaltigen „Bewußtseinsindustrie“ gesehen, die ihrerseits das Geschäft der Herrschenden betreibt. Die Presse, so wird argumentiert, sei als privatwirtschaftlich verfaßtes Unternehmen verflochten in die Interessen des Monopol- und Großkapitals. Deshalb seien die Zeitungen ganz zwangsläufig die Produzenten eines falschen Bewußtseins, nämlich der bürgerlich-liberalen Konkurrenz- und Konsumideologie. Manipulation ist unter solchen Voraussetzungen nichts anderes als eine notwendige Folge der strukturellen Widersprüche unserer Gesellschaft. Manipulation wird zum Motor und Hebel eines systemüberwindenden Denkens, das sich um seine publizistische Wahl- und Meinungsfreiheit betrogen sieht[5]. Der Mainzer Soziologe Helmut Schoeck bestreitet in einer publizistischen Langzeit-Untersuchung, der er in Anspielung auf Willy Brandts Äußerung den Titel „Vorsicht, Schreibtischtäter“ gegeben hat, die Seriösität der neomarxistischen Presseverdächtigung und dreht den Spieß geradewegs um. Die freie Presse in der Bundesrepublik, so Schoeck, werde seit langem madig gemacht, und das nicht ohne Absicht. Buchtitel wie „Der mißachtete Leser“, „Manipulation der Meinungsbildung“ oder „Die meisten Nachrichten sind falsch“ ließen eine im Einklang mit der neulinken Gesellschaftskritik befindliche „Medienkritik“ immer schrillere Töne anstimmen. Schoeck weist nach, wie diese Kritik nur auf Zeitungen, Verlage, Journalisten, Fernsehmagazine und Intendanten gezielt habe, die der Linken nicht genehm waren. Hingegen ließen die von der linken Medienkritik auffallend verschonten Blätter und Redaktionen einen überregionalen, informellen „Medienverbund“ erkennen, auf den sich die Linke offenbar verlassen zu können glaube. Mit anderen Worten: das medienkritische Feuer ist lediglich Störfeuer und Vorwand, hinter dem Schleier des allgemeinen Manipulationsgeschreis die eigenen publizistischen Einflußnahmen und Bataillone zu verstärken. Schoeck charakterisiert weiterhin jene Schritte, die sich zu einer Art Strategie der Machtergreifung in den Presseorganen zusammenfügen lassen. Dabei habe das Muster der Unterwanderung in einzelnen Teilen unseres Hochschulwesens ein Vorbild abgegeben. Mit den Schlagworten von der „Demokratisierung“ würden die Schlüsselstellungen der Massenmedien angestrebt, systemverändernd eine Verstaatlichung freier und unabhängiger Presseorgane anzustreben[6]. Hier wird von der anderen Seite die Publizistik auf ihre Macht- und Herrschaftsabsichten angesprochen. Schoeck ist damit nicht allein geblieben. Helmut Schelsky rückt in seinem neuesten Buch „Die Arbeit tun die anderen – Klassenkampf und Priesterherrschaft der Intellektuellen" dem progressiven Establishment in der Bundesrepublik auf den Leib, wozu er neben Künstlern, Literaten, Lehrern und Pastoren auch die Publizisten zählt, alle diejenigen, die mit Belehrung, Betreuung und Sinnvermittlung in unserer Gesellschaft befaßt sind und dabei das dauernde In-Frage-Stellen und reformierende Verändern zur Attitüde besonderer Fortschrittlichkeit gemacht haben. Schelsky unterstellt diesen Gruppen einen „geistlichen" und quasi-heilsreligiösen Macht- und Herrschaftsanspruch. Es fragt nicht ganz ohne Berechtigung, wie heute die Masse der Bürger vor den Informierenden geschützt werden kann[7].

Unsere Frage nach der Macht der Meinungsmacher ist von einem weiteren Soziologen aufgegriffen worden, dem Kölner Erwin K. Scheuch, der wie Schelsky die Intellektuellen und die Publizisten in eine nahe Verbindung bringt. Sein Buchtitel ist ebenso programmatisch: „Kulturintelligenz als Machtfaktor? Intellektuelle zwischen Geist und Politik". Die sogenannten Kritischen unter den Journalisten, so Scheuch, hätten eine „Wahrheit" mitzuteilen, eben nicht mehr nur Bericht zu erstatten, bessere Einsicht zu vermitteln, Zweifel anzumelden. Der Funktion nach werde hier eine Priesterrolle beschrieben: „Der Kommunikator hält sich selbst für eine Verkörperung des eigentlich Objektiven."[8]

Es zeichnet sich ein Gegenangriff ab, der nunmehr die Kommunikatoren selbst zum Gegenstand der kritischen Befragung macht und ihnen jene Herrschaftsabsichten, die sie bei anderen kritisieren, selbst vorhält. Schelsky nennt sie polemisch Glaubensführer und geistige Sinnvermittler für die Gläubigen, sprich das Volk. Sie monopolisierten und verwalteten die „Heilsgüter", indem sie Kritik, Wissenschaft, Rationalität verbindlich auslegten. Dieser Elite von Literaten, Publizisten, Professoren stellt Schelsky die „Klasse" derjenigen gegenüber, die arbeiten und Güter produzieren: Leser, Hörer, Zuschauer im publizistischen Bereich, die „betreut“ würden. Pauschal dürften diese Attacken ins Leere gehen, weil sich die Mehrzahl der Publizisten in unserem Land einen gesunden Berufssinn erhalten hat. Allerdings ist die Minderheit, auf die Schelskys Vorwürfe zutreffen, leider tonangebend geworden.

„Kritische Theorie“ und moralisierendes Meinungsklima

Zu den sinnstiftenden Vokabeln unserer Tage gehört das Wort „Emanzipation“. Es steht für den Anspruch, den Menschen frei zu machen, der Unterdrückung des Menschen durch den Menschen ein Ende zu setzen. Emanzipatorisches Bewußtsein zu vermitteln ist eine publizistische und pädagogische Zielvorstellung für viele intellektuelle Wortführer in unserem Land. Es soll ein Bewußtsein wider die Falschheit verfestigter Meinungen und Herrschaftsformen geschaffen werden, damit sie verändert werden können. Publizistik übernimmt einen emanzipatorischen Erziehungsauftrag.

Diese Entwicklungen sind auf dem Hintergrund des geistigen Einflusses der Frankfurter Soziologen- und Philosophenschule zu sehen, die das Prinzip „Kritik“ zum Leitmotiv ihres Denkens gemacht hat. Progressistische Medien solidarisieren sich mit der kritisch-emanzipatorischen Bewegung. Kritik war schon immer ihr Handwerk und Ethos; nun wird sie auch philosophisch untermauert und legitimiert. Kritik zielt auf die Änderung und Besserung bestehender Verhältnisse; nun sieht sie sich in den großen Veränderungsauftrag der Aufklärungsdialektik hineingenommen. Die Realisierung einer Idee wird als ethische Kraft rezipiert und publiziert, das System zu überwinden und die neue Gesellschaft anzukündigen. Die Faszination für den sozialen Wandel deckt sich beim Journalisten mit seiner Voreingenommenheit für das Neue. Es wird zur welterschließenden Kategorie und zum Selbstwert, der alle anderen Inhalte in den Massenmedien ausschließt.

Wenn es im Bereich des Denkens so etwas wie eine Versuchung gibt, der heute viele Zeitgenossen erliegen, dann wird sie von der kritisch-emanzipatorischen Theorie geliefert. Wer sämtliche Sozialregulationen verunsichert und in Frage stellt, fühlt sich in die Rolle eines Weltenschöpfers versetzt, der alles neu macht aus einem intellektuellen Guß, wie das die Frankfurter Schule vom Prinzip her verlangt. „Daß die Überlieferungsmuster auch anders sein könnten", steht als Prämisse über dem ganzen Programm der Kritischen Theorie[9]. Wenn „das soziokulturelle System das erforderliche Maß an handlungsmotivierendem Sinn nicht (mehr) generiert", wird die „unmittelbare Aufstörung kultureller Selbstverständlichkeiten" durch „einen universalen Rechtfertigungszwang" verpflichtend. Habermas führt dieses tief beunruhigende Phänomen, daß die Gesellschaft an einem Sinndefizit leidet, auf die Grundwidersprüche im kapitalistischen System zurück. Dem Konsensverfall, dem Verlust an öffentlicher Kommunikation glaubt er jedoch wirksam entgegentreten zu können durch seine erst in Ansätzen entwickelte Lehre vom herrschaftsfreien Diskurs. Diese Lehre gehört in den Zusammenhang des von Habermas diagnostizierten „Öffentlichkeitsverfalls" und der von ihm angesprochenen Lösung der „fundamentalen Frage nach dem Fortbestehen eines für die Gesellschaft konstitutiven wahrheitsabhängigen Sozialisationsmodus". Das Kapitel ist überschrieben mit „Parteilichkeit für Vernunft"[10].

Habermas hat in seiner Kritischen Theorie an vielen Stellen die Verbindungslinien zur Publizistik gezogen. Der von ihm behauptete Legitimierungszwang für Normen und Herrschaftsformen verwandelt sich auf der publizistischen Ebene in permanente Dauerkritik. Für diese Geisteshaltung unterstehen alle Normen generell dem Verdacht, bestehende Ordnungen und Verhältnisse zu legitimieren und zu stabilisieren. Was daran falsch ist, weiß allein die Kritische Theorie: nämlich alles. Die Kritik wird zur Kritik des Ganzen. Alle Gedanken, Zielvorstellungen und Handlungsmaximen, die nicht auf Befreiung, sprich: Emanzipation hinauslaufen, werden diffamiert. Hier wäre auch Herbert Marcuses Vorstellung von der Eindimensionalität des Menschen einzubeziehen, jenes Menschen, der sein wahres Elend überhaupt nicht mehr zu erkennen vermag infolge der spätkapitalistischen Verblendung und Manipulation. Marcuses Erziehungsdiktatur ist anzuführen, die der Philosoph eine gewisse Zeit für unumgänglich hält, damit die Menschen vom falschen zum wahren Bewußtsein geführt werden[11].

Woran liegt es, daß heute die kritischen Inhalte und Tendenzen in vielen Medien so überaus stark ausgeprägt sind? Dem Journalisten ist seit alters her die Narrenfreiheit zugesprochen, es anders und kritisch zu sagen, solange er den allgemeinen Konsens nicht ganz verwirft. Diese Freiheit soll auch weiterhin geschützt sein. Etwas anderes ist es jedoch, wenn Kritik zum Selbstwert erklärt wird und in die Hypertrophie eines Meinungsklimas auswuchert, das sich nur noch vom großen Verdacht nährt und einen verschlissenen Idealismus predigt, der die „Gesellschaftskritik" zum Dauerinhalt des öffentlichen Bewußtseins macht. Kritik, darauf verweist uns die Verhaltensbiologie, ist die unterste Eskalationsstufe der Aggression. Hebbel sagt von ihr in seinen Tagebüchern, sie sei „oft die Frucht und stets die Ursache einer niedrigen Denkweise in jedem Gemüt, welches sich dauernd damit beschäftigt". Ob sich hinter soviel Weltveränderungs- und Weltverbesserungsklugheit nicht manchmal auch die Angst vor dem Nichts verbirgt? Wieviel Haß auf die Gegenwart, die eigene einbezogen, läßt sich tiefenpsychologisch vermuten?

Vor ein paar Jahren hat Arnold Gehlen in einem Werk von faszinierender Prosa, das Freunde und Gegner dieses konservativen Kulturphilosophen herausgefordert hat, eine sehr eigenwillige Deutung von „Moral und Hypermoral" geboten. So lautet der Titel seines Werkes[12]. Gehlens Darlegungen kreisen sehr stark um das Phänomen der moralisierenden Meinungskultur, wie er es nennt. Journalisten treten wie Advokaten auf, sie verstreuen Anklage, sie schaffen ein angriffslustiges Meinungsklima von aggressiver Gereiztheit und strenger Moral.

Gehlen sucht nun diesen Hang zum Moralisieren und zur Aggressivität in der Medienlandschaft unserer Tage auf anthropologische Weise zu begründen, das heißt vom Menschen und von der Ethik des menschlichen Zusammenlebens her. Nach Gehlen – und übrigens auch nach dem Verhaltensforscher Konrad Lorenz – braucht der Mensch für seine Lebensführung ein gewisses Maß an kulturellen Normen und sittlichen Verhaltensregeln. Das Tier hat seinen Instinkt, der ihm sagt, was es tun soll. Dieser Steuerungs-Mechanismus fehlt beim Menschen. Bei ihm tritt an die Stelle der Instinktausstattung eine Tradition von Sollensvorschriften, von Normen sozialen und sittlichen Verhaltens. Eine Störung der Traditions- und Normenüberlieferung bringt die Gefahr einer drohenden

Auflösung unserer Gesellschaft mit sich. Mit anderen Worten: Ein Abreißen der Tradition kann die lebenserhaltenden Regeln und Ordnungen unseres Zusammenlebens, so hat es Konrad Lorenz ausgedrückt, „wie eine Kerzenflamme auslöschen".
Gehlen meint, eine Dauerkritik an Normen und Institutionen unserer Gesellschaft müsse auf die Dauer das notwendige Traditionsgefüge schwächen. Die Tabu- und Normschwellen senken sich, bis jedermann sie beliebig überschreiten zu können glaubt. In dieser neuen Spontanität seines Verhaltens werde der Mensch jedoch so hilf- und orientierungslos wie ein Tier, das seine Instinktmatrix eingebüßt hat. Ein Tier ohne seine Instinktsteuerung würde bald verenden. Ob sich das beim Menschen ähnlich auswirkt?
Es tritt aus der anthropologischen Sicht ein weiteres hinzu, das uns dienlich sein kann, das moralisierende und zugleich gereizt-aggressive Meinungsklima erklären zu helfen. Die Schwächung des Traditions- und Normengefüges führt überraschenderweise nicht einfach zum Fortfall der moralischen Positionen, sondern im Gegenteil bewirkt das allgemeine Gelten- und Gewährenlassen eine erhöhte Aggressionsbereitschaft beim einzelnen. Die moralischen Standpunkte polarisieren sich in scharfen Gegensätzen. Wird die Durchschnittlichkeit des Alltags, in der alles einigermaßen zusammengeht, aufgestöbert, dann senkt sich die Schwelle der kritischen Distanz der moralischen Positionen gegeneinander. Man fühlt sich mehr als sonst verletzt oder herausgefordert. Man greift eher an. Dieser Aggressionsstau wird freigesetzt durch die Radikalisierung der Moral, in einer Art von „gnadenlosem Humanitarismus", der die sittlichen Entscheidungen in den Gesinnungsraum vorverlegt, wo sie als „Reindarstellung" absolut gesetzt werden[13].
Gehlens Thesen können hier nur verkürzt wiedergegeben werden. Wie sich eine gewisse öffentliche Kritik heute mit „vollem Herzen der Moral der Anderen annimmt" und „in der Opposition des schlechthin unaufhörlichen Kritisierens" ihr Ethos luxurieren läßt, ist eine Zeiterscheinung, die wir alle kennen. Das Überwuchern einer Moral, die fortwährend mit dem Finger auf andere Leute zeigt, kann nur Schadenfreude, Neid und Mißgunst hervorbringen. Was hat das mit Information, Aufklärung und verantwortlicher Kritik zu tun? Gleichwohl wird spürbar, wie diese radikalisierte

Moral auf ein Defizit an sittlichen Imperativen zurückzuführen ist. Die Gesellschaft in ihrer allgemeinen Permissivität vernachlässigt die Kräfte des Sittlichen zum Schaden des Menschen, der Antwort darauf sucht, was er tun *soll.* Er erwartet sie von den Medien in einem beträchtlichen Maß. Der Mensch ist nicht so, wie er sein soll. Deshalb fällt auch die neomarxistische Predigt von der Entfremdung des Menschen und von jener Kritik, die alles in Frage stellt, um auf alles eine Antwort zu erhalten, auf so fruchtbaren Boden.

In der Wortbedeutung des griechischen „kritein", was unterscheiden und abgrenzen heißt, werden die Ansätze einer Besinnung auf das rechte Maß der Kritik deutlich. Es geht um ein Kritischsein und -werden, das sich am Leben orientiert. Die Medien täten gut daran, in diesem Sinn mehr Weltstoff zu vermitteln, und zwar so, daß Leben nicht nur verunsichert, sondern auch erhalten und geschützt wird.

Herrschaft über die Seelen

Die Menschheit entsteht durch Propaganda. Dieser Satz von Gottfried Benn lautet in der Sprache der modernen Kommunikationswissenschaft, die weniger eine „Wissenschaft" als eine Philosophie ist: Es sind die Medien, die ein Weltbewußtsein stiften. Wir leben nach Marshall McLuhan in der „medialen" Gesellschaft. Dieser kanadische Kommunikationsphilosoph schreibt in seinem 1964 erschienenen Buch „Understanding Media: The Extensions of Man", daß wir heute im elektronischen Zeitalter die letzte Phase der Extension des Menschen erreicht hätten, die sich über den ganzen Erdkreis bis in den Weltraum erstreckt. Er nennt das „the technological simulation of consciousness, when the creative process of knowing will be collectively and corporatively extended to the whole of human society"[14].

Die Welt wird zum Dorf. Die technologische Simulation des Bewußtseins mit ihrem schöpferischen Erkenntnisprozeß erstreckt sich auf die ganze Menschheit. Schön wär's! Aber dadurch, daß Menschen dasselbe Fernsehprogramm einschalten, sind sie noch keine Nachbarn geworden, wie sehr das Medium auch die Seelen

„massiert". McLuhan hat ein interessantes Wortspiel entwickelt. Die Medien sind so umfassend für ihn, daß sie nicht mehr nur Vehikel des Nachrichtentransports sind. Nein: *The medium is the message!* Das Medium selbst ist die Botschaft. Durch Austausch des Buchstabens „e" mit „a" im englischen „message" entsteht das Wortspiel: The medium is the massage! Das Medium massiert die Seelen.

Nun ist der Traum von der Allmacht einer die ganze Erde und Menschheit umspannenden Kommunikation nicht neu. Im 18. Jahrhundert begegnen wir durchaus verwandten Gedankengängen. Bei dem Franzosen Holbach, der im Jahr 1789 starb, heißt es: „Die Menschlichkeit ist ein Knoten, um den Bürger von Paris mit dem von Peking zu verbinden."[15] Die Menschheit umarmt sich gewissermaßen selbst in der Propaganda ihres eigenen humanitären Ethos und im Spiegelbild ihrer öffentlichen Meinung. Sie weiß seit dem Aufklärungszeitalter über sich selbst nichts Höheres als sich selbst. So entsteht die Menschheit durch Propaganda immerzu aufs neue. Aber damals im 18. Jahrhundert war der zivilisierte Erdkreis noch einigermaßen überschaubar. Es war das vernünftige „Räsonnement" der bürgerlichen Schichten im gebildeten Europa, das seine Identität in der öffentlichen Kommunikation fand. Den Zerfall dieser Öffentlichkeit als einer bürgerlichen Kategorie hat Habermas dargestellt, mit dem Nachdruck darauf, daß es ein Konsensverfall ist und dasjenige, was sich als öffentliche Meinung ausgibt, eine Fiktion sei, beliebig „herstellbar" zu bestellten Zwecken[16].

Hier kommt es unter dem Zeichen des Ideologieverdachts zum Hinweis auf die Interessengebundenheit dessen, was man die öffentliche Meinung und deren „Wahrheit" nennt. Der französische Ethiker Claude Adrien Helvétius (gestorben 1771) zeigte sich wenig beeindruckt von der Inthronisation der öffentlichen Meinung als Göttin. Er nahm den großen Ideologie- und Manipulationsverdacht mit folgenden Sätzen vorweg: „Die Meinung, sagt man, ist die Herrscherin der Welt. Es gibt Augenblicke, da zweifellos die allgemeine Meinung selbst die Herrscher beherrscht. Aber was hat diese Tatsache gemein mit der Macht der Wahrheit? Beweist sie, daß die allgemeine Meinung deren Erzeugnis ist? Nein: die Erfahrung zeigt uns im Gegenteil, daß beinahe alle Fragen der

Moral und Politik durch das Mächtige und nicht durch das Vernünftige entschieden werden und daß, wenn die Meinung die Welt beherrscht, es mit der Zeit der Mächtige ist, der die Meinung beherrscht. Wer auch die Ehren, die Reichtümer und die Züchtigungen austeilt, er wird immer eine große Zahl von Männern an sich binden. Diese Verteilung unterjocht ihm die Geister, gibt ihm die Herrschaft über die Seelen."[17]

Ist also die öffentliche Meinung ein Popanz? Liefert sie nur das Spiegelbild der herrschenden Machtverhältnisse? Nach Emil Dovifat, dem 1969 verstorbenen Zeitungswissenschaftler und leidenschaftlichen Streiter für eine freie und zugleich verantwortliche Presse, ist Öffentlichkeit das Lebenselement der Publizistik schlechthin. Dovifat sieht den Begriff der Öffentlichkeit in mehrfachem Sinn gegeben. Nach einem ersten Sprachgebrauch ist Öffentlichkeit eine unbegrenzte anonyme Vielzahl von Menschen, allgemein erreichbar und ansprechbar (öffentlich, Öffentlichkeit = publice). Die freie Zugänglichkeit dieses Bereichs ist geradezu konstitutiv für die demokratische Staatsverfassung. In dieser Freiheit wurzelt alle öffentliche Freiheit. Joseph von Görres hat über diese Öffentlichkeit das enthusiastische Lob gesprochen: „Publizität ist der mächtige Hebel, der das Geisterreich in Bewegung setzt. Den Bösewicht prangert sie unbarmherzig an. Ihr Falkenauge durchdringt alle Nebel..."

Nach einem zweiten Sprachgebrauch ist Öffentlichkeit alles, was noch unartikuliert, geistig und gefühlsmäßig „im Gewoge", „im Schwange" ist, wie es Dovifat beschreibt (öffentlich = publica). Dieser breite Strom von Ideen, Meinungen und Gedanken verdichtet sich zu geistigen Beständen, die unter publizistischer Führung als öffentliche Meinung auftreten: „Einst als Göttin verehrt, als immanente moralische Macht überschwenglich gefeiert, zum Richterspruch aufgerufen, galt sie als eine ethische, als gute Macht, als liberale Kraft, bis dann die organisierte totalitäre Gewalt bewies, was alles mit ihr anzufangen ist, wenn sie skrupellos und brutal in die Mache genommen wird."[18]

Die Frage lautet, woher wir die Kriterien für die Qualität der öffentlichen Meinung nehmen. Sollte man vielleicht nicht zutreffender von Meinungen in der Öffentlichkeit als von „der" öffentlichen Meinung sprechen? Vereinigen sich die vielen persönlichen Ein-

zelmeinungen zu einer Grundströmung? Oder erzeugt die Gesellschaft in einer kollektiven, permanenten Anstrengung die Meinungsbildung? Wir wissen, wie flüchtig die Kohärenz von Tages- und zeitgebundenen Meinungen ist. Sie kommen und gehen wie der Wind, wenn sie nicht getragen sind von einer starken und bleibenden Grundstimmung, die sich als Lebensgefühl, Glaube, Sitte, gesellschaftliche Verfaßtheit niedergeschlagen hat. Spiegelt somit die öffentliche Meinung einen moralischen und politischen Grundwillen der Sozietät?
Antworten auf solche Fragen fallen so vielfältig aus wie der einzelne die Sachverhalte unterschiedlich bewertet. Rationalität von öffentlicher Meinung ist ein wünschenswertes Kriterium, aber ist es durchzuhalten? Die Aufklärungsphilosophie von 1789 verband den hohen Respekt vor dem Urteil der öffentlichen Meinung mit der selbstverständlichen Annahme, hier flössen die vielen Ansichten der zu politischem Urteil befähigten Bürger zu einem breiten Strom vernünftigen Räsonnierens zusammen. Die Einsicht, daß der Mensch sich Urteile zueignet wie schöne Kleider oder gestohlenes Diebesgut, daß er sein eigenes Nichtwissen mit öffentlicher Meinung abdeckt, hatte im rationalistischen Regelkreis keinen Platz. Wer von uns kennt schon die wahren Gründe seiner Meinungen?
Nietzsche sagt: „Das ist lange her, daß ich die Gründe meiner Meinungen erlebte. – Müßte ich nicht ein Faß sein von Gedächtnis, wenn ich auch meine Gründe bei mir haben wollte? Schon zu viel ist mir's, meine Meinungen selber zu behalten; und mancher Vogel fliegt davon. Und mitunter finde ich auch ein zugeflogenes Tier in meinem Taubenschlag, das mir fremd ist, und das zittert, wenn ich meine Hand darauf lege.“[19]

Zwischen Propaganda, Meinung und Nichtwissen

Die Übernahme typischer Meinungsformeln ist auch auf dem Hintergrund unseres vielfältigen Nichtwissens zu sehen. Heute werden wir über die Ölbohrungen an der Küste Schottlands, morgen über das Experiment mit Tagesmüttern, am Tage danach über angebliche Romanzen eines Außenministers mit schönen Mannequins informiert. Zu allem sollen wir eine Meinung abgeben. Sind wir wirklich informiert? Den Spannungszustand unseres Nichtwissens könnten wir auf zweierlei Weise überbrücken. Wir bekennen uns zum sokratischen „Ich weiß, daß ich nichts weiß!" und lösen uns aus dem starren Korsett unseres Schein- und Meinungswissens. Oder wir akzeptieren die bekannten, griffigen Formeln. Der Psychologe erklärt es so: „Es sieht so aus, als trügen die Menschen eine quälende Scheu vor dem ‚Ich weiß nicht!' in sich, als wäre ihnen kaum etwas so peinlich, als einzugestehen, daß sie etwas nicht wissen. Ich glaube, daß wir damit die Wurzel aufgedeckt haben, aus der das sonderbare Phänomen der öffentlichen Meinung sprießt: Mit dem Schwebezustand des erlebten ‚Ich weiß nicht!' sind innere Spannungen verknüpft, die sich nach der Anerkennung irgendeiner Patentlösung sofort sehr verringern."[20]

Der psychologische Erklärungsversuch im publizistischen Umfeld von Propaganda, Meinung und Nichtwissen hat den Vorteil, daß er die prägenden Kräfte der Publizistik nicht vom Menschen weginterpretiert zugunsten rein soziologischer Ursachen und Bedingtheiten. Sozialwissenschaftliche Theorien eignen sich besonders gut, den Anschein vermeintlich voller Erkenntnis zu erzeugen. Mit ihrem Orientierungswissen für das Ganze operieren sie dauernd mit Begrifflichkeiten wie „die" Gesellschaft, „die" Macht, „das" Bewußtsein. Alles Leben wird in soziale Beziehungen überführt, womit andere Erscheinungsformen der Phänomene verdrängt oder ausgeklammert werden. Das gilt besonders stark für die Publizistik, die immer modeanfällig gewesen ist. Unter dem Monopol- und Absolutheitsanspruch der soziologischen Wissens- und Wertkategorien wird die geisteswissenschaftliche Interpretation publizistischer Vorgänge und Wirkungen notleidend. Die Analysen zielen einseitig auf die Offenlegung sozialer Strukturen und Wirkungen, auf Verdächtigen und Entlarven. Die Ideologiekritik übernimmt die Rolle der alten Inquisitionstribunale, indem die fremden Positionen verdammt und die eigenen Glaubensüberzeugungen heiliggesprochen werden. Auf solche Weise wird Publizistik nur noch als Mittel des Machtkampfes gesehen – und am Ende auch so gehandhabt, wenn die Philosophen-Könige von den Soziologen-Königen abgelöst sind[21].

Im Phänomen selbst stecken oft schon viele Schwierigkeiten, wenn die Dinge nicht so sind, wie sie sein sollen. Clausewitz hat in seinem hinterlassenen Werk „Vom Kriege" über Nachrichten und deren Falschheit in einer Weise philosophiert, die das Denken in Kategorien der Macht heilsam korrigieren kann. „Die meisten Nachrichten sind falsch", erklärt dieser preußische Militärschriftsteller. Ein großer Teil der Nachrichten, die man im Kriege bekommt, sei widersprechend, ein noch größerer Teil falsch und bei weitem der größte einer ziemlichen Unsicherheit unterworfen. „Ein Glück noch", so fährt Clausewitz fort, „wenn sie (die Nachrichten), einander widersprechend, ein gewisses Gleichgewicht erzeugen und die Kritik selbst herausfordern ... Mit kurzen Worten: die meisten Nachrichten sind falsch, und die Furchtsamkeit der Menschen wird zur neuen Kraft der Lüge und Unwahrheit."[22] Dem Mißtrauen stellt Clausewitz selbst ein „gewisses Unterscheiden, was nur Sach- und Menschenkenntnis geben können", gegenüber. Aber es bleibt der grundsätzliche Zweifel. Er beginnt bei der Sprache und der Doppelkraft der Begriffe und endet bei der Torheit der Menschen, ihrer Unwissenheit und Furchtsamkeit, die „zur neuen Kraft der Lüge und Unwahrheit" wird.

Der Publizistikwissenschaftler Harry Pross hat den Zweifel weitergeführt in einem nach dem Clausewitz-Zitat benannten Bändchen. Er sieht die Bedeutung des Satzes „Die meisten Nachrichten sind falsch" für die Publizistik in dem Maße wachsen, in dem verfeinerte Herrschaftstechniken die rohe Gewalt verdrängen. Die von Clausewitz angegebene Falschheit beziehe sich auf die Kenntnis, die man vom Feind und seinem Land habe, und sei reaktionsorientiert. Der Herrschaftsmechanismus werde von innen betrachtet und als solcher nicht in Frage gestellt: „Die andere Falschheit bleibt hinter diesem Horizont, die Falschheit von Herrschaft überhaupt."[23]

Es kommt Pross in seiner geistreichen Untersuchung darauf an, „die Selbstbestimmung in der Kommunikation zu fördern". Kommunikationspolitik wertet der Verfasser als „die Absicht, die Herrschaftsverhältnisse so zu beeinflussen, daß die Selbstbestimmung in der Kommunikation der Fremdbestimmung überlegen ist". Bedingungen – es sind vorwiegend politökonomische –, unter denen Kommunikation stattfindet, sind zu verändern, für „den Kampf ums Glück des freien Sagens, des Sagenkönnens, nicht des

Sagensollens oder gar des Sagenmüssens". Publizistik wird auch hier wieder zum Kampfinstrument, nämlich zum „Versuch, die Welt nach einem bestimmten Bild zu formen, ihr die eigene Absicht aufzuzwingen"[24]. Publizistik erscheint als subtile, höchst raffinierte Art von Gewaltanwendung, für deren Abschaffung plädiert wird, ohne zu sagen, was diese Massenmedien als funktionalisierte Herrschaftsmittel ersetzen soll. Der Clausewitzsche Erfahrungssatz „Die meisten Nachrichten sind falsch" wird dadurch relativiert, daß die in der machttechnisch verstandenen Publizistik liegenden „primären Falschheiten" zu analysieren seien. Ob wir damit der Aufgabe des Publizisten, das gemeine Beste verwirklichen zu helfen, einen Dienst erweisen, erscheint fragwürdig. Die Autonomie der Information wird überhaupt nicht in Betracht gezogen, geschweige daß sich daraus eine verpflichtende und wirklichkeitsnähere Forderung ergibt als diejenige, „Fremdbestimmung abzubauen", worunter jeder die Beseitigung dessen versteht, was ihm nicht paßt und schmeckt.

Der engagierte Publizist als Parteigänger

Helmut Schelsky schrieb 1948 in einem Aufsatz „Propaganda und Information", der nichts an Aktualität eingebüßt hat: der Publizist fühle sich immer noch mehr als ein Abenteurer der Feder denn als Forscher der Information. In der Vernachlässigung der informatorischen Aufgaben der Presse, die ja nur ein Symptom gewesen sei für die Vorherrschaft der affektbetonten Willensimpulse gegenüber der Bereitschaft, sich sachlich und offen über den Bestand der Wirklichkeit unterrichten zu lassen, habe eine der Hauptursachen der Selbstschwächung der faschistischen Systeme gelegen. Leistung und Zweckdienlichkeit der Information lägen in ihrer Sachlichkeit und Wahrheit[25]. Der Soziologe hat diese Gedankengänge fortgeführt in seiner jüngsten Buchveröffentlichung, in der es an scharfer Polemik gegen „engagierte" Publizisten und Schriftsteller nicht fehlt. Zu den Quellen der Intellektuellenherrschaft und der journalistischen „Kaste der Sinnvermittler" gehöre auch die fast unbestrittene Auffassung, daß politisch-soziales „Engagement" im Sinne parteilicher Überzeugungen ein

Grundrecht aller sinnproduzierenden und -vermittelnden Berufe und sein Fehlen geradezu ein Charaktermangel sei. Schelsky definiert ein „Engagement" dieser Art umgekehrt als Verrat der Sache zugunsten der Überzeugung[26].

Was aber ist die „Sache" der Publizistik? Mit Schelsky ist darin übereinzustimmen, daß eine möglichst objektive und wahrheitsgemäße Information im Pflichtenkatalog des Journalisten an oberster Stelle steht. Nun kann man in der Bundesrepublik seit längerem eine Zunahme des „engagierten" Journalismus beobachten. Auf den Mainzer Tagen der Fernsehkritik war die Rede von den „televisionären Zuchtmeistern", die ihren Beruf zunächst als politischen begriffen und es als ihre eigentliche journalistische Aufgabe ansähen, „gesellschaftliches Bewußtsein zu verändern", den Angehörigen dieser Gesellschaft „immer wieder Denkanstöße zu versetzen" oder, mit einem Wort, den Zuschauer zu erziehen[27]. Die Kritische Theorie der Frankfurter Schule ist wiederzuerkennen, wenn Habermas für die Journalisten das verräterische Wort ausgibt, die Kommunikation dürfe nicht zur Information verkommen[28]. Wird die Information unter der Herrschaft des subjektiven Emanzipationsjournalismus fortan notleidend sein? Der kontinentaleuropäische Journalismus hat sich mit der Kategorie der Objektivität niemals so recht befreunden können. „Objective journalism" ist im angelsächsischen Kulturbereich eine durchgehende Tradition geblieben, den Auswüchsen der amerikanischen oder englischen Sensationspresse zum Trotz. Ideologisch scheint der objektive Journalismus weniger anfechtbar als der subjektiv-kämpferische. Er hat sich eine fast naive Aufmerksamkeit für das eigene Berufsethos erhalten können. Die Vereinigten Staaten mit ihren Journalistenschulen an den Universitäten liefern dafür viele Beispiele. Eines davon soll geschildert werden, bevor die Frage nach aktuellen Veränderungen im Rollenverständnis des Journalisten in der Bundesrepublik erneut aufgegriffen wird.

Ein paar Autostunden westlich von St. Louis hat die amerikanische Staatsuniversität von Missouri ihren größten Campus. Die Stadt heißt Columbia. Hier befindet sich die älteste Journalistenschule der Vereinigten Staaten, die „Columbia School of Journalism". Sie hat sich durch ihre jährlichen Journalistenpreise – „for distinguished service in journalism" – einen internationalen Ruf erworben. In Amerika selbst hat ein Student mit einem Graduiertendiplom von Columbia eine journalistische Karriere so gut wie in der Tasche. Die glückliche Verbindung von Theorie und Praxis ist das Auffallendste für einen deutschen Besucher. Dabei sticht besonders ins Auge, in welchem Maße die Zeitungs- und Kommunikationswissenschaft sich an Werten orientiert. Die Berufsethik hat einen hohen Stellenwert im Programm. Wie der Journalist sich selbst versteht und seine Arbeit einschätzt, wird am Objekt eingeübt. Die Stadt Columbia wird seit 1908 in ununterbrochener Folge mit einer Tageszeitung versorgt, die als „The Missourian" von den Studenten in Gemeinschaftsredaktion mit den Professoren der Journalistenschule hergestellt wird. Als Laboratorium dienen auch eine universitätseigene Radiostation und ein Fernsehstudio mit Regionalprogramm. Dem Bulletin der Schule ist eine Art von Hippokratischem Eid für Journalisten vorangestellt, „The Journalist's Creed", in dem manches recht dick aufgetragen ist, aber mit jenem freimütigen Glauben an das Gute, den sich Amerika trotz innerer Niederlagen bis heute erhalten hat: „Ich glaube, daß klares Denken und klares Sprechen, Genauigkeit und Fairneß grundlegend sind für einen guten Journalismus. Ich glaube, daß ein Journalist nur schreiben soll, was er in seinem Herzen für wahr hält ..." Solchen Glaubenbekenntnissen begegnet man oft in Amerika. Feierlich eingerahmt wie eine Magna Charta mit Brief und Siegel, hängen sie als Wandspruch auf dem Flur des journalistischen Seminars, in der Eingangshalle, im Redaktionsbüro: „Ich glaube, niemand sollte als Journalist schreiben, was er nicht sagen würde als Gentleman."[29]

Glückliches Missouri, woher hast du deine Kriterien? Allerdings irrt sich der Besucher, wollte er solche Tafeln, die alle mit „I believe" beginnen, nur als Wandsprüche abtun. Die Erziehung zur Wertung des eigenen Handwerks ist integrierender Bestandteil der Ausbildung.

Objektiver und subjektiver Journalismus

Journalismus wird in zwei Hauptrichtungen eingeteilt. Demnach gibt es einen *objektiven Journalismus,* der die Welt reflektiert und

sie nicht zu verändern sucht. Dieser Journalismus ist neutral, soweit das möglich ist. Er ist leidenschaftslos und saugt die Ereignisse wie ein Schwamm in sich auf, um sie möglichst unvoreingenommen weiterzuvermitteln. Die Informationspublizistik steht ganz im Vordergrund. Die unbedingte Trennung von Nachricht und Kommentar wird aufrechterhalten.
Diesem Typ des Journalismus wird ein zweiter gegenübergestellt, sieht man von Mischformen ab. Er wird als propagandistischer, *subjektiver Journalismus* gekennzeichnet. Der engagierte Journalist ist angesprochen, der sich eine Führungsrolle zuspricht und auf das Bewußtsein der Gesellschaft einzuwirken versucht. Dieser Journalist betrachtet sich als Anwalt der Menschheitswerte. Sein Konzept ist nicht marktorientiert, sondern elitär.
Was uns hier als Lehrmeinung gegenübertritt, klassifiziert den Journalismus nur unvollkommen. Dieses Gebilde ist zu komplex für eine reine Typenlehre. Anhand der aufgewiesenen Merkmale lassen sich dennoch gewisse Trends diagnostizieren – auch für die geistige Situation des Journalismus und seiner produzierenden Trägergruppen in der Bundesrepublik. Unsere These lautet, daß der engagierte, subjektive Meinungs- und Kampfjournalismus in den letzten Jahren bei uns zugenommen hat. Das Rollenverständnis des Journalisten verändert sich. Die Entwicklung verläuft in Richtung auf erzieherische, propagandistische und advokatorische Wirkungen. Das geht zu Lasten der Information und der Ausgewogenheit des Meinungsklimas. Der Journalist wird zum Parteigänger, die Information zur polit-pädagogischen Waffe im Meinungsstreit.
James Reston von der „New York Times" sieht die Anfänge des objektiven Journalismus mit dem Aufkommen drahtloser Agenturen zusammenfallen. Associated Press und United Press hatten eine zunehmend große Zahl von Zeitungen mit Nachrichtenmaterial zu beliefern, das neutral sein mußte wegen der heterogenen Kundschaft. Dieser Trend zur Objektivität sah sich verstärkt durch die Pressekonzentration, die in USA viel früher eingetreten ist als bei uns. Zum Beispiel wird eine Zeitung, die ein Lokalmonopol erringt und einen heterogenen Leserkreis bedient, objektiver berichten als ein kämpferisches Gesinnungsblatt, das mit dem Konkurrenten ständig im Clinch gelegen hat.

Neuerdings hat die Medienpolitik diese Frage auch für die Bundesrepublik aufgeworfen. Der Zeitung mit lokaler Alleinstellung wird monopolartiges Verhalten vorgeworfen. Es ist eine offene Frage, ob es etwa in einer Kreisstadt zu einem besseren Meinungsklima kommt, wenn zwei oder drei auflagenschwache, wirtschaftlich gefährdete Zeitungen miteinander im Wettbewerb stehen oder ein einziges, aber wirtschaftlich gesundes Blatt einen Pluralismus praktiziert, der ihm vom Markt aufgezwungen wird. Nun ist hierzu unlängst in einer Studie festgestellt worden, daß eine Verkürzung der publizistischen Leistung nach Erlangung des Lokalmonopols nicht ausfindig zu machen war. Diese Untersuchung wurde von Professor Elisabeth Noelle-Neumann vorgenommen, zusammen mit dem Allensbacher Meinungsforschungsinstitut und dem Institut für Publizistik der Mainzer Universität. Das Fazit erbrachte, daß Zeitungen mit lokaler Alleinstellung den entscheidenden Meinungsäußerungen in der Regel ihre Schärfe nehmen, daß der Abdruck von Leserbriefen mit gegensätzlichen Standpunkten zunimmt ebenso die Argumentationsbreite bei kontroversen Themen. In der Kontrollfunktion gegenüber öffentlichen Instanzen hätten Zeitungen mit Lokalmonopol keineswegs nachgelassen, meinte die Studie[30].

Das Ergebnis ist nicht überraschend, weil schon immer mit größerer Marktnähe der Wille zur Objektivität und Ausgewogenheit zugenommen hat. Das ist kein Plädoyer für das Lokalmonopol, sondern für eine differenzierte Betrachtungsweise und die Einsicht, daß der Journalismus „vor Ort" sich den Luxus hoher, abstrakter Gesinnungen am wenigsten leisten kann. Je geringer die Marktnähe – das gilt für die elektronischen Medien, auf die noch zurückzukommen ist –, desto größer die Neigung, die sachliche Information durch Propaganda zu ersetzen.

Kehren wir zurück zum objektiven Journalismus. Was hier zählt und den Ausschlag gibt, ist der ständige Versuch des Journalisten, möglichst objektiv und unvoreingenommen zu berichten. Das zeigt sich in der Sorgfalt seiner Recherchen und seines Vorgehens, auch in seinem Zögern, zu klassifizieren und zu schematisieren, wenn er sein Urteil mitteilt. Der objektive Journalist individualisiert seine Probleme, er weiß um ihre Komplexität und Unausschöpfbarkeit. Ereignisse und Personen sind unbegrenzt in der Vielfalt

ihrer Möglichkeiten, und mit einer solchen Grundannahme eine Nachricht zu redigieren, ein Bild oder ein Urteil zu veröffentlichen, macht das journalistische Argumentieren schwieriger, aber konstruktiver. Eine objektive Information im kategorischen, idealen Sinn gibt es nicht. Der Journalist ist keine Maschine. Tatsachen und Ereignisse laufen durch menschliche Filter. Der Manipulation sind technisch kaum noch Grenzen gesetzt. Das Ethos der Objektivität kann sich nur in Annäherungswerten realisieren. Entscheidend ist, daß eine Grundhaltung vorliegt, die sich trotz subjektiver Bedingtheiten nicht von den Forderungen der Sorgfalt, Vollständigkeit, Ausgewogenheit, Wahrhaftigkeit, Fairneß, Leidenschaftslosigkeit abbringen läßt, sei der Meinungsdruck auch noch so stark. Ein Journalist, der nicht weglassen kann, der nicht schweigt, wo Schweigen angemessen ist, ein Journalist, der sich ständig selbst zu verwirklichen sucht und alles herausholt, was ihm einfällt und gefällt, ist kein guter Journalist. Geprägte Form verlangt immer Abstriche. Sprache will gemeißelt sein. Präzision zeigt sich in der knappen Darlegung, nicht im Schwafeln.
Das aufklärerische Erbe des kontinentaleuropäischen Journalismus hat sich mit dieser zurückhaltend-asketischen Auffassung nicht befreunden können. Die Zeitgenossen der Französischen Revolution preisen den Schriftsteller und Publizisten als „geborenen Advokaten der Menschheit". Ihm sei es vorbehalten, die Stimme der öffentlichen Gerechtigkeit in Bewegung zu setzen. Bei Joseph von Görres ist der publizistische Auftrag mit idealistisch hohen Worten umschrieben: „Einer muß da sein, der da die Wahrheit zu sprechen verbunden ist, unumwunden, ohne Vorbehalt und Hinderniß ... Die aber, die da kundtun die Meinung der Versammlung, seien Herolde, aus der Menge ausgewählt, als Männer bewährter Treue und geprüfter guter Gesinnung."[31] In dem von Dovifat herausgegebenen Handbuch der Publizistik kommt das Stichwort „Objektivität" nur am Rand vor. Für einschlägige Hinweise muß man schon unter „Gesinnung" oder „Nachrichtenpolitik" nachschlagen, und bei den hauptsächlichen Erscheinungsformen hat Dovifat die verbreitende, erobernde Publizistik neben der kämpfenden, angreifenden, zerstörenden Publizistik aufgeführt. Eine Erscheinungsform, die der Information eigenen Rang zuspricht, kommt nicht vor. Der dynamische Wille, „zu beeinflus-

sen, ja zu führen“, steht ganz im Vordergrund. Der gesinnungsethische Ansatz bestimmt die journalistische Grundhaltung. Der Journalist erscheint als ein Mann der innersten Überzeugung und des öffentlichen Bekenntnisses. Die Wegstrecke von der Information zur bewußten Einflußnahme, „Propaganda“ und Gesinnungspublizistik ist sehr kurz in dem Dovifatschen Porträt der journalistischen Persönlichkeit. Aristoteles wird zitiert, wonach der Publizist „in den Menschen das Glaubenerweckende wachzurufen“ habe. Wie leicht dieser Ansatz in die totalitäre Publizistik umschlägt, war Dovifat wohl bewußt. Dem Zitat des Artikels Fünf unseres Grundgesetzes setzt er die Verlautbarung des SED-Politbüros vom 24. 4. 1959 gegenüber: „Als kollektiver Agitator, Propagandist und Organisator hat jedes Publikationsorgan nicht nur das Denken zu beeinflussen und zu verändern, sondern Aktionen auf allen Gebieten der sozialistischen Umwälzung auszulösen.“[32]

Fernsehen als Meinungsfabrik

Der Journalist muß sich fragen: Bin ich ein Propagandist? Oder liegt meine Aufgabe zunächst in der Vermittlung von Tatsachen und Informationen? Als der langjährige Monitor-Moderator Casdorff auf die Unvereinbarkeit von Ausgewogenheit und engagiertem Journalismus im Fernsehprogramm angesprochen wurde, antwortete er ohne Zögern: „Jawohl, wir wollen diese Gesellschaft verändern.“ Ein zeitkritisches Fernsehmagazin ist nach Casdorffs Meinung „betont subjektiv“, und diese bewußte Meinungsäußerung sei vielleicht das wesentlichste Argument: „Das gilt nicht nur für die ganze Sendung, das gilt ganz besonders auch für den Moderator... Er hat nach unserer Auffassung das Recht, seine sehr subjektive Meinung zu sagen.“[33]

Der angezeigte Trend zum engagierten, subjektiven Journalismus hat sich vor allem in den elektronischen Medien herausgebildet. Der Sparte der kritisch-politischen Magazine sind immer größere Teile der Sendezeit zuerkannt worden, in deutlicher Politisierung des Mediums und auf Kosten dokumentarischer, informatorischer oder unterhaltender Programmteile. Die Moderatoren-Rolle ist zum Prototyp dieses subjektiven Journalismus geworden. Damit

straft der Fernseh-Moderator seinen Namen Lügen, soll er doch moderieren, das heißt ausgleichend und mäßigend beitragen, was an Fakten, Hintergründen, Meinungen und Wertungen zu einseitig gegeben wird oder überhaupt nicht, weil es nicht illustrierbar ist. Anstatt das Material für die Urteilsbildung der Zuschauer darzulegen, polarisiert und emotionalisiert der Moderator durch seinen militanten Subjektivismus. Es entsteht eine „positive" Demagogie und somit ein Zerrbild der journalistischen Verantwortung.
Im Fernsehen hat sich auch eine bestimmte Art von Nachrichtengebung eingebürgert. Das Medium „macht" seine Nachrichten selbst. Anhand des Ereignisses wird die Öffentlichkeit „hergestellt". Partei A behauptet etwas durch ihren Sprecher, wozu Partei B etwas sagen muß und weitere gesellschaftliche Gruppen gefragt sind, bis das gewünschte Meinungskonzert entsteht, das über die Wirklichkeit nichts, über höchst subjektive Meinungen nur Peripheres aussagt. Hier stehen dem Medium die eigenen Strukturen im Wege, wenn es sich selbst zur billigen Unterhaltungsmaschine degradiert. Das Fernsehen wird zur *Meinungsfabrik*. Was an Realitätsnähe fehlt, wird durch „Engagement" ersetzt. Das Leiden daran, daß sein Wort die Wirklichkeit nicht bewegt, frustriert den Fernsehredakteur und läßt eine ideale Pflanzstätte für Gesinnungsjournalismus entstehen. Redakteure wollen selbst Politik machen. Die ausgewogene Sachlichkeit liefert nicht genügend Dramatik. Sie ist angeblich zu blaß, zu fad. Wir fragen angesichts einer solchen Entwicklung, deren Rad sich kaum noch zurückdrehen läßt: Woher nimmt der Journalist sein Mandat zur politischen Einwirkung? Auffallend ist, daß sich der kämpferische Journalismus heute nicht stärker im Zeitungsgewerbe etabliert, wo er im Meinungsstreit sich besser legitimieren könnte, sondern daß sich gerade unter dem Dach einiger öffentlich-rechtlicher Anstalten die Kräfte eines höchst streitbaren Journalismus sammeln, der die Zuschauer aus ihrem behaglichen Dornröschenschlaf aufrütteln will. Ist der Journalist ein Erzieher?

Moralisieren ist kein Informationsersatz

Das Schlimmste, was einer moralisierend-aggressiven Meinungskultur widerfahren kann, ist die Langeweile. Wenn auf allen Kanälen ein eifernder Savonarola die bei abendlichem Dämmerschoppen und Bierflasche versammelten Zuschauer mit Gesellschaftskritik, Gesellschaftskritik und nochmals Gesellschaftskritik traktiert, wird auch der politisch interessierte Rest des Publikums seufzend Zuflucht bei Courths-Mahler-Verfilmungen suchen. Das Fernsehen überzieht sein politisches Pensum seit längerem. Das Gegenteil von dem, was beabsichtigt ist, wird erreicht. Führen die Meinungsmacher selbst ihre „Macht“ ad absurdum?
Der Fernsehmoderator Franz Alt relativiert die eigene Wirkung in einer etwas anderen Form: „Nach allen empirischen Erfahrungen bewirken Fernsehmagazine weit weniger, als ihnen oft unterstellt wird. Eine Bundestagswahl haben wir sicher noch nie entschieden. Auch Kollegen, die das vielleicht wollen, schieben nicht Wählermassen hin und her. Sogar die politischen Magazine wirken weit mehr meinungsbestärkend als meinungsverändernd.“[34]
Schon vor mehr als dreißig Jahren haben amerikanische Wissenschaftler herausgefunden, daß das gedruckte und gesendete Angebot selektiv, in einseitiger Auswahl, wahrgenommen wird. Gesehen, gehört, gelesen und behalten werden vorwiegend jene Mitteilungen, die schon bestehende Eindrücke und Meinungen verstärken. Der Mensch hat eine Art Damm-System gegen die Überflutung mit neuen Reizen entwickelt. Die Stabilität seiner Vor- und Einstellungen ist nicht leicht zu erschüttern. Neuere Untersuchungen haben jedoch die These von der selektiven Wahrnehmung stark eingeschränkt. Die Massenmedien können, mit dem Fernsehen an der Spitze, zumindest in Krisenzeiten, wenn der Rezipient nach neuen Orientierungen sucht, die Werturteile maßgeblich beeinflussen und verändern. Auf jeden Fall wird erreicht, daß „alte“ Wertvorstellungen verunsichert und in Frage gestellt werden. Sie werden ihres sicheren und gewohnten Grundes beraubt. Am stärksten wirkt sich die meinungsverändernde Macht beim Fernsehen aus, weil Sehen und Hören zusammen eine psychologisch-atmosphärische Aufnahmebereitschaft erzeugen, die das Zeitunglesen in dieser Form nicht hervorruft[35].

Fernsehmoderatoren mögen ihre eigene Ohnmacht beteuern, allein es sind schon die Medien selbst, die mit ihrer Eigengesetzlichkeit politische Wirkungen entwickeln. Denken wir zum Beispiel daran, wie die Präsentation von Politik im Fernsehen eine falsche und zu stark personalisierte Vorstellung von Politik vermittelt. Es wird meistens nur ein ausschnitthaftes Geschehen gezeigt, dramatisch zugespitzt. Bildkürzel, die das Fernsehen als Realität vermittelt, fügen sich erst durch synthetische Leistung des Zuschauers zu einem verständlichen Ganzen. Unsere Welt müßte ihm wie ein Panoptikum erscheinen, zusammenhanglos und emotionalisiert, wenn er nicht auch über andere Quellen der Information verfügte. Die Sinnzusammenhänge von Politik werden zugeschüttet. In modernen Gesellschaften sei das wichtigste Mittel zur Verringerung von Komplexität die Moralisierung von Sachproblemen, meint Erwin K. Scheuch. Von einer Story im „Spiegel“ bleibe meist nicht sehr viel haften, mit einer wichtigen Ausnahme: Der Leser weiß, wer die gute Fee und wer der böse Zauberer ist[36]. Moralisieren ist aber sicherlich der schlechteste Informationsersatz, den wir uns leisten sollten.

Eigengesetzliche Wirkungen der Medien liegen auch vor, wenn dem Publikum die Lebensumstände anderer Menschen ständig vorgeführt werden, die klüger, wohlhabender, reicher sind als der Rezipient. Sein Leben erscheint ihm als graue Zone und Gefängnis, worin er sich eingesperrt sieht und aus dem der Ausbruch, alles hinter sich lassend, die beste Lösung scheint. Er sieht nicht, daß die ungewöhnlichen Aspekte die prinzipiell journalistischen sind, daß das Außergewöhnliche und Interessante ergiebigeren Stoff liefert als das Leben, daß das Brutale in der publizistischen Vorhand ist gegenüber der hilfreichen Geste oder dem Humanen einer gelebten Nachbarschaft und Nähe zum Nächsten. Die Opfer von Vietnam gingen jahrelang fast jeden Abend über den Bildschirm, vornehmlich jene, die mit westlichen Kameras gefilmt werden durften. Die Greueltaten der anderen Seite kamen nicht vor die Kamera. Schelsky spricht von der Demonstration des „geborgten“ Elends, „durch eine Publizistik, die tagtäglich in den Fernseh- und Rundfunksendern bei abstrakt vorgetragenem Abscheu vor aller Gewalt und aller Gewaltpropaganda die Bevölkerung mit schon fast stereotypen Berichten über Gewalt, Elend, Krieg und

Mord als den vordringlichen Aktualitäten überschüttet und damit bewußt oder unbewußt den verhältnismäßig hoch gesicherten, rechtsstaatlichen und demokratischen, sozialen und liberalen Zustand der eigenen Gesellschaft entwertet zugunsten einer protestierenden und revolutionären Forderung an alle Welt."[37] Das wirkliche Elend außerhalb der eigenen Gesellschaft soll in diese selbst übertragen werden, um die Anklage gegen die eigene Wirklichkeit zu unterstützen und diese Gesellschaft der Komplizenschaft, Grausamkeit und Gewalt schuldig zu sprechen. Die eigene Wirklichkeit, über die es zu informieren gilt, wird entstellt und verworfen.

Wie soll der einzelne sich dagegen wehren? Eine der Idee nach weltumspannende Ethik überfordert ihn. Er soll sich ein Urteil bilden, aber der Zugang zu den Quellen und Schaltstellen fehlt ihm. So übernimmt er resignierend die Meinungen der Massenmedien. Verhungernde Kinder, verbrannte Dörfer, zerstückelte Leichen werden frei Haus geliefert. Das Leiden der Menschheit zieht ins Haus. „Man kann sich dem nicht entziehen", folgert Arnold Gehlen, „aber wenn jene Opfer hilflos als Opfer sind, so sind wir hilflos im Handeln; man kann nichts tun als allenfalls protestieren oder demonstrieren. Aus der künstlichen Nähe tritt damit eine moralische Überforderung auf uns ein, wir fühlen uns zugleich aufgerufen und gelähmt."[38]

Ist diese persönliche und publizistische Ohnmacht überwindbar? Läßt sich die Sinnlosigkeit, die aus solchen Abläufen in das individuelle Leben eindringt, einigermaßen in Schach halten, ohne daß eine dauernde Abstumpfung eintritt? Ist unsere persönliche Freiheit durch solche Zwänge und moralischen Überforderungen ins Absurde verkehrt?

Dienstcharakter der öffentlichen Kommunikation

Die Publizisten tun gut daran, solche Fragen mitschwingen zu lassen im täglichen Angebot. Kommunikation ist nicht Selbstzweck, sondern steht im Dienst des Menschen. „Kommunikation", so formuliert es Karl Steinbuch, „kann so wenig wie ein Schiff nach einer Orientierungsmarke segeln, die an den eigenen Mast genagelt ist."[39] Die Kommunikation kann auf die ethische Dimension nicht verzichten, und das heißt: daß ihr Grenzen gesetzt und Ziele vorgegeben sind, die der eigenen Verfügung entzogen bleiben. Ohne Zweifel haben wir es beim Journalisten mit einem Agenten realer Machtausübung zu tun. Joseph A. Schumpeters hartes Urteil, Intellektuelle und Journalisten seien Menschen, welche die Macht des geschriebenen und gesprochenen Wortes handhaben, keine Kenntnisse aus erster Hand besitzen und sich durch eine kritische Haltung auszeichnen, die sich aus der Situation als Zuschauer und Außenseiter ergibt[40], resultiert nicht zuletzt aus der Sprödigkeit, mit der Journalisten immer wieder auf die Frage nach ihrem eigenen Berufsethos reagieren. Ihre hohen Ansprüche finden keine Entsprechung in einem selbstbestimmten Pflichtenkodex, wie er zum Beispiel für Ärzte und Rechtsanwälte gültig ist. Auf eine stärkere Heraushebung des Dienstcharakters käme es an. Und darauf, daß der wahrheitsgemäßen und möglichst objektiven Information weiterhin die Priorität gebührt vor einer publizistischen Meinungsführung, die sich möglicherweise daraus ergibt. Eine advokatorische Journalisten- und Meinungsdemokratie liegt nicht im Sinne des gemeinen Besten. Die Zunahme des advokatorisch-missionarischen Typs, der nicht informieren, sondern mobilisieren will, gefährdet das freie Informationswesen in der Substanz – braucht doch der moderne Mensch in der Massengesellschaft die sachliche Information wie das tägliche Brot. „Konstruktiv, tolerant, aber niemals gleichgültig", so definiert die Journalistenschule von Missouri den eigenen Kodex, „beherrscht, geduldig, stets voller Hochachtung für die Leser, aber auch stets furchtlos gegenüber allen Ungerechtigkeiten ... Das oberste Prinzip eines guten Journalismus ist das Maß seiner öffentlichen Dienstleistung."[41]

Wer aber setzt dieses Maß? „Objektivität kann es nur geben, wenn eine Institution vorhanden ist, die bestimmt, was objektiv ist." Franz Alt kommt auf diesem Hintergrund zur Schlußfolgerung: „Es gibt keine Information ohne Manipulation ... Das journalistische Selbstverständnis, für das ich plädiere, ist dieses: engagierter, aber nicht parteiischer; kritischer, aber nicht einäugiger; fairer, aber nicht neutraler Journalismus."[42] Gut so, möchte man beifällig antworten; ist doch schon das Nachdenken über die eigene Moral

ein erfreulicher Vorgang. Die Schwierigkeit liegt nicht zuletzt in den Worten und Begriffen selbst, die so oder so ausgelegt werden können. Fairneß scheint ein taugliches Maß. Warum nicht auch die Sachlichkeit einer möglichst objektiven, wahrheitsgemäßen Information? Vom Gewissen als einer kontrollierenden Instanz redet überhaupt kaum noch einer. Gehört es nicht hierhin? Setzt es keine Maßstäbe für die eigene Kommunikationsethik? Ferner: Was nützt uns das optimale Funktionieren der Medien, wenn nicht immer wieder neu die Frage nach dem Menschen aufgeworfen wird, den diese Medien ins Visier nehmen?
Die Medienpolitik der letzten Jahre befaßte sich mit dem am stärksten „Betroffenen", nämlich dem auf Information angewiesenen Bürger, nur am Rand. Ihm wurde zwar ein neuer Rechtsanspruch auf Information angepriesen, aber besser hätte man nüchtern die Pflichten genannt, die für die Informations- und Meinungsproduzenten verbindlich sind. Welchen Nutzen stiftet eine Kommunikation, die vorwiegend von dem handelt, was sie selbst beschäftigt und betrifft? Die Freiheitsgarantie des Grundgesetzes zielt gerade im Kommunikationsbereich auf den Menschen. So muß der journalistischen Ethik auch eine Ethik des Publikums entsprechen. Der Rezipient muß die Medien, denen er sich anvertraut, auswählen und kritisch sichten. Er muß wissen, „daß Manipulation geschieht und geschehen muß. Er darf nicht erwarten, daß das Massenmedium, das er benutzt, imstande wäre, ihm ein nach objektiven Maßstäben verkleinertes Abbild der Wirklichkeit ins Haus zu liefern ... Er muß aus der Konsumentenrolle heraustreten, die Gewohnheitsträgheit des reinen Abnehmers aufgeben und sich als bewußter Nachfrager am Markt der Medien betätigen."[43]

„Die meisten Nachrichten sind falsch"

Ohne den Verdacht des Generals Clausewitz, daß die meisten Nachrichten falsch sind, ein Teil auch widersprechend, lückenhaft, und daß die Furchtsamkeit der Menschen zur neuen Kraft der Lüge und Unwahrheit wird, müßten wir heute in des Wortes wahrer Bedeutung „umkommen". Wir können nicht alles annehmen, was gedruckt, gesendet und propagiert wird. Daß wir dieses Recht auf Mißtrauen haben und es frei ausdrücken können, ist schon ein Stück jener verbrieften Meinungsfreiheit, die wir gegen alle Versuche verteidigen, uns mit manipulierten Nachrichten „erziehen“ zu wollen. Die meisten Nachrichten bleiben schon deshalb „falsch“, weil das ganze Wahre, das unbedingt Richtige aus ihnen nicht gewonnen werden kann. Fast alles müssen wir selbst hinzugeben, als denkende und vernünftige Zeitgenossen und ohne der Utopie Habermas’ und seiner systemüberwindenden Jünger zu erliegen, die Publizistik könne den „herrschaftsfreien und uneingeschränkten Diskurs“, in dem sich jede Übereinkunft und jedes Interesse angeblich vernünftig und frei entscheiden läßt, jemals verwirklichen nach dem Motto: Alle Nachrichten sind wahr. Das wäre das Ende der Freiheit und damit auch der Presse- und Meinungsfreiheit. So bleibt es bei der Skepsis des Herrn von Clausewitz: Die meisten Nachrichten sind falsch.

Anmerkungen

1 Die beste Medienpolitik, so Johannes Gross, sei gar keine. Die Zukunft einer freien Entwicklung unserer freien Presse werde davon abhängen, daß möglichst wenige der medienpolitischen Entwürfe realisiert werden. Daß die Pressefreiheit, also die Freiheit, die Machthaber zu kontrollieren, ausgerechnet vom Machthaber garantiert werden solle, bezeichnet Gross als absurd. Vgl. Johannes Gross: Politisierung der Fernsehunterhaltung erhöht Wert der Presse. In: Die Zeitung, Hamburg 4/1974, S. 5.

2 Veröffentlicht im SPD-Pressedienst 27. 1. 1973.

3 „Regeln“ und „regulieren“ sind immer wiederkehrende Termini in medienpolitischen Papieren, die höchst erfinderisch sind in Entwürfen für staatliche Kontroll- und Eingriffsinstrumente. Das Verrückteste auf diesem Gebiet hatte der im Sommer 1972 im Hessischen Landtag vorgelegte Strelitz Entwurf anzubieten. Ein Netzwerk von Gremien, Räten und Kontrollorganen hätte jedes sinnvolle Arbeiten in Verlag und Redaktion unmöglich gemacht.

4 Johannes Gross, FAZ 8. 12. 1971.

5 Vgl. Herbert Marcuse: Der eindimensionale Mensch. Neuwied 1970, S. 28.

6 Helmut Schoeck: Vorsicht Schreibtischtäter. Politik und Presse in der Bundesrepublik. Stuttgart 1972, S. 46ff.

7 Helmut Schelsky: Die Arbeit tun die anderen. Klassenkampf und Priesterherrschaft der Intellektuellen. Opladen 1975, S. 75ff.

8 Erwin K. Scheuch: Kulturintelligenz als Machtfaktor. Intellektuelle zwischen Geist und Politik, Zürich 1974, S. 47.

9 Jürgen Habermas: Legitimationsprobleme im Spätkapitalismus. Frankfurt a. M. 1973, S. 101.

10 Habermas, a.a.O., S. 194.

[11] Herbert Marcuse, a.a.O., S. 28ff.
[12] Arnold Gehlen: Moral und Hypermoral. Eine pluralistische Ethik. Frankfurt 1970.
[13] Gehlen, a.a.O., S. 40ff., 95ff.
[14] Marshall McLuhan: Understanding Media. The Extensions of Man, New York 1968, S. 3.
[15] Zit. nach Gehlen, a.a.O., S. 92.
[16] Jürgen Habermas: Strukturwandel der Öffentlichkeit. Neuwied 1962.
[17] Zit. nach Helmut Schoeck; Kleines Soziologisches Wörterbuch, Herderbücherei 312/313, Freiburg 1969, S. 250.
[18] Emil Dovifat (Hrsg.): Handbuch der Publizistik, Bd. I, Berlin 1968, S. 16.
[19] Friedrich W. Nietzsche: Also sprach Zarathustra, Teil II, Von den Dichtern.
[20] Vgl. Peter R. Hofstätter: Psychologie der öffentlichen Meinung, Wien 1949, S. 3.
[21] Vgl. Schelsky, a.a.O., 256ff.
[22] Karl von Clausewitz: Hinterlassenes Werk. Vom Kriege, Werner Hahlweg (Hrsg.), Bonn 1952, S. 156.
[23] Harry Pross: Die meisten Nachrichten sind falsch. Für eine neue Kommunikationspolitik. Stuttgart 1971, S. 14.
[24] Pross, a.a.O., S. 34ff.
[25] Helmut Schelsky: Systemüberwindung, Demokratisierung, Gewaltenteilung. München 1973, S. 113.
[26] Schelsky: Die Arbeit..., S. 330ff.
[27] Bericht in „Die Welt" 2. 11. 1974 (Dieter Meichsner: Die televisionären Zuchtmeister).
[28] Zit. nach Scheuch, a.a.O., S. 45.
[29] Bulletin der University of Missouri-Columbia, School of Journalism, Vol 74, Nr. 21, Sept. 18, 1973, S. 2.
[30] Vgl. FAZ 19. 9. 1974.
[31] Zit. nach Dovifat, a.a.O., S. 15.
[32] Vgl. Dovifat, a.a.O., S. 86, 168.
[33] Casdorff in einem Interview des Westdeutschen Fernsehens über „Monitor" 5. 6. 1973.
[34] Franz Alt: Fernsehmagazine: Information oder Manipulation? In: Material zum Problem der Kommunikation in der Demokratie, Akademie Eichholz 1974, Heft 30, S. 53.
[35] Vgl. P. Diehl-Thiele, Wie stark prägt das Fernsehen die öffentliche Meinung? In: FAZ 9. 12. 1972.
[36] Scheuch, a.a.O., S. 38.
[37] Schelsky: Die Arbeit..., S. 85.
[38] Arnold Gehlen: Volk, Staat, Individuum. In: Die politische Meinung, H. 152 (1974), S. 9.
[39] Karl Steinbuch: Kommunikation und Politik. In: Material zum Problem der Kommunikation in der Demokratie, a.a.O., S. 14.
[40] Joseph A. Schumpeter: Kapitalismus, Sozialismus und Demokratie. Bern ²1950, S. 237.
[41] Bulletin, a.a.O., S. 2.
[42] Franz Alt, a.a.O., S. 51.
[43] Otto B. Roegele: Prolegomena zu einer Ethik der Kommunikationsberufe, Vortragsmanuskript von der Jahrestagung der Gesellschaft Katholischer Publizisten „Darf der Journalist, was er kann?", 18. 10. 1973.

HELMUT WALTHER

Majestät Fernsehen ohne demokratische Kontrolle

Die Massenmedien – heute mächtiger als der Staat

„Sieger über den Präsidenten wurden weder das Kapitol noch die Justiz, sondern die Massenmedien, die fortan mächtiger sein werden als jede der drei traditionellen Regierungsgewalten." Dies schrieb die WELT am 10. 8. 74 zum Rücktritt *Richard Nixons*. Was vorausschauende Wissenschaftler, wie z.B. der aus Deutschland emigrierte Professor Dr. *Karl Löwenstein*, bereits in den 50er Jahren prophezeiten, wurde jetzt für eine breite Öffentlichkeit erkennbar: Eine neue Gewalt ist entstanden – die Mediengewalt; sie hat sich neben der klassischen Staatsgewalt etabliert und versucht nunmehr, sich den organisierten Staat botmäßig zu machen. In der Bundesrepublik, in der erfahrungsgemäß die amerikanischen Entwicklungen erst mit einer gewissen Zeitverschiebung eintreten, ist zwar noch nicht ein totales Übergewicht der Massenmedien über den Staat erkennbar, doch ist auch bei uns die Staatsgewalt schon mehrfach vor der Macht der Medien zurückgewichen. „Spiegel-Affäre" und „Panorama-Skandal" waren nur herausragende Etappen in dem Kampf Staat contra Medien. Vor einem Jahrhundert noch wegen Majestätsbeleidigung in Ketten sind die Beherrscher von Papier, Ton und Bild – die Journalisten – in einem Siegeslauf ohnegleichen in den westlichen Demokratien zur „herrschenden Klasse unserer Gesellschaft"[1] aufgestiegen.

„Wer die Massenkommunikationsmittel beherrscht, beherrscht die Wählerschaft; wer die Wählerschaft beherrscht, beherrscht den politischen Prozeß“, sagte *Karl Löwenstein* bereits 1959 in einem Vortrag in Chikago, und er fügte hinzu: „Der Charakter eines politischen Systems ist infolgedessen weitgehend davon abhängig, ob der Zugang zu den Nachrichtenmitteln unter allen Machtträgern und pluralistischen Gruppen gleichmäßig offen ist oder ob sie in den Händen eines einzelnen Machtträgers oder einzelner privilegierter pluralistischer Gruppen konzentriert sind.“[2]
Von einer wirklichen Demokratie kann daher nur gesprochen werden, wenn der Volkssouverän nicht nur auf die Staatsgewalt, sondern auch auf die neu entstandene Mediengewalt einen entsprechenden Einfluß hat.

Bevor wir jedoch untersuchen, in welcher Weise das Gesamtvolk an der Mediengewalt mitwirken kann, sei darauf hingewiesen, daß die industrielle Revolution des 19. Jahrhunderts eine weitere, heute ebenfalls staatsunabhängige Nebengewalt hervorgebracht hat – die Wirtschaftsgewalt, d.i. die Verfügungsmacht über die Produktionsmittel, über das Kapital und, last not least, über die organisierte Arbeitskraft. Das Schwergewicht in diesem Bereich liegt heute bei der organisierten Arbeitskraft, also den Gewerkschaften, und diese Macht wird sich noch mehr zugunsten der Syndikate verschieben, je mehr diese über die Mitbestimmung auch an der Verfügungsmacht über die Produktionsmittel und das Kapital partizipieren.

Da es sich bei den beiden neuen Gewalten nicht um die immer vorhandenen Gruppenpressionen gegen den Staat, sondern um echte Gewalten handelt, die den Anspruch erheben und die Macht haben, unabhängig und gleichrangig neben dem Staat aufzutreten, sind elementare Interessengegensätze mit der ursprünglich auf Universalität konzipierten klassischen Staatsgewalt unausbleiblich. Diktaturen lösen diesen Konflikt dadurch, daß sie die Staatsgewalt auf die neuen Nebengewalten ausdehnen, also totale Unterwerfung der Medien unter die Aufsicht des Staates, Verstaatlichung der Produktionsmittel, der Wirtschaft und der Gewerkschaften, Abschaffung des Streikrechts. Damit verbunden ist die Unterdrückung aller seit der Französischen Revolution erkämpften Freiheitsrechte.

Eine neue Gewaltenteilung soll Abhilfe schaffen

Um solche Machtkonzentrationen und damit die Gefahr eines Abgleitens in die Diktatur zu verhindern, haben die westlichen Demokratien heute eine Art doppelte Gewaltenteilung eingeführt:

1. die klassische Gewaltenteilung innerhalb des staatsorganschaftlichen Bereichs zwischen Gesetzgebung, Regierung und Rechtsprechung;
2. eine neue Gewaltenteilung zwischen der organisierten Staatsgewalt einerseits und der Mediengewalt und der Wirtschaftsgewalt andererseits.

Das Grundrecht der Pressefreiheit und die Tarifautonomie verbieten es dem demokratischen Staat, im Medienbereich oder im Tarifbereich staatliche Exekutivbefugnisse auszuüben. Dem Staat verbleibt nur das Gesetzgebungs- und das Rechtsprechungsmonopol, doch wird ihm auch dieses Eingriffsrecht bereits streitig gemacht. Man denke nur an die Auseinandersetzungen zwischen der Regierung *Heath* und den Gewerkschaften in England über das neue Gewerkschaftsgesetz und die Weigerung britischer Gewerkschaften, den Urteilsspruch staatlicher Arbeitsgerichte anzuerkennen.

Wer entscheidet aber bei solchen Konflikten zwischen den drei Gewalten, und wer drängt notfalls gruppenegoistische, den Staat als Gesamtheit gefährdende Ansprüche zurück? Die westlichen Demokratien haben dafür bisher kein brauchbares Konzept gefunden. Man überläßt die Wahrung des Allgemeinwohls allein der organisierten Staatsgewalt und meint, mit der demokratischen Apparatur des vorigen Jahrhunderts die Probleme der Gegenwart und Zukunft bewältigen zu können. Nur in ausgesprochenen Krisensituationen, wie z.B. beim letzten Bergarbeiterstreik in England im Winter 1973/74, wird sich die Öffentlichkeit der Problematik voll bewußt und stellt dann die bange Frage: Wer regiert eigentlich das Land?

Sobald jedoch die akute Gefahr vorüber ist – zumeist durch Kapitulation der Staatsgewalt vor den Gruppeninteressen –, verfallen die Politiker wieder in Gleichgültigkeit oder Ratlosigkeit. Allenfalls werden Neuwahlen angesetzt, obwohl sich der Prozeß der politischen Willensbildung immer mehr außerhalb des parlamentarischen Mechanismus vollzieht und somit durch Wahlen gar nicht beeinflußt werden kann. Diejenigen, die bisher allein durch das Volk legitimiert sind, das Allgemeinwohl zu wahren, haben nicht mehr die Macht, es in allen Bereichen des gesellschaftlichen Lebens durchzusetzen, denn in den beiden Nebengewalten herrschen vielfach nur teillegitimierte oder gar nicht legitimierte Minderheiten, die ausgesprochene Gruppen- und Sonderinteressen zum Nachteil der Allgemeinheit vertreten. *Hans O. Staub* hat in seinem bemerkenswerten Beitrag „Verlotterte Demokratie“[3] mit Recht darauf hingewiesen, daß heute „schon eine Minorität aus Egoismus eine ganze Nation tyrannisieren“ kann. Der letzte Fluglotsenstreik war ein Beispiel dafür.

Schutzlos der Unterwanderung preisgegeben

Weiterhin ist zu bedenken, daß nur innerhalb der organisierten Staatsgewalt wenigstens einigermaßen wirksame Abwehrmechanismen gegen Verfassungsfeinde (Verf.-Schutz, Beamtenrecht, Radikalenerlaß) vorhanden sind. Die beiden Nebengewalten sind bisher einer Unterwanderung ziemlich schutzlos preisgegeben. Gelingt es aber radikalen, demokratiefeindlichen Minderheiten, in Gewerkschaften, Betriebe und Medien zugleich einzudringen, so gerät das demokratische Gemeinwesen in immer größere Bedrängnis. Italien und Großbritannien sind erschreckende Beispiele einer beginnenden Agonie der westlichen Demokratie. Daß es in der Bundesrepublik noch einigermaßen funktioniert, liegt einerseits am disziplinierten Volkscharakter der Deutschen und andererseits daran, daß sich in den maßgebenden Gewerkschaften noch immer die gemäßigten und demokratisch gesinnten Arbeiterführer durchsetzen konnten. Aber man täusche sich nicht! Der Druck einer von den Radikalen unterwanderten Basis wird in vielen Gewerkschaften immer stärker, und er kann die Gewerkschaftsführer in eine Richtung drängen, die sie niemals gewollt haben.

Hinzu kommt, daß die Radikalen in den Gewerkschaften schon vielfach gezielte Schützenhilfe von Gesinnungsgenossen in den

Medien erhalten. Wie gut dieses Zusammenspiel bereits funktioniert, zeigte sich beim letzten großen Streik im öffentlichen Dienst Anfang 1974. Als typisches Beispiel seien die Vorgänge am 28. 1. 1974 herausgegriffen. An diesem Tage waren die Tarifverhandlungen im öffentlichen Dienst gescheitert. Bundeskanzler *Willy Brandt* hatte sich nochmals in einem beschwörenden Appell an die Tarifpartner gewandt, von zweistelligen Lohnforderungen Abstand zu nehmen. Die Gewerkschaftsführer andererseits befanden sich in einer schwierigen Position. Sie mußten auf die Massenstimmung Rücksicht nehmen, sollte ihnen nicht, wie bei den wilden Streiks im Jahre 1973, die Führung der Basis erneut entgleiten. Hinsichtlich der Massenstimmung kam es aber auf die Haltung der Medien wesentlich an.

Während die freie Presse ganz überwiegend die Regierung in ihrem Bemühen um Stabilität unterstützte, stellten sich gewisse Rundfunkanstalten eindeutig auf die Seite der Scharfmacher. Tagelang war durch eine breit angelegte Bildberichterstattung über Warnstreiks aller Art die Streikbereitschaft der Arbeitnehmer schon bis zur Siedehitze angeheizt und eine psychologische Kampfatmosphäre geschaffen worden. Auf dem Höhepunkt der Auseinandersetzung aber, am Abend des 28. Januar 1974, änderte der NDR „aus aktuellem Anlaß" sein Programm. Der für 21.45 Uhr im Deutschen Fernsehen vorgesehene Beitrag „Arbeiter GmbH – Arbeiter als Unternehmer" wurde abgesetzt, und dafür brachte man den Film „Wie man Löhne macht". In diesem Streifen wurden die wilden Streiks gerechtfertigt, die – wie bei *Ford* – zum Teil mit politischem Auftrag eingeschleusten Rädelsführer verharmlost und die Radikalen in den Betriebsräten und Gewerkschaften ermuntert, in ihren Forderungen und Kampfmitteln ja nicht zimperlich zu sein. So wurde an diesem Abend von einer öffentlich-rechtlichen Rundfunkanstalt ohne Rücksicht auf die beschwörenden Erklärungen der Bundesregierung die Stimmung bis zum Exzeß geschürt. Der weitere Verlauf der Dinge ist dem Leser bekannt. Die organisierte Staatsgewalt ging vor dem doppelten Ansturm – Mediengewalt + Arbeitsgewalt – in die Knie und willigte in zweistellige Lohnabschlüsse ein.

Das Staatsbewußtsein wird zerstört

Dabei ist dieser zuvor geschilderte Fernsehbeitrag nur ein winziger Ausschnitt aus einer jahrelangen systematischen Kampagne gegen die freiheitlich-demokratische Grundordnung. Der Verfasser hat in seiner im Herbst 1973 erschienenen Dokumentation „Die verfassungsfeindliche Bewußtseinsbildung durch öffentlich-rechtliche Rundfunkanstalten" die Taktik der Radikalen zur Erzeugung einer allgemeinen Umsturzbereitschaft im einzelnen dargelegt und darauf hingewiesen, daß die fortwährende Verteufelung des demokratischen Staates und seiner Einrichtungen zur Staatsverdrossenheit, zur Staatsverachtung, zum Staatshaß, schließlich zur Zerstörung des Staatsbewußtseins und damit zur Beseitigung der freiheitlich-demokratischen Grundordnung führen muß. Die Empörung der Mächtigen in den Funkhäusern, die seit Kriegsende ohne ernsthafte Kritik in einer Art „Gottesgnadentum" regiert hatten, war groß, die Reaktion in einer Gegenschrift „Das Deutsche Fernsehen – ein Verfassungsfeind?" äußerst heftig. Die dokumentierten Verstöße gegen Gesetz und Verfassung wurden abgestritten oder bagatellisiert, der Verfasser als querulatorischer Schwarzseher abqualifiziert.
Um so bemerkenswerter war es, daß im Frühjahr 1974 der Chef der größten deutschen Sendeanstalt, der WDR-Intendant Klaus von Bismarck, öffentlich vor Radikalen in den Rundfunkanstalten warnte, die durch „Agitprop"-Sendungen umstürzlerische Systemveränderung betrieben. Man hätte meinen sollen, dieser unüberhörbare Warnruf eines so prominenten Fachmannes hätte die Politiker dazu bringen müssen, endlich einmal grundlegend über diese Problematik nachzudenken und neue Lösungen zu konzipieren; aber nichts geschah. Diese Untätigkeit resultiert offenbar einmal daraus, daß sich, wie der jetzige Bundeskanzler *Helmut Schmidt* es am 5. 4. 1973 im ZDF formulierte, die Politiker so ineinander verbissen haben, „daß die gemeinsame staatspolitische Grundlage verlorengegangen scheint". Andererseits stehen viele Politiker dem optischen Medium und seinen Wirkungen auf die Bevölkerung beziehungslos gegenüber. Von früh morgens bis spät abends im politischen Getriebe, sind sie vom Konsum des Mediums ausgeschlossen und damit getrennt von der Erlebniswelt breitester

Volksschichten. Sie kennen weder „Skippie“ noch „Lassie“. „Flipper“ ist ihnen ebenso unbekannt wie der „Daktari“. Sie haben „Meister Proper“, den „General“ oder „Klementine“ noch nie in Aktion gesehen. Sie waren nicht auf der „Shiloh-Ranch“, und von *Paul Temple* oder *Dan Oakland* wissen sie nichts.
Sie schauen einen ungläubig an, wenn man ihnen sagt, nicht mehr das Parlament, sondern das optische Medium bestimme den Trend und damit letzten Endes die politische Richtung, in der wir uns fortbewegen. Sie werfen vor jeder Landtags- und Bundestagswahl noch immer Millionen für Wahlkämpfe zum Fenster hinaus, weil sie nicht wahrhaben wollen, daß der Wählerentscheid heute nicht mehr so sehr von den Argumenten im Wahlkampf abhängt, sondern von dem Bewußtseinszustand während all der Jahre, die dem Wahlkampf vorausgehen, und der durch die Medien entscheidend geprägt wird. Auch ein gutes Stück Angst ist dabei, Angst vor den Mächtigen in den Funkhäusern, auf deren Wohlwollen der Politiker, der ja in die Öffentlichkeit hineinwirken muß und daher auf die Multiplikation angewiesen ist, spekuliert.
Das bisherige Versagen der Politiker aller Parteien, die Medienfrage staatspolitisch zu lösen, sollte jedoch für die Mediengewaltigen kein Grund zu einem übermütigen Triumph sein. Käme es zum Zusammenbruch der organisierten demokratischen Staatsgewalt, so würde nicht die Alleinherrschaft der Medien folgen, denn bisher ist kein Beweis erbracht, daß staatliche Ordnungsfunktionen durch die Medien ersetzt werden können. Der demokratische Staat kann nur überleben, wenn die beiden neuen Gewalten in das demokratische System eingeordnet und von dem alle Gewalt verleihenden souveränen Volk legitimiert und kontrolliert werden. Für die Medien bedeutet dies aber und hier sei nochmals *Karl Löwenstein* zitiert: „Eine Kontrolle über die konzentrierte publizistische Macht ist unausweichlich, wenn sich die konstitutionelle Demokratie nicht selbst zerstören will.“[4]
Wer in dieser Weise eine Medienreform anstrebt, hat nicht nur mit der Angst, dem Unverständnis oder der Gleichgültigkeit der Politiker zu kämpfen, er muß vielmehr auch mit einem erbitterten Widerstand der Medienherrscher rechnen. Dabei kann die freie Presse von der weiteren Erörterung ausgeklammert werden. Solange es zu keinem beherrschenden Marktanteil eines einzigen

Unternehmens kommt, solange also die Vielfalt des Meinungsangebots vorhanden ist, genügt für die Verwirklichung des Selbstbestimmungsrechts als demokratische Ersatzlösung die freie Konsumwahl der Leserscharen. Daß dieses demokratische Korrektiv funktioniert, beweist nicht nur ein Blick auf die bunte Palette bundesdeutscher Kioske, es zeigt sich auch daran, daß radikale Publikationsorgane in diesem Sektor keine nennenswerten Erfolge erzielen konnten.
Ganz anders aber im öffentlich-rechtlichen Rundfunkmonopol. Hier ist die gesetzlich vorgeschriebene Ausgewogenheit und Meinungsvielfalt immer mehr zugunsten einer eindeutig ideologisch fixierten Einheitsmeinung zurückgedrängt worden, weil es verfassungsfremden Kräften unter Ausnutzung der in diesem Medium herrschenden undemokratischen Strukturen gelungen ist, diese zu unterwandern und einen wesentlichen Einfluß auf die Programmgestaltung zu gewinnen. Davon zeugen nicht nur die immer wieder aufflammenden Proteste breiter Zuschauerkreise, in denen sich das Unbehagen, ja die Empörung gegen das unausgewogene und einseitige Programmangebot gewisser Rundfunkanstalten artikuliert; das bekunden auch Männer vom Bau, wie z. B. der ehemalige Chefredakteur des WDR-Fernsehens, *Franz Wördemann,* der bei seinem Ausscheiden im Sommer 1973 vor einem „missionarischen Journalismus" warnte, der auf „radikale Gesellschaftsveränderung" dränge.

Wer kontrolliert die Kontrolleure?

Da ein Weg zur Wiederherstellung der Meinungsvielfalt, nämlich die Einführung freier Konkurrenz auch im Rundfunkbereich, offenbar ausscheidet, weil das öffentlich-rechtliche Medienmonopol inzwischen „eine geradezu naturrechtliche Maxime"[5] geworden ist, bleibt nur der Weg einer Demokratisierung der Monopolanstalten. Wer es jedoch wagt, einer auch noch so legitimen Machtbegrenzung der Programmacher das Wort zu reden, wird sofort als Feind der freien Meinungsäußerung angeprangert, der eine „Zensur" einführen und die Medien an der Erfüllung ihrer „öffentlichen Aufgabe" hindern wolle. Man muß sich deshalb immer

wieder, so ermüdend das auch sein mag, mit diesen Unterstellungen und Begriffsverwirrungen auseinandersetzen.
Das Grundrecht auf freie Meinungsäußerung ist ein persönliches Recht; es steht jedem einzelnen Bürger zu. Das Recht auf freie Meinungsvervielfältigung, die sog. Presse- und Rundfunkfreiheit, ist ein sachbezogenes Recht. Es steht der Zeitung bzw. der Rundfunkanstalt als Institution zu, gibt jedoch keinesfalls dem einzelnen Redakteur einen Anspruch, gerade seine persönliche Meinung mit Hilfe des Senders oder der Zeitung zu multiplizieren. Das hat der derzeitige WDR-Intendant *v. Sell* bereits 1969 in seinem bemerkenswerten Aufsatz „Meinungsfreiheit in Rundfunk und Presse aus der Sicht der Verfassung“[6] überzeugend dargelegt. Ebensowenig steht Art. 5 des Grundgesetzes einer anstaltsinternen Kontrolle entgegen, und die Tätigkeit der Aufsichtsorgane ist keine Zensur. *Rudolf Gerhardt* hat dies in seinem Artikel „Was ist Zensur?“[7] erneut in allgemeinverständlicher Weise beleuchtet. Vielfach wird auch versucht, die Kontrollfrage mit der Behauptung illusorisch zu machen, das Fernsehen könne das Bewußtsein der Zuschauer nicht verändern; es sei nur eine Art wertneutrale Informationsmaschine, die von einem schutzbedürftigen Bedienungspersonal betrieben werde. *Elisabeth Noelle-Neumann* hat diese aus den USA stammende „Ohnmachtstheorie“ in ihrer wissenschaftlichen Arbeit „Methoden der Publizistikwissenschaft“[8] eindeutig widerlegt und darauf hingewiesen, daß gerade das Fernsehen eine „starke meinungsverändernde Kraft“ besitze. Aber diese Untersuchungen werden ebenso achtlos beiseite geschoben wie *Karl Löwensteins* scharfsinnige Analysen. *Mac Luhan* (Das Medium ist die Botschaft!) wird ebenso verdrängt wie die Forschungsergebnisse des Hildesheimer Professors *Heribert Heinrich* über das Verhalten von Kindern am Fernsehen (Das Fernsehen ist eine gewaltige Lernmaschine!).
Alle Erkenntnisse von der vorgegebenen Manipulierbarkeit der menschlichen Seele gelten nichts, weil nicht sein kann, was nicht sein darf. Das dem Medium immanente Machtelement wird konsequent geleugnet, weil sich mit der Machtfrage die Kontrollfrage stellt. „Welcher Herrschaftskontrolle unterliegen eigentlich die Beherrscher der Informationsproduktion?“ fragt *Helmut Schelsky* in seinem Buch „Systemüberwindung, Demokratisierung, Ge-

waltenteilung", und *Friedrich Hacker* fordert in dem rororo-band „Aggression": „Zu den vordringlichsten gesellschaftlichen Aufgaben der Gegenwart gehört die Entwicklung von wirksamen Kontrollen der Kontrolleure, vor allem auch der Kontrollorgane und Kontrollinstanzen von Massenmedien. Damit der gesellschaftliche Entscheidungsprozeß nicht zur stereotypen Machtbestätigung und Legitimierungsgewißheit ausartet, dürfen die Manipulationsmöglichkeiten der Medien nicht abgestritten oder verborgen, sondern müssen deren optimale Bedingungen zur Sichtbarmachung und Veranschaulichung gesellschaftlicher Probleme erprobt werden."
Doch all diese Kritiker – ihre Argumente mögen noch so stichhaltig und überzeugend sein, befinden sich in einer schwachen, fast aussichtslosen Position gegenüber den Meinungsmultiplikateuren. Ihre Veröffentlichungen in Büchern, Zeitungen und Fachzeitschriften erreichen nur einen verhältnismäßig kleinen Personenkreis, währenddessen die Meinungsmacher mittels des ihnen exklusiv zur Verfügung stehenden Monopolapparates vor einem Millionenpublikum unentwegt für ihre eigene Sache werben und jeden Widersacher verteufeln oder totschweigen können.

Der ständische Rundfunkrat im Abseits

Gelingt es schließlich aber doch einmal, die Rundfunkgewaltigen in einer öffentlichen Diskussion zu stellen, dann wird stereotyp auf die Rundfunkräte verwiesen. Sie seien, so sagt man, die legitimen Kontrollinstanzen und Garanten der Rundfunkfreiheit. Wer aber den Apparat wirklich kennt, der weiß um die Unwirksamkeit der nach dem mittelalterlichen Ständeprinzip aufgebauten Rundfunkaufsicht. Längst haben sich die zum „Dienen bestimmten berufsmäßigen Akteure"[9] zu alleinigen Herrschern aufgeschwungen. Die allmächtige Rundfunkexekutive hat die Aufsichtsgremien an den Rand des Geschehens abgedrängt, zu einem hilf- und machtlosen Meckerverein im nachhinein abqualifiziert, der überdies angesichts seiner ständischen Sonderinteressen jederzeit auseinanderzudividieren und von dem ein geschlossener Widerstand gegen die Intendanz oder die Programmdirektoren nicht zu befürchten

ist. *Albrecht Kern* hat dies in seinem Beitrag „Von der Ohnmacht der Rundfunkräte“[10] in brillanter Weise dargelegt.
Hinzu kommt die sogenannte Redakteurstatutbewegung. Sie richtet sich naturgemäß direkt gegen die Kompetenz der Rundfunkräte, denn was sollten die Aufsichtsgremien denn noch kontrollieren, wenn sich die publizistische Willensbildung völlig unbeeinflußt und unbeeinflußbar in autonomen Redaktionen vollzöge? Diese Statutenbewegung zeigt das Endziel: die totale Machtergreifung durch eine kleine Minderheit, der Anspruch auf Machtalleininhabe mit dem Ziel, die publizistische Macht unkontrolliert und damit undemokratisch ausüben zu können. Die gesellschaftliche Eigenkontrolle des Rundfunks, so sagt der SR-Intendant *Dr. Franz Mai* in seinem Vortrag am 18. 5. 1974 im Institut für Rundfunkrecht in Köln (Der Standort des Rundfunks im Verfassungsstaat), würde abgelöst durch die „Eigenkontrolle der Mitarbeiter“. Wenn das richtig wäre, was uns die Programmacher unermüdlich in ihrer selbstsüchtigen Eigenpropaganda verkünden, daß nämlich nur sie allein dazu berufen seien (von wem?), vor den Mikrophonen und Kameras der Monopolanstalten die Meinungsvervielfältigung zu zelebrieren, dann wäre die vom Bundesverfassungsgericht in den beiden sog. Fernsehurteilen[11] statuierte Teilhabegarantie der Bevölkerung an der öffentlich-rechtlichen Meinungsmultiplikation illusorisch und das Volk von einem wesentlichen Teil moderner Machtausübung ausgeschlossen. Die relevante Meinungsbildung vollzöge sich weiterhin von einer kleinen Minderheit zur Mehrheit und nicht, wie der ehemalige Bundesverfassungsrichter Prof. G. Leibholz in einem Rechtsgutachten für das ZDF (Zur Staatlichen Rechtsaufsicht über die Programmgestaltung) mit Recht fordert, vom Volke her zu den Staats- (und Neben)gewalten hin. Bei der Bedeutung, die den Massenmedien heute zukommt, hat das Volk nicht nur als gebührenzahlender Zuschauer, sondern als alle Macht legitimierender Souverän Anspruch darauf, an diesem Multiplikationsprozeß beteiligt zu werden.
Jahrhunderte lang wurde darum gerungen, absolutistische Herrschaftsverhältnisse abzubauen und der Diktatur von Minderheiten ein Ende zu setzen. Erst die moderne Demokratie westlicher Prägung gab dem Gesamtvolk die Möglichkeit, sich durch allgemeine, gleiche und geheime Wahlen an der politischen Willensbildung

zu beteiligen und diejenigen zu bestimmen, die auf begrenzte Zeit politische Macht im Gemeinwesen ausüben sollen. Durch die industrielle Revolution des 19. und die elektronische Revolution des 20. Jahrhunderts entstanden jedoch in den Gewerkschaften und den Massenmedien neue Gewalten, die bisher dem demokratischen Prinzip der Volkskontrolle nicht unterliegen und deren Beherrscher naturgemäß alles daransetzen, sich diese unkontrollierte Macht zu erhalten. Nur eine *totale* Demokratie, d.h. die Übertragung des demokratischen Wahl- und Kontrollprinzips auf die beiden neuen Gewalten, könnte dem immer deutlicher werdenden Zerfall der westlichen Demokratie Einhalt gebieten.
Wer in diesem Sinne „Demokratie" auch im Rundfunkmonopol wirklich will, wer Mitbestimmung nicht nur an den Universitäten, an Schulen und am Arbeitsplatz praktizieren will, wer nicht den Fernsehuntertan, sondern den mündigen Zuschauer will, der muß nach Wegen suchen, wie das Volk selbst an der Ausübung der durch die moderne Technik gigantisch gesteigerten publizistischen Monopolmacht beteiligt werden kann. Das geht nicht in der bisherigen Form mit mittelalterlichen „Rundfunk-Cortes" mit mehr oder weniger oder gar nicht mehr relevanten Ständen und Gilden, sondern glaubwürdig nur in den Formen moderner Demokratie, also durch die Wahl von Rundfunkparlamenten in den einzelnen Bundesländern und die Bestellung von Rundfunkregierungen, die diesen vom Volk gewählten Aufsichtsgremien verantwortlich sind und durch entsprechende Mehrheiten abgewählt werden können. Nur so kann die jahrzehntelange Diktatur einer winzigen Minderheit in Rundfunk und Fernsehen beendet und allmählich demokratische Herrschaftsverhältnisse in diesem Teilbereich moderner Machtausübung aufgebaut werden.

Anmerkungen

1 Schelsky, In: FAZ 10. 12. 1971.
2 Verfassungslehre, S. 16.
3 Deutsche Zeitung 8. 3. 1974.
4 Verfassungslehre, S. 366.
5 Jens Litten. In: Wirtschaftswoche Nr. 25/73.
6 Publizistik Nr. 4/69.
7 Südfunk Nr. 5/73.
8 Fischer Lexikon Publizistik 1971.
9 Vgl. BVerfG E 31, 314.
10 Die Politische Meinung Nr. 138/71.
11 BVerfG E 12, 205 und E 31, 314.

HENNING JÄDE

Wem gehört die Rundfunkfreiheit?

Unbewältigte Verfassungswirklichkeit

Nisthöhlen für Cliquen hat *Ernst Forsthoff* 1971 die öffentlich-rechtlichen Rundfunk- und Fernsehanstalten genannt. Gemessen an dem hierzulande eher übertrieben höflichen Umgangston unter Verfassungsjuristen, ist das ein ungewöhnlich drastisches Verdikt. Der rundfunkhörende und fernsehzuschauende Laie indes wird dieser Formulierung schon eher zuzustimmen bereit sein. Es ist hier nicht der Ort, nach Art einer *chronique scandaleuse* zu prüfen, ob die zitierte Qualifikation vor dem empirischen Beweismaterial standhalten könnte. Die Lage ist jedenfalls blitzlichtartig ausgeleuchtet mit der Überschrift, die eine Tageszeitung ihrem Beitrag zum zehnjährigen Bestehen der politischen Magazinsendung *Monitor* der ARD gab: *Zehn Jahre – zehn Skandale.* Je höher man die öffentliche Meinung als unverzichtbaren Faktor im gesellschaftlichen Vorfeld der staatlichen Willensbildung in der freiheitlichen und rechtsstaatlichen Demokratie einschätzt, desto besorgter wird man fragen müssen, inwieweit, wenn überhaupt, eine solche Schlagzeilen-Kurzbilanz sich in Einklang bringen läßt mit den juristisch wie intellektuell hochgeschraubten und hochstilisierten Verantwortlichkeitsansprüchen, die maßgebliche Funktionäre von Rundfunk und Fernsehen mit ungebrochener Gläubigkeit an ihre Mission erheben.

Sei dem, wie auch immer: Die drahtlosen Medien sind ein Stück unbewältigter Gegenwart. Die Buchdruckerkunst wurde schon 1791 von *Condorcet* in dessen *Discours sur les conventions nationales* geradezu als die bürgerliche Freiheit erst wahrhaft hervorbringend gefeiert, als *l'art créateur de la liberté.* Keine Verfassung der konstitutionellen Monarchie wie der konstitutionellen Demokratie, die nicht der Pressefreiheit mit besonderer Sorgfalt gedacht hätte. Gegenüber der zweihundertjährigen Geschichte der Pressefreiheit ist die Rundfunkfreiheit erst von heute: Die Weimarer Reichsverfassung nahm vom Rundfunk aus naheliegenden Gründen keine Notiz. Auch das ungewöhnlich fruchtbare verfassungsrechtliche Schrifttum jener Jahre hat sich für diesen neuartigen Gegenstand so gut wie gar nicht interessiert. Soweit erkennbar, findet sich der erste Hinweis auf die außerordentliche Bedeutsamkeit des neuen Mediums in einem im März 1933 erschienenen Aufsatz *Carl Schmitts* mit dem Titel *Machtpositionen des modernen Staates.* Einige Sätze daraus verdienen gerade heute zitiert zu werden, weil sie zeigen, wie wenig sich das Kernproblem verändert hat: nämlich die Frage, wie ein auf Grund seiner technisch vermittelten Intensität ungeheuer durchschlagendes Medium der öffentlichen Meinungsbildung innerhalb der Verfassungsordnung zwischen gesellschaftlicher Freiheit und staatlicher Herrschaft zu verorten ist. Der Rundfunk entzieht sich, so Carl Schmitt, „den Einschränkungen und Hemmungen, mit denen die liberale Staatsauffassung die staatliche Macht zu schwächen oder zu umgrenzen suchte". Die technischen Entwicklungen „zwingen den Staat zu einem Monopol oder einer Zensur, die notwendig zu einer politischen Machtsteigerung führt. Denn die massenpsychologischen Einwirkungsmöglichkeiten, die mit diesen neuen Mitteln gegeben sind, können die Möglichkeiten der Druckerpresse weit übertreffen." Welchen virtuosen Gebrauch der totale Staat unter den Bedingungen des totalen Krieges von dieser neuen Machtposition gemacht hat, bedarf keiner besonderen Hervorhebung.

Bemerkenswert und erstaunlich hingegen ist, mit welcher Zurückhaltung das Bonner Grundgesetz den Rundfunk behandelt, obwohl es sonst mit beachtlicher Akribie tatsächliche oder vermeintliche „Lehren aus Weimar" gezogen hat. Hält man sich an den Wortlaut der Verfassung, so ist allein in Art. 5 Abs. 1 Satz 2 des

Grundgesetzes die „Freiheit der Berichterstattung durch Rundfunk“ gewährleistet. Da vermag nicht zu verwundern, daß erst Hörfunk und später Fernsehen auch unter der neuen Ordnung zu verfassungspolitischen Streitobjekten ersten Ranges wurden – und es bis auf den heutigen Tag blieben. Der Konflikt setzte ein mit dem vom Bundesverfassungsgericht im sogenannten *Fernseh-Urteil* vom 28. Februar 1961 entschiedenen Streit um die Zulässigkeit einer privatrechtlich organisierten Rundfunkanstalt des Bundes, der Deutschland-Fernsehen-GmbH. Die Debatte um Staatsfernsehen oder Privatfernsehen ist seither, vor allem angeregt durch die unter zweifelhaften parlamentarischen Umständen zustande gekommene Novellierung des saarländischen Rundfunkgesetzes vom 7. Juni 1967, genau so wenig abgerissen wie diejenige um die Machtverteilung in den bestehenden öffentlich-rechtlich verfaßten Anstalten: Noch im Februar 1972 kam es darüber in dem sonst eher zu behäbiger Zelebrität neigenden Bayerischen Landtag zu tumultuarischen Szenen. Daneben dauern die personalpolitisch akzentuierten Meinungsverschiedenheiten an: von der Sendezeit-Kürzung des *ZDF-Magazins Löwenthals* bis zu dem Gerangel um Entlassung oder Weiterbeschäftigung des *Panorama*-Machers *Merseburger*.

Bei der Offenheit des Meinungsstandes bleibt nur die Feststellung, daß man es hier nach wie vor mit einem Stück unbewältigter Verfassungswirklichkeit zu tun hat, das unverändert einer ordnungspolitisch verantwortbaren Einfügung in die rechtliche Gesamtordnung ermangelt. Unklarheit und Unsicherheit darüber signalisieren zugleich fehlendes Verständnis gegenüber jenem Vorgang, den *Jürgen Habermas* als *Strukturwandel der Öffentlichkeit* bezeichnet hat. Hörfunk und Fernsehen werden demgemäß allein dann ihren legitimen Ort im sozialen Ganzen finden, wenn man sich von obsoleten Frühliberalismen gleichermaßen fernhält wie von zugleich utopischen und freiheitsfeindlichen Visionen einer intellektualistischen Wohlfahrtsdiktatur.

Das liberale Modell

Öffentlichkeit und – in engem Zusammenhang damit – *öffentliche Meinung* rechnen zu den wichtigsten Kampfbegriffen aufklärerischer und aufgeklärter Bürgerlichkeit gegen den monarchischen Absolutismus. Hinter deren polemischen Formeln steckt eine optimistische Anthropologie. Dieser zufolge verfügt der Mensch über eine natürliche Anlageausstattung, die ihn instand setzt, unter der Voraussetzung der Herrschaftsfreiheit ohne Zutun einer dritten Instanz in einem freien Spiel der Kräfte das jeweils bestmöglich denkbare gesellschaftliche Resultat gewissermaßen automatisch zu erzielen. Wie dieses Konzept die Vorstellung vom Wettbewerb unter den Bedingungen der Gewerbefreiheit beherrscht, so bestimmt es auch das Idealbild, das man sich von der öffentlichen Meinung macht: Aus der Fülle der auf dem Markt geäußerten individuellen Ansichten geht schließlich *eine einige und einheitliche* öffentliche Meinung hervor. Wird dieser nicht eben ein Wahrheitsanspruch schlechthin zugemessen, so erscheint sie doch als – weil frei gebildet, statt autoritativ verordnet – mit einer größeren Chance auf Richtigkeit ausgestattet, als besserer Näherungswert. Aus diesem Gesichtswinkel muß als verdächtig, als suspekt erscheinen, was in der *camera principis,* im Wege der Geheimen Kabinettspolitik zustande kommt. Mit anderen Worten: Die *Arcana rei publicae* befinden sich bei solcher Betrachtungsweise gegenüber der öffentlichen Meinung schon deshalb im Nachteil, abgesehen von allen jeweils denkbaren guten oder minder überzeugenden Gründen, weil sie *nicht öffentlich* zustande gekommen, sondern festgestellter Schluß der Debatte sind.

Öffentlichkeit wird auf diese Weise zu einem *Wert an sich.* Durchaus in diesem Sinne hat *Rudolf Smend* 1955 Öffentlichkeit als „letzte nichtorganisierte Instanz in der Demokratie“ bezeichnet. Eine pauschale Liberalismuskritik übersieht an dieser Stelle regelmäßig, daß sich allerdings der kritische Charakter des Öffentlichkeitspostulats nicht allein gegen den Staat, sondern zugleich gegen den öffentlichkeitsbereiten Privaten wendet: als prüfendes, hemmendes Kriterium an der Schwelle zwischen dem bloß persönlichen Raisonnieren und dem Öffentlichen. Solche Erwägungen beherrschen manche rechtsstaatliche Gestaltungen: Die individuelle

Rechtsansicht des Richters wird zur objektivierten Entscheidung, wenn sie in das verkündete Urteil eingeht; die Diskussion der gesetzgebenden Körperschaften wird objektiviert, sobald sie in Gesetzesform in die Öffentlichkeit tritt. Wie hier, so wird auch im Bereich der öffentlichen Meinung der *Öffentlichkeitsschwelle* eine reinigende, läuternde Wirkung zugesprochen. Banal gesagt: es möchte niemand mit einer Meinung, einem Argument, einer Anschauung an die Öffentlichkeit treten, die nicht so sorgfältig erwogen ist, daß sie die Chance hat, ernst genommen zu werden. Selbstdisziplin und Verantwortlichkeit liegen damit – historisch gesehen – ohne weiteres dem Begriff und der Funktion der öffentlichen Meinung voraus.

Wie der juristische Positivismus ganz präzise soziale Voraussetzungen hat, nämlich eine homogene Rechtskultur und einen homogenen Juristenstand, unter denen ein Gesetz schon deshalb als gerecht gelten kann, weil es unter bestimmten prozeduralen Kautelen zustande gekommen ist, die sich vor jedermanns Augen vollziehen, so sind solche Vorstellungen von Öffentlichkeit und öffentlicher Meinung gleichermaßen nur unter ganz konkreten historischen Umständen und Bedingungen gerechtfertigt. Denn die Öffentlichkeit, um die es sich hier handelt, ist nicht einmal in dem Sinne eine – um den überstrapazierten Terminus trotz Bedenken zu gebrauchen – *demokratische* Öffentlichkeit, daß zu ihr problemlos alle innerhalb eines bestimmten Territoriums lebenden geschäfts- und daher bürgerrechtsfähigen Individuen gezählt werden könnten. Die Öffentlichkeit des Liberalismus ist keine offene, sondern eine durchaus *geschlossene Gesellschaft.* Diese ist gekennzeichnet durch ein relativ hohes durchschnittliches Bildungs- und Urteilsniveau, ferner dadurch, daß sie öffentliche Meinung aus überschaubaren, verhältnismäßig klar gegliederten, jedenfalls nicht mobilisiert massenhaften Verhältnissen hervorbringt. Typisch dafür ist die seinerzeitige Funktion der Zeitungspresse, die zunächst einmal Nachrichtenpresse ist und dort, wo sie Meinungspresse ist, das Meinungsangebot als *Angebot* im exakten Wortsinne versteht, als Anregung, äußerstenfalls noch als Hilfestellung. Die Öffentlichkeit – oder, wenn man so will, die Gesellschaft –, die dem überkommenen Begriff der öffentlichen Meinung zugrunde liegt, ist in einem gegenüber heutigen Verhältnissen unvergleichlichen Ausmaße autonom und der Selbstbestimmung gegenüber einem Staat fähig, der auf ein bloßes Wächteramt beschränkt ist.

Strukturwandel des Öffentlichen

Inzwischen sind diese Voraussetzungen sämtlich entfallen. Die Perfektion der Demokratisierung hat, sofern sie den Staat betrifft, den Adressaten entfallen lassen, gegen den sich das polemische Öffentlichkeitspostulat ernstlich richten könnte. Die Vorstellung von einer möglichen Eigenexistenz der Gesellschaft gegenüber dem Staate hat sich – unter den von den beiden Weltkriegen verstärkten Sachzwängen der Industrialisierung – längst als illusorisch erwiesen. Staat und Gesellschaft seien, so wird gesagt, nicht mehr unterscheidbar, ineinander verschränkt, gingen ineinander auf. Wie auch immer man die Lage sehen mag: Der Staat als die Repräsentanz des „konkret Allgemeinen" vermag ohne die Gesellschaft als den Bereich des legitim Besonderen nicht zu existieren, und umgekehrt. Sofern man – und dies scheint geboten, wenn man nicht totalen Staats- oder totalitären Gesellschaftskonzeptionen anhängt – noch eine vom Staat unterschiedene Gesellschaft ausmachen zu können vermeint, so ist für diese doch zu sagen, daß sie zwar in dem Sinne klassenlos geworden ist, daß sie keinen Stand kennt, der nicht gesellschaftsfähig wäre, daß sie aber, auch was das intellektuelle Niveau anbetrifft, heterogen und unhomogenisierbar ist wie nie zuvor. Wie diese Gesellschaft *offen* ist, indem sie keine schwer oder gar nicht übersteigbaren sozialen Schranken mehr kennt, so ist sie auch außerstande, aus sich ohne weiteres irgendeine Einheit hervorzubringen. Wenn die marxistischen und neomarxistischen Theoretiker von *einem* gesellschaftlichen Interesse sprechen, so ist dies eine in diktatorischer Absicht säkularisierte theologische Floskel, die mit der sozialen Wirklichkeit nichts zu tun hat. Es versteht sich von selbst, daß eine pluralistische Gesellschaft keine einheitliche öffentliche Meinung und keine ungespaltene, nichtpluralistische Öffentlichkeit zu produzieren vermag.

Schließlich ist auf die zunehmende Kompliziertheit von Strukturen, Interessen und Entscheidungen hinzuweisen: Nicht allein, daß der Umfang der jedermann mehr oder minder zwangsläufig gegenwärtigen Welt gewachsen ist – auch wenn „hinten, weit, in der Türkei, die Völker aufeinander schlagen", ist dies für den Mitteleuropäer höchst bedeutsam geworden –, auch die Strukturen im geographisch oder staatlich engeren Bereich sind gegenüber den relativ überschaubaren Verhältnissen des 19. Jahrhunderts ungeheuer komplex geworden. Politische Fragen beispielsweise, die in Zusammenhang stehen mit wissenschaftlichen Erkenntnissen und deren praktischer Nutzanwendung, sind dem allgemeinen Publikum nur mehr unter äußerster Simplifizierung darstellbar. Damit entfällt zwangsläufig Öffentlichkeit im Sinne einer allseitigen, restlosen Einsehbarkeit oder gar Einsichtigkeit.

Öffentlichkeit ist damit unter den gegenwärtigen industriegesellschaftlichen Bedingungen nichts ohne weiteres Vorgegebenes oder Vorfindbares, sondern bewußt produzierte, künstliche Öffentlichkeit. Entsprechendes gilt für die öffentliche Meinung. Deren Funktion hat sich entscheidend gewandelt: Aus der Kritikerrolle gegenüber einem substanzhaften oder doch wenigstens so vorgestellten Staat ist sie in eine *Führungsrolle* gegenüber der industriellen Gesellschaft gewechselt. Wenn angesichts der beschriebenen Situation des sozialen Ganzen simplifiziert, popularisiert und damit auch schematisiert und verkürzt werden *muß*, so geraten die Instanzen, die diese Funktion wahrnehmen – die Medien –, mit derselben Zwangsläufigkeit in die bezeichnete Rolle. Wer zu sagen befugt ist, wie die Welt ist, bestimmt auch schon ein Gutteil der Bewertung. Wie die Sachverhalte, so komplizieren sich zugleich auch die Gründe für oder gegen bestimmte Entscheidungen, und damit potenziert sich ein weiteres Mal die Macht der öffentlichen Meinungsmacher über das allgemeine Bewußtsein.

Der industriegesellschaftliche Charakter dieses Wandels impliziert dessen *Technizität.* Die Strukturveränderungen des Öffentlichen verbinden sich vorzüglich mit solchen Medien, die über das größtmögliche Potential an Mitteln der Meinungsführung verfügen, was die höchste Machtchance in sich schließt. Das erklärt auch die auffällige zeitliche Abfolge in der medienpolitischen Diskussion: Während für die Presse noch lange und auch mit einigem Recht zumindest an der Fiktion einer klassisch-liberalen Öffentlichkeit festgehalten werden konnte und erst in den letzten Jahren, initiiert durch die „Enteignet Springer!"-Kampagnen der Außerparlamentarischen Opposition, das Bestreben nach einer obrigkeitlichen Organisation der freien Presse in stetem Vordringen begriffen ist, steht die Rundfunkmacht im Spannungsfeld der Auseinandersetzung, seit dieses Medium auch nur leidlich seinen Kinderschuhen entwachsen ist.

Die Affinität des Rundfunks zur politischen Macht hat in erster Linie zwei ohne weiteres einleuchtende Gründe: Einmal ist der Wirkungsgrad des Hörfunks und mehr noch der des audiovisuellen Fernsehens im Vergleich zur Presse beachtlich höher. Allen öffentlich und in aller Breite erörterten Skandalen und Skandälchen zum Trotz erfreuen sich diese Medien, wie empirische Untersuchungen bis in die jüngste Zeit mit schöner Regelmäßigkeit beweisen, einer geradezu amtlichen Glaubwürdigkeit, die von der Sachinformation auch auf die Meinung ausstrahlt. Zum anderen besteht im Pressebereich eine rechtlich unbeschränkte und garantierte, wirtschaftlich jedenfalls auch heute noch in einem verhältnismäßig weiten Rahmen tatsächlich nutzbare Gründungsfreiheit einschlägiger Unternehmen, wenngleich man die Konzentrationstendenzen nicht unterschätzen darf. Der Rundfunk hingegen scheint sowohl von dem erforderlichen Finanzaufwand her als auch – selbst unter Berücksichtigung der neueren technischen Entwicklungen, wie etwa der Erschließung des Giga-Hertz-Bereichs oder des Kabelfernsehens – aus der Natur der Sache völlig unabhängig von der jeweiligen äußeren Rechtsform auf ein Oligopol von Veranstaltern hin angelegt. Die Zahl der besetzbaren Rundfunk-Machtpositionen ist damit prinzipiell beschränkt; Außerordentlichkeit der Machtchance und Knappheit der Positionen bewirken so die einschlägigen Konflikte. Daß eine solche Spannungslage nicht einem freien Spiel der Kräfte überlassen werden kann, sondern daß die Art und Weise, in welcher Hörfunk und Fernsehen Öffentlichkeit herstellen und öffentliche Meinung erzeugen, einer spezifischen Regelung bedürfen, ist daher ziemlich unbestrittenes Allgemeingut der medienpolitischen Diskussion.

Staatsvorbehalt für die Rundfunkmacht?

Die entschiedensten Argumente gegen alle Bestrebungen, Hörfunk und Fernsehen gänzlich oder teilweise aus der öffentlich-rechtlichen Verantwortung zu entlassen und Privaten – seien es einzelne, seien es Gruppen – unter eigennütziger Motivation wirtschaftlicher, politischer oder sonstiger Art zu überantworten, werden von dem Hamburger Staatsrechtslehrer *Herbert Krüger* vertreten. Krügers medienpolitische Position muß vor dem Hintergrund seiner überaus verdienstvollen Allgemeinen Staatslehre gesehen werden. Danach ist das ausschlaggebende kennzeichnende Merkmal des modernen Staates dessen Souveränität. Nach innen bedeutet dies, daß allein der Staat innerhalb seines geschlossenen Territoriums befugt ist, unwiderstehliche Gewalt legitim anzuwenden; demgemäß hat der Staat alle Mittel solcher unwiderstehlichen Gewalt bei sich zu monopolisieren. In Hörfunk und Fernsehen sieht Krüger nun „unwiderstehliche Mittel der Massenbeeinflussung“, „Instrumente der unbemerkten Willensbeugung“. Aus diesem – unbestreitbar zutreffend beschriebenen – Sachverhalt müßte nun eigentlich der Schluß gezogen werden, daß Hörfunk und Fernsehen allein Sache des Staates sein könnten. Doch zeigt sich gerade hier das Dilemma, in das jeder gerät, der im Staate der Industriegesellschaft nach einer verantwortlichen neutralen Instanz sucht: Sie ist dem parteiförmig parzellierten Staat offenkundig ebensowenig zuzumuten wie von der verbandspolitisch vermachteten Gesellschaft zu erwarten. So bleibt auch Krüger – bei aller eingestandenen Skepsis gegen die Funktionsfähigkeit dieses Modells, das er allerdings für ein kleineres Übel hält – nur der Weg zur Apologie der gegenwärtigen Rundfunkstruktur als einer Mischverfassung aus öffentlicher Rechtsform, beschränkter Staatsaufsicht und pluralistischer Selbstverwaltung.

Das Fernseh-Urteil des Bundesverfassungsgerichts

Die praktisch wirkungsvollste Rechtfertigung hat diese Rundfunkstruktur in dem schon eingangs erwähnten Fernseh-Urteil des *Bundesverfassungsgerichts* erfahren. Schon wegen der außeror-

dentlichen verfassungsrechtlich-politischen Stellung dieses obersten Gerichts und der sich daraus ergebenden besonderen Autorität seines Spruchs scheint es unumgänglich, sich mit dieser Entscheidung auch nach eineinhalb Jahrzehnten eingehend und kritisch auseinanderzusetzen, dies um so mehr, als die Karlsruher Richter bisher nicht zu erkennen gegeben haben, daß sie – etwa wegen gewandelter technischer Möglichkeiten – von ihren seinerzeit geäußerten Auffassungen abzugehen gedächten. Dabei interessiert für unseren Zusammenhang weniger der Kompetenzkonflikt hinsichtlich des Rundfunkrechts, den das Bundesverfassungsgericht zugunsten der Länder entschieden hat, als die in dem Urteil enthaltenen generellen Aussagen zur Rundfunkorganisation.
Zunächst verdient Beachtung, daß das Gericht nach einer historischen Bestandsaufnahme zusammenfassend zu dem Ergebnis gelangt, „daß der Rundfunk in Deutschland zu einer öffentlichen Einrichtung geworden ist und in öffentlicher Verantwortung steht. Wenn sich der Staat mit dem Rundfunk in irgendeiner Form befaßt, so nimmt er damit eine Aufgabe der öffentlichen Verwaltung wahr.“ Diese Eigenschaft des Rundfunks als einer öffentlichen Einrichtung schließt aber nicht aus, daß er von Verfassungs wegen in einem weiten Umfange von staatlichem, speziell: regierungs- und damit parteipolitischem Zugriff freizustellen und in einer bestimmten Weise durch seine Binnenverfassung zu „neutralisieren“ ist.
Hierzu gelangt das Bundesverfassungsgericht durch eine, vorsichtig gesagt, recht freizügige Interpretation des Art. 5 des Grundgesetzes. Wir erinnern uns daran, daß in Art. 5 Abs. 1 Satz 2 lediglich – folgt man dem Wortlaut – die Berichterstattungsfreiheit des Rundfunks gewährleistet ist. Das Gericht entnimmt hingegen dem „Gehalt des Art. 5“, daß darin eine „bundesverfassungsrechtliche Garantie der Freiheit des Rundfunks“ enthalten sei. Zu besagtem „Gehalt des Art. 5“ führt das Urteil zunächst aus, er enthalte mehr als nur das individuelle Grundrecht des Bürgers gegen den Staat auf Respektierung einer Freiheitssphäre, innerhalb welcher er seine Meinung ungehindert äußern könne. Darüber hinaus sei aber in Art. 5 auch eine institutionelle Eigenständigkeit der Presse von der Informationsbeschaffung bis zur Verbreitung der Nachricht oder der Meinung gewährleistet, was es dem Staat verwehre,

die Presse ganz oder teilweise zu reglementieren. Im Anschluß daran stellt das Gericht fest, der Rundfunk gehöre ebenso wie die Presse „zu den unentbehrlichen modernen Massenkommunikationsmitteln, durch die Einfluß auf die öffentliche Meinung genommen und diese öffentliche Meinung mitgebildet wird". Nach eingehender Erörterung der Art und Weise sowie des Umfanges dieser Mitwirkung gelangt das Gericht zu folgendem Schluß: „Bei solcher Betrachtung wird deutlich, daß für den Rundfunk als einem neben der Presse stehenden, mindestens gleich bedeutsamen, unentbehrlichen modernen Massenkommunikationsmittel und Faktor der öffentlichen Meinungsbildung die institutionelle Freiheit nicht weniger wichtig ist als für die Presse. In Art. 5 GG kommt das eindeutig zum Ausdruck, wenn Abs. 1 Satz 2 neben der Pressefreiheit ‚die Freiheit der Berichterstattung durch Rundfunk und Film' gewährleistet."
Das ist, bei allem Respekt vor dem Bundesverfassungsgericht, eine Art des Folgerns, die mit den herkömmlichen, nämlich juristischen Mitteln der Verfassungsauslegung nicht nachzuvollziehen ist. Einmal setzt sich das Verfassungsgericht, ohne dafür auch nur einen Grund zu nennen und ohne daß es davon überhaupt Notiz nähme, über einen terminologischen Unterschied im Wortlaut des Art. 5 Abs. 1 Satz 2 hinweg: Wenn es sagt, die Verfassung gewährleiste hier „neben" der Pressefreiheit auch die Berichterstattungsfreiheit des Rundfunks, so ist das keine Aussage, die über eine bloß banale Feststellung über den Standort zweier verfassungsrechtlicher Gewährleistungen im Verfassungstext hinausginge. Die Verfassung enthält „nebeneinander" eine Fülle von Gewährleistungen, und es gehört zu den bedeutendsten Leistungen der modernen Verfassungsrechtswissenschaft, für diese nebeneinander stehenden Verbürgungen eine Fülle subtilster Unterscheidungen entwickelt zu haben, um den einzelnen Typen der Verfassungsgarantien in ihrer Eigenart gerecht zu werden. Das heißt: Wenn das Grundgesetz in Art. 5 Abs. 1 Satz 2 sowohl die Pressefreiheit als auch Berichterstattungsfreiheit des Rundfunks erwähnt, so ist daraus keine Folgerung für Rang und Typus der einen wie der anderen Gewährleistung abzuleiten.

Apologie des Status quo

Noch schwerer freilich wiegt folgendes: Die Auseinandersetzung mit dem Wortlaut jedes Gesetzes – auch des Verfassungsgesetzes – ist dem Juristen als erste Pflicht bei der Interpretation und Auslegung aufgegeben. Dieser Aufgabe kann man sich nicht durch eine Argumentation aus der Verfassungswirklichkeit entziehen. Der Verfassungsrichter hat unterverfassungsrechtliche Rechtssätze an den Normen der Verfassung zu messen und über Vereinbarkeit oder Unvereinbarkeit zu entscheiden. Das kann unter Umständen zu dem Resultat führen, daß dem Verfassungsrichter zwar verfassungspolitisch – de lege ferenda – eine bestimmte Verfassungsnorm als wünschbar erscheint, um ein von ihm als gerecht angesehenes Ergebnis erzielen zu können. Fehlt eine solche Norm, so hindert ihn aber seine Verfassungsgesetzesgebundenheit, die ihm wünschenswerte Entscheidung zu treffen. Der Verfassungsrichter ist nicht befugt, sich an die Stelle des Verfassungsgebers oder des verfassungsändernden Gesetzgebers zu setzen. Die Verfassung ist keine Verwirklichung positivistischer Träume von einem lückenlos geschlossenen System; vielmehr sind gerade die verfassungsmäßigen Freiheitsgewährleistungen durchaus unsystematisch, punktuell, an ganz bestimmten Reibungsstellen zwischen Obrigkeit und Individuum, Staat und Gesellschaft historisch gewachsen. Insofern hat auch die scheinbare Verfassungslücke durchaus ihr gutes Recht und ihren praktischen Sinn.
Im Fernseh-Urteil hat das Bundesverfassungsgericht den umgekehrten Weg beschritten: Zweifellos stellt die Entscheidung die reale Bedeutsamkeit des Rundfunks im Verhältnis zur Presse zutreffend, wenn nicht eher zurückhaltend dar. Sodann aber schließt das Gericht von der faktischen Bedeutsamkeit des Rundfunks auf den Inhalt dessen verfassungsmäßigen Schutzes, mit anderen Worten: unter Außerachtlassung des Gesetzeswortlauts *legitimiert es einen bestimmten Zustand an der Verfassungsnorm.*
Mittels einer ganz ähnlichen Argumentation arbeitet das Bundesverfassungsgericht auch die sich – nach seiner Auffassung ebenfalls aus Art. 5 ergebenden – organisatorischen Minimalprinzipien heraus, denen Rundfunkveranstalter zu unterwerfen sind. Gewiß richtig – wenigstens für den Zeitpunkt der Entscheidung – begründet

das Gericht unter Hinweis auf technische Sachverhalte – gemeint ist der Frequenzmangel – sowie auf den außergewöhnlich großen finanziellen Aufwand für die Veranstaltung von Rundfunkdarbietungen die oligopolistische Struktur des Rundfunkmarktes. Aus dieser *faktischen* Sondersituation schließt es dann auf ein *verfassungsrechtliches* Gebot für die Binnenverfassung des Rundfunks. Dieses Gebotene findet es einmal in den Prinzipien der bestehenden Rundfunkorganisation verwirklicht, die gesetzlich geschaffene, jedoch weitgehend staatsfreie Anstalten des öffentlichen Rechts mit Kollegialgremien aufweist, die „faktisch in angemessenem Verhältnis aus Repräsentanten aller bedeutsamen gesellschaftlichen Gruppen zusammengesetzt" sind und die Macht haben, „die für die Programmgestaltung maßgeblichen oder mitentscheidenden Kräfte darauf zu kontrollieren und dahin zu korrigieren, daß den im Gesetz (gemeint sind die Rundfunkgesetze) genannten Grundsätzen für eine angemessen anteilige Heranziehung aller am Rundfunk Interessierten Genüge getan wird". Das Monopol einer solchen Anstalt sei zulässig, doch nicht notwendig.

Auch sei von Verfassungs wegen nicht gefordert, das Monopol der öffentlich-rechtlichen Anstalten aufrechtzuerhalten; prinzipiell sei – eine geeignete Gesellschaftsform vorausgesetzt – auch an privatrechtliche Träger von Rundfunkveranstaltungen zu denken. Diese müßten jedoch nach ihrer Organisationsform hinreichende Gewähr dafür bieten, „daß in ihr in ähnlicher Weise wie in der öffentlich-rechtlichen Anstalt alle gesellschaftlich relevanten Kräfte zu Wort kommen und die Freiheit der Berichterstattung unangetastet bleibt". Ferner sei eine Staatsaufsicht ähnlich der Banken- und Versicherungsaufsicht vorzusehen.

Art. 5 des Grundgesetzes, so meint das Bundesverfassungsgericht, verlange jedenfalls, daß der Rundfunk „weder dem Staat noch *einer* gesellschaftlichen Gruppe ausgeliefert wird. Die Veranstalter von Rundfunkdarbietungen müssen also so organisiert werden, daß alle in Betracht kommenden Kräfte in ihren Organen Einfluß haben und im Gesamtprogramm zu Wort kommen können und daß für den Inhalt des Gesamtprogramms Leitgrundsätze verbindlich sind, die ein Mindestmaß von inhaltlicher Ausgewogenheit, Sachlichkeit und gegenseitiger Achtung gewährleisten." Dies sei

durch den – von Art. 5 geforderten – Erlaß entsprechender Gesetze sicherzustellen.
Sieht man einmal von den schon angedeuteten juristischen Bedenken ab, mithin von der Frage, auf welche geradezu wundersame Weise aus der Verfassungsgarantie der Berichterstattungsfreiheit des Rundfunks erst eine institutionelle Rundfunkfreiheit hervorgeht und dann auch noch eine perfekte Rundfunkorganisation, so bleiben immerhin praktisch wichtige Überlegungen offen. Bekanntlich geht das Selbstverständnis des Bundesverfassungsgerichts über seine Stellung im Verfassungsleben weit über das eines rechtsstaatlich gebundenen Gerichts hinaus. Um so berechtigter kann an dessen Fernseh-Urteil die Frage gestellt werden, ob es auch – neben der juristischen – die andere Richtigkeitsforderung an die Entscheidung erfüllt, nämlich das Verlangen nach rechtlicher und tatsächlicher Friedensstifung. Zwei Streitpunkte haben sich insoweit sehr schnell herauskristallisiert: einmal das Problem der *gruppenpluralistischen Rundfunkorganisation,* zum anderen die Auseinandersetzung um Ausmaß und Bedingungen der vom Bundesverfassungsgericht prinzipiell für zulässig erklärten Veranstaltung von Rundfunkdarbietungen durch *private Träger.*

Steriler Gruppenpluralismus

Nimmt man die dem Fernseh-Urteil offenkundig zugrunde liegende Idealvorstellung der gruppenpluralistischen Zusammensetzung der Rundfunk-Kontrollgremien beim Wort, so handelt es sich dabei um die Annahme, daß aus einer möglichst repräsentativen Auswahl der Kontrolleure sich geradezu von selbst auch ein gleichermaßen repräsentatives Programm ergäbe.
Die Schwierigkeiten beginnen dort, wo vom Rundfunkgesetzgeber darüber zu entscheiden ist, wer mit welchem Gewicht repräsentieren soll. Das Bundesverfassungsgericht hat dafür nur recht vage Kriterien angegeben; es spricht von „allen gesellschaftlich relevanten Kräften“, von „allen bedeutsamen gesellschaftlichen Gruppen“, von „allen in Betracht kommenden Kräften“ sowie von „allen am Rundfunk Interessierten“. Als unbrauchbar erweist

sich schon auf den ersten Blick die letztere Formulierung: Am Rundfunk ist – gemessen am gegenwärtigen Verbreitungsgrad – der bürgerliche Jedermann schlechthin interessiert. Die Folgerung, daß die Zusammensetzung der Rundfunkräte demgemäß durch besondere, allgemeine Wahlen zu bestimmen sei, wie es *Caspar von Schrenck-Notzing* 1968 vorgeschlagen hat, ist bisher an maßgeblicher Stelle nicht aufgegriffen worden. Als aussageleer erweist sich ohne weiteres der Begriff der „in Betracht kommenden Kräfte“. So hat sich die Diskussion daran festgebissen, was unter den „gesellschaftlich relevanten“ oder den „bedeutsamen gesellschaftlichen“ Kräften bzw. Gruppen zu verstehen sei. Soweit ersichtlich, haben sich diese umfangreichen Bemühungen bisher als durchaus unfruchtbar erwiesen; außer gleichermaßen schwer konkretisierbaren, geschweige denn justiziablen Ersatzformeln ist nichts erkennbar. Die Schwierigkeiten ergeben sich hier nicht nur aus der Beurteilung der jeweiligen gesellschaftlichen Relevanz dieser oder jener Gruppierung oder Strömung, die sicherlich nicht ohne weiteres an Mitgliedszahlen von Verbänden usw. abzulesen ist. Vielmehr hat die gesellschaftliche Relevanz immer auch, soll dieses Bestimmungskriterium für den Rundfunk-Gruppenpluralismus nicht zu einer *sterilen Status-quo-Garantie* degenerieren, eine zukünftige Dimension. Wie aber soll man das Problem lösen, daß auch ein Newcomer – sei er partei-, verbandspolitisch oder sonstwie profiliert – eine repräsentative Rundfunkchance erhält? Allein für die Wahlkampf-Werbesendungen der Parteien hat sich hier inzwischen eine halbwegs befriedigende Rechtsprechung entwickelt, die aber nicht rundfunkorganisatorisch verallgemeinert werden kann.

Entsprechend bunt, um nicht zu sagen: desolat, nimmt sich das Bild der Rundfunkwirklichkeit aus. *Carl Haensel* hat 1969 darüber eine aufschlußreiche und eindrucksvolle Zusammenstellung vorgelegt, an der sich zwischenzeitlich nichts Einschneidendes geändert haben dürfte. Danach stehen in den Rundfunkräten bzw. den entsprechenden Gremien der Rundfunkanstalten der Bundesrepublik Deutschland 27 Regierungsvertreter, 30 Vertreter von Religionsgemeinschaften, 112 Vertreter von gesetzgebenden Körperschaften und politischen Parteien 116 Repräsentanten gesellschaftlicher Gruppen gegenüber. Diese 116 Vertreter der gesellschaftlichen Relevanz setzen sich folgendermaßen zusammen: Gemeinden und Kommunalverbände (13), Universitäten, Gewerkschaften (je 10), Lehrer- und Erzieherverbände, Frauenverbände (je 9), Industrie- und Handelskammern (7), Heimatvertriebene (6), Presse, Jugendorganisationen (je 5), Journalisten, Sportorganisationen (je 4), Verleger, Bauernverband, Handwerkskammern (je 3), Musikhochschulen, Volkshochschulen, Schriftsteller, Komponisten, Bühnengenossenschaft, Bremerhavener Stadträte (je 2), Bremer Deputation für Kunst und Wissenschaft, Elternvereinigungen, Volksbildungswerk, Familienverbände, Bremer Kulturkartell, Bremer Wittheit, Freies Deutsches Hochstift (Frankfurt), Opernintendanz, Schauspielintendanz, Musiker, Bühnenverein (je 1). Läßt man bestimmte lokale Spezialitäten beiseite und vernachlässigt, daß Haensels Einteilung durchaus in dem einen oder anderen Punkte anfechtbar ist, so ändert dies nichts daran, daß ein auch nur einigermaßen einheitliches Auswahlprinzip für die im Rundfunkrat zu berücksichtigenden gesellschaftlich relevanten Kräfte nicht erkennbar wird. Damit verschwimmen aber auch die Grenzen des rundfunkgesetzgeberischen Ermessens gegenüber dem – nach Ansicht des Bundesverfassungsgerichts – vom Grundgesetz Gebotenen.

Nisthöhlen für Cliquen

Daneben erweist die Praxis, daß die gruppenpluralistische Verfassung der Rundfunk-Kontrollgremien keineswegs deren Funktionstüchtigkeit gewährleistet. Einerseits tendiert dieses Organisationsprinzip zu einer Art *Meinungsfeudalismus* – zur Besitzstandswahrung an jeweils gruppenspezifischen Sendezeiten und, wenn man dem Hörensagen folgen darf, bisweilen auch durchaus sachfremden Bündnissen, die keine echte Gesamtrepräsentation hervorbringen. Andererseits ergibt sich regelmäßig im Konfliktsfalle, etwa bei knappen Mehrheitsverhältnissen in Wahlvorgängen für leitende Rundfunkmitarbeiter, daß sich hinter der gruppenpluralistischen Fassade als letztlich maßgeblich die parteipolitischen Zuordnungen des jeweiligen Repräsentanten verbergen – ein Sachverhalt, der im übrigen die lebhafte Debatte um den zulässigen Anteil von Parlamentsvertretern an den Rundfunkräten zwar nicht für die Theorie, wohl aber für die Praxis ziemlich gegenstandslos machen dürfte.

Diese Funktionsparalyse hat besonders schwerwiegende Konsequenzen im Zusammenhang mit einer weiteren Eigenart des Rundfunkwesens. Hier dürfte es sich wohl um den einzigen Zweig öffentlicher Verwaltung handeln, in welchem für die dort hauptberuflich Tätigen irgendwelche Qualifikationskriterien rechtlich nicht vorgeschrieben sind. Es gibt also keine spezifische Rundfunklaufbahn. Selbst für Intendanten schreiben die geltenden Rundfunkgesetze bestenfalls unbeschränkte Geschäftsfähigkeit, Besitz der bürgerlichen Ehrenrechte und Wohnsitz im Bundes- oder Sendergebiet vor. So fehlt es an einem sachlichen und fachlichen Gegenhalt. Die Politisierungstendenzen der gruppenpluralistischen Rundfunkgremien, deren Mitglieder nur selten unter Gesichtspunkten funkbezogener Sachkunde ausgewählt werden und diese Positionen meist auch nur neben zahlreichen anderen, sie stark in Anspruch nehmenden innehaben, wirken sich letztlich um so verhängnisvoller aus. Mangelnde Sachkunde an der Rundfunkspitze, mangelnde repräsentative Kontrollfähigkeit der hierzu eingesetzten Gremien führen – völlig unabhängig von den jeweils vorherrschenden parteipolitisch-parlamentarischen Mehrheitstendenzen – zu einer fatalen Eigengesetzlichkeit der Rundfunkpraxis. Von dem bundesverfassungsgerichtlich geforderten „Mindestmaß von inhaltlicher Ausgewogenheit, Sachlichkeit und gegenseitiger Achtung" ist so bisweilen kaum noch etwas zu spüren. Die *Vakua faktischer Verantwortungslosigkeit* – das sind jene *Nisthöhlen für Cliquen,* von denen *Ernst Forsthoff* gesprochen hat.

Wenn der Rundfunk – und dies, nach derzeitiger Lage der Dinge, ausschließlich – als Anstalt des öffentlichen Rechts in Erscheinung tritt, aber als Teil der öffentlichen Verwaltung in einem ganz außergewöhnlichen Maße aus den für diese üblichen Bindungen entlassen und verselbständigt ist, kann die Frage nach der demokratischen Legitimation eines solchen intensiv wirkenden Machtmittels nicht ungestellt bleiben. Darauf gibt es aber keine befriedigende Antwort, und zwar auf zwei Ebenen: Bereits die gruppenpluralistische Verfassung der Rundfunkgremien selbst bietet für eine sachgerechte Repräsentation keine Gewähr. Vielmehr führt sie einmal dort, wo der einzelne in mehrerer Hinsicht gruppenmäßig loyalitätsgebunden oder interessiert ist, auch zu Doppel- und Mehrfachrepräsentationen des einzelnen. Unrepräsentiert hingegen bleiben jene Interessen, die der verbandspolitischen Assoziation unfähig sind – und damit gerade die allgemeinsten! – und zudem jene einzelnen, die sich – aus welchen (jedenfalls vor dem Verfassungssatz der negativen Koalitionsfreiheit legitimen) Gründen auch immer – von den jeweils an der Rundfunkmacht wenigstens theoretisch partizipierenden Verbänden fernhalten. Dieses *repräsentative Defizit* wird noch potenziert durch den Umstand, daß es für die Bestellung der einzelnen Vertreter keine einheitlichen Vorschriften oder auch nur Praktiken gibt; so fehlt es etwa an der Verpflichtung, daß der einzelne Repräsentant aus einer Wahlentscheidung des jeweiligen Verbandsvolkes hervorgehen müßte. Solche schiere Zufälligkeit und Beliebigkeit ist gewiß nicht geeignet, die strukturellen Probleme in ihren alltäglichen Auswirkungen zu mindern.

Privatfernsehen als Alternative?

Angesichts solcher Lage fehlt es seit langem nicht an Stimmen, die sich von einer privatwirtschaftlichen Konkurrenz für den öffentlich-rechtlichen Rundfunk Remedur erwarten. Der schon erwähnte Einwand Herbert Krügers, aus dem Machtcharakter des Rundfunks folge, daß dieser unter Staats-, genauer: unter öffentlich-rechtlichem Vorbehalt stünde, erscheint demgegenüber nicht durchgreifend. Denn es spricht einiges dafür, daß der hohe Wirkungsgrad des Rundfunks in einem ursächlichen Zusammenhang mit dem öffentlich-rechtlichen Oligopol der Rundfunkanstalten steht. Man darf wohl erwarten, daß sich bei hinreichender Pluralisierung der Rundfunklandschaft durch einen echten Markt ein gesundes Maß an Skepsis auch gegenüber diesem Massenmedium durchsetzt – genauso, wie niemand heute mehr etwas getrost nach Hause trägt, nur weil es schwarz auf weiß gedruckt ist. Vorausgesetzt, die technische Entwicklung ermöglicht die Versorgung eines zureichend großen Bevölkerungskreises mit einer Mehrzahl weiterer Programme, wird eine Aufrechterhaltung der ausschließlich öffentlich-rechtlichen Struktur des Rundfunkwesens sich mit den vom Bundesverfassungsgericht aufgestellten Grundsätzen nicht mehr vereinbaren lassen, und zwar unabhängig von den unterverfassungsrechtlichen Regelungen der Rundfunkgesetze.

Die entscheidende Frage ist dabei, inwieweit eine mit dem technischen Fortschritt einhergehende Auflockerung des öffentlich-rechtlichen Rundfunkmonopols zugleich auch eine Freizeichnung der privatrechtlichen Träger von den bundesverfassungsgerichtlich verbindlich gemachten Organisationsprinzipien – also praktisch: der gruppenpluralistischen Rundfunkverfassung, wie auch immer diese im einzelnen gesellschaftsrechtlich verwirklicht werden mag – mit sich bringt. An einer bloßen Fortschreibung des bisherigen Zustandes, nur mit kapitalgesellschaftlichem Vorzeichen, dürfte niemand ernstlich interessiert sein.

Für eine solche schrittweise Zurückdrängung der Neutralisierungs-Mechanismen ließe sich folgendes geltend machen: Wenn man schon die in Art. 5 Abs. 1 Satz 2 des Grundgesetzes gewährleistete Freiheit der Rundfunkberichterstattung zu einer speziellen Rundfunkfreiheit analog der Pressefreiheit stilisiert, so wäre es widersprüchlich, den Gebrauch dieser Rundfunkfreiheit auf Träger zu beschränken, die über eine – dem Ideal nach – zwar pluralistische, doch insofern durchaus gleichartige Struktur verfügen. Dies ließe sich auch nicht mit dem Umstand vereinbaren, daß der Rundfunk wie die Presse ein Faktor innerhalb der öffentlichen *Meinungs*bildung ist. Meinung ist doch offensichtlich der präzise Gegensatz zu Neutralität, und eine neutrale Meinung wäre eine contradictio in adiecto. Infolgedessen müßte auch für den Rundfunkbereich der Satz gelten: *Soviel Markt wie möglich, soviel Monopol wie nötig.* Das heißt, sobald hinsichtlich der Veranstaltung von Rundfunkdarbietungen einem größeren Kreis ein faktischer Gebrauch der Rundfunkfreiheit möglich wird, müssen auch – mit dem Wachsen dieses Trägerkreises – die organisatorischen Neutralisierungsmechanismen entfallen. Es erscheint jedoch sehr fraglich, ob das Bundesverfassungsgericht im Zweifelsfalle dieser wettbewerbsorientierten und insofern auch von der Entscheidungslogik des Grundgesetzes getragenen Auffassung nicht die Gefolgschaft versagen wird. Denn die Argumentation des Fernseh-Urteils geht von der Verfassungswirklichkeit auf die Verfassungsnorm und führt so zu *Status-quo-Privilegierungen,* die nun als abgesegnete Besitzstände einer freiheitlichen Entwicklung die Bahn versperren. Mit der Rundfunkwelt, wie sie ist, werden wir mithin noch eine gute Weile wohl oder übel zu leben haben.

Die Verantwortung des Staatsbürgers

Für diese Situation aber bleibt festzuhalten, daß sie durch die höchst unzulängliche staats- und verfassungsrechtliche Bewältigung einer Entwicklung gekennzeichnet ist, innerhalb welcher der Rundfunk nur einen allerdings bedeutsamen Unterfall darstellt. Der bürgerliche Rechtsstaat, wie ihn auch das Grundgesetz normiert, wenn man die Sozialstaatsklauseln in Art. 20, 28 auf ihre nicht ideologisch überhöhte marginale Stellung zurückführt, ist heute längst nicht mehr auf *Eingriffsverwaltung* beschränkt, wie sie durch einen Gesetzesbegriff gekennzeichnet wurde, den man als Eingriff in Freiheit und Eigentum definierte. Daneben, vom Schwerpunkt des staatlichen Handelns her sogar überwiegend, ist die *Leistungsverwaltung* getreten: die von *Ernst Forsthoff* in der Schrift *Die Verwaltung als Leistungsträger* (1938) erstmals beschriebene Daseinsvorsorge angesichts des Schwindens der aus gesellschaftlicher Selbstorganisation erwachsenden Daseinsreserven des einzelnen wie der Kollektive, eine Funktion, in welche der Staat nunmehr zuerst substituierend, später aktiv sozialgestaltend eintritt. Auf der anderen Seite wachsen die gesellschaftlichen Mächte, insbesondere Parteien und Verbände, immer mehr „auf den Staat zu". Damit ergibt sich ein neuartiger Zwischenbereich, den man – in Unterscheidung und Abgrenzung vom Privaten wie vom Staatlichen – als das *Öffentliche* bezeichnet. In diesem Bereich ist auch der Rundfunk angesiedelt: Er nimmt insofern eine Funktion der Daseinsvorsorge wahr, als jedermann – über die Tagespresse hinaus – auf eine schnelle Information und Meinungsanregung angewiesen ist, wenn man die bürgerliche Existenz nicht auf eine bloß ökonomische reduzieren will. Zugleich aber tendiert der Rundfunk zur gesellschaftlich-freien Seite des sozialen Ganzen hin, weil er einen – und zwar sehr wesentlichen – Aus-

schnitt aus der notwendig staatsfreien Sphäre der Meinungsfreiheit und der unter deren Voraussetzung erfolgenden öffentlichen Meinungsbildung darstellt. Dieser Zwischenbereich des Öffentlichen – und des Rundfunks im besonderen – findet aber nur dann seinen sachgemäßen Ort in der Gesamtordnung, wenn es eine spezifische – weder an die Jeweiligkeit von Regierungen gebundene noch der Beliebigkeit privater Individualität hörige – *öffentliche Verantwortung* gibt.
Daran fehlt es heute, trotz durchaus begrüßenswerter, doch programmsatzartig leerlaufender Bindungen in den Rundfunkgesetzen, für dieses Medium nahezu restlos. So gibt es weder – sieht man von den seltenen, überdies meist mehr propagandistisch gemeinten Vorstößen ab – gegenüber dem Rundfunk eine effiziente Rechtsaufsicht noch einen wirksamen Rechtsschutz, der sich mit dem presserechtlichen Gegendarstellungsverlangen in Schnelligkeit und Wirkung messen könnte. Dies verbindet sich mit den dargelegten Mängeln dergestalt, daß der Rundfunk – zumal bestimmte Fernsehmagazine – wie unberechenbare Erinnyen, als Zensoren einer ohne Rechenschaftspflicht definierten, allgegenwärtigen öffentlichen Meinung über dem Publikum schweben.
Sündenbocksuche wäre, wenn nicht schädlich, so doch vergeblich. Während sonst allenthalben nach wie vor eine verbreitete Neigung besteht, den Staat schlechthin in einen permanenten Anklagezustand zu versetzen, auch seine letztrangigen Emanationen auf deren Rechts- und Verfassungsmäßigkeit sowie an einer höheren Moralität zu prüfen, fehlt solch geschärftes kritisches Bewußtsein weithin vor den ebenfalls hoheitlichen Betätigungen des Rundfunks. Merkwürdig genug greift hier eine Haltung des fast ausnahmslos stillen Erduldens oder folgenloser Entrüstung Platz. Private Tatenlosigkeit fördert so öffentlich-rechtlich umhegte Verantwortungslosigkeit.
Wenn es aber richtig ist, daß der Rundfunk ein Stück öffentlicher Meinung ist, so ist er zu einem Gutteil auch das, was Hörer und Seher aus ihm machen – oder doch: sich von ihm bieten lassen. Solange eine freiheitliche Demokratie diese Möglichkeiten offenläßt, kommt es, wie immer, hier nicht auf den bequemen Konsumenten an, sondern auf den Staatsbürger, der sich als solcher selbst ernst nimmt.

DIETER MEICHSNER

Vorschläge zur Gesellschaftskritik

Wider fernsehspielerische Gewohnheiten

Fernsehspiel und Gesellschaftskritik: Das Begriffspaar haftet zusammen, seitdem es in Deutschland „Fernsehspiel" gibt. Gesellschaftskritisches Fernsehspiel und „Original-Fernsehspiel" (wie man es nannte) waren ursprünglich nahezu identisch. Es gab darüber keinen gemeinsamen Beschluß, obgleich es – von heute aus gesehen – wie eine Verabredung erscheinen könnte, daß sie alle – in Stuttgart zuerst Gottschalk, Pigge, Wirth; in Frankfurt später Hädrich und Krapp und in Hamburg Hubalek, Monk –, daß sie alle, die es sich in den Kopf gesetzt hatten, für das neue Medium eine neue Eigenart und nicht nur aus Rückständen des Spielfilms, der Literatur, des Dramas ein weiteres Nebenprodukt, ähnlich dem Hörspiel, zu entwickeln –, daß sie, ohne zu zögern, ein Feld besetzten, von dem der deutsche Film seinerzeit längst desertiert war und das die Literatur noch nicht wieder zurückgewonnen hatte. Als sie sich in ihrer Umgebung nach verwendbaren Stoffen umtaten, wiederentdeckten sie die Realität als unerschöpfliches Reservoir.

Und indem sie sich bemühten, die sie umgebende Realität, „die Gesellschaft", mitsamt den Ursachen des Zustandes, in dem sie sich befand, mitsamt den Menschen, die natürlich – unter anderem – auch von diesem Gesellschaftszustand und seinen Ursachen

bedingt waren, möglichst detailgetreu und ungeschminkt zu reproduzieren, gerieten ihnen ihre Stücke notwendig „gesellschaftskritisch". Und das galt, seinerzeit, als so ungewöhnlich, daß die Wirkung solcher Fernsehspiele als „politisch" verstanden wurde. So wuchs denn – und keineswegs so leisetreterisch, wie ihm, aus welchen Motiven auch immer, heute gelegentlich nachgelogen wird – dies „Original-Fernsehspiel", von Anfang an unter öffentlichem Klamauk, unter Lamento und Protesten, die bis in den Bundestag schwappten, allmählich zu einer immerhin wahrgenommenen moralischen – meinetwegen auch „gesellchaftskritischen" – Instanz heran, vor der sich Denkgewohnheiten, kollektive Vorurteile, Fehlverhalten, selbstgefällige Wahrheiten der Revision zu unterziehen hatten; zu einer Instanz, die gelegentlich – wie es sich für Gesellschaftskritik gehört – die Macht selbst und ihre Anmaßung herausforderte.
Daß später solche Fernsehspiele doch vereinzelt blieben, daß sich zwischen ihnen zuviel Beliebigkeit ansiedelte, weiß man. Mag sein, das Original-Fernsehspiel hätte sich noch kräftiger entwickeln können, wäre es von seinem lebensnotwendigen kritischen Korrektiv nicht im Stich gelassen worden: Denn das Fernsehspiel galt – sehen wir von ein paar wachsamen Rezensenten ab – bei der orthodoxen Kritik gerade *wegen* seines realistischen und gesellschaftskritischen Charakters lange als unmöglich „kunstfähig".

Die Herrschaft der Gesinnungs-Buchhalter

Es scheint, als hätte sich die Lage innerhalb der vergangenen fünf, sechs Jahre zumal, grundlegend zum Besseren gewandelt. Integriert in einen von politischem Anspruch gesättigten Kulturbetrieb, sondert auch das Fernsehspiel nunmehr – so scheint es auf den ersten Blick – Gesellschaftskritik geradezu selbstverständlich ab: Noch der Autor von Krimiserien, dreistester Kolporteur, kann den Drang nicht verhalten, gesellschaftliche Tabus – oder was er dafür ausgibt – zu zertrümmern und seine Schurken als Sozialschädlinge zu entlarven.
Er tut gut daran: Befindet er sich doch unter Aufsicht einer Kritik, die sich weithin als eine Art Gesinnungs-Buchungsstelle versteht.

Liest man ihre Kontroll-Vermerke, glaubt man die Rezensenten vor sich zu sehen, wie sie leibhaftig umhereilen, als Gasmänner gesellschaftlicher Relevanz, um dem Mehr- oder Minderverbrauch von Sozialkritik an Fernsehspielen abzulesen. Und wehe, sie hätten eine Fehlmeldung zu notieren! Aber vermutlich bedürfte es solchen Anstoßes gar nicht, weil Produzenten und Urheber von Fernsehspielen vorsorglich schon von sich aus beteuern, daß sie ihren Beruf zunächst als politischen begriffen, daß sie es als ihre *eigentliche* Aufgabe ansähen, gesellschaftliches Bewußtsein zu verändern, den Angehörigen dieser Gesellschaft immer wieder „Denkanstöße" zu versetzen, sie gleichsam unaufhörlich voranzupuffen oder – mit einem Wort: den Zuschauer zu *erziehen.*

So wäre es nur konsequent, diese Sparte gesellschaftskritischen Fernsehspiels einer anderen Verwaltungseinheit in den Funkhäusern zu überstellen, der Abteilung „Politik" etwa, dem „Kursusprogramm" oder gar dem „Schulfernsehen". Der Zuschauer hat seinerseits schon die Konsequenz gezogen und sucht – dankbar endlich! seufzend – bei Courths-Mahler-Verfilmungen Zuflucht. Will ich damit sagen, das Fernsehspiel hätte inzwischen Gesellschaftskritik übertrieben?

Im Gegenteil. Ich behaupte: Unser Fernsehspiel braucht wieder mehr Gesellschaftskritik.

Wenn ich damit zugleich behaupte, das gesellschaftskritische Fernsehspiel, wie es sich heute, im Durchschnitt, präsentiert, sei in Gefahr, sich ins Gegenteil von Gesellschaftskritik, nämlich in Huldigung, in Anpassung zu verwandeln, vermute ich, daß die Ursachen nicht beim Fernsehspiel selbst liegen. Ich suche sie vielmehr beim derzeitigen Zustand der Gesellschaftskritik in Deutschland.

Kein Zweifel: Die „progressive Gesellschaftskritik", wie sie sich nennt – ob sie den Namen immer verdient, werden wir sehen –, die doch den Bürger wegen seines Beharrungswillens und seiner Verstocktheit fortwährend verbellt, hat offenbar selbst große Mühe, mit der sich verändernden Realität Schritt zu halten. Zugegeben: Der Sozialkritik im herkömmlichen Verständnis muß man beträchtliche objektive Anpassungsschwierigkeiten zugute halten. Fast alle elementaren äußeren Bedürfnisse, die bevorzugten Reibflächen, an denen sich Gesellschaftskritik lange entflammte, sind

in Nordwesteuropa, in Teilen Mitteleuropas, in einigen Staaten Nordeuropas weitgehend befriedigt. Hunger und Elend – (um einer Unterstellung vorzubeugen: Ich behaupte nicht, daß sie in unserer Region restlos vertilgt seien!) – kommen zwar vor, aber ihre Beseitigung ist zu einem sozialpolitischen Nachholbedarf geworden; wo allgemein als notwendig anerkannte Maßnahmen zu ihrer Behebung stocken, werden sich allerdings immer auch Fälle finden, die Stoff für notwendige Fernsehspiele abgeben, und sie werden ja denn auch geschrieben, produziert, gesendet. – Vorzügliche darunter!
Wer für die Bundesrepublik, für Schweden, Dänemark oder die Niederlande einen Zustand von Unterdrückung oder Willkür behauptet, liefert nicht einen Beitrag zur Gesellschaftskritik, sondern Greuelpropaganda.

Progressive Realitätsblindheit

Von allen Bedürfnissen eines der dringendsten aber, die Aufhebung uralter, fundamentaler Ungleichheit und damit die Verunmöglichung der Ausbeutung des Menschen, ist endlich Aufgabe der Gesetzgebung geworden. Und wo die Legislative allzusehr zögert, werden Pressure-groups und einflußreiche Lobbies dagegen aufgeboten.
Gänzlich unbestreitbar, daß auf dem Weg zu Chancengleichheit und verwirklichter Mitbestimmung eine erhebliche Strecke noch zurückzulegen sein wird; genug Zeit also für Fernsehspiele zu diesem Thema! Ebenso unbestreitbar, daß die Struktur unserer Wirtschaftsgesellschaft heute schon unter dem novellierten Betriebsverfassungsgesetz vor allen übrigen Gesellschaften in der Welt einen beträchtlichen Vorsprung an sozialer Gerechtigkeit und humaner Annehmlichkeit aufweist; und daß sich dieser Vorsprung – sobald Mitbestimmung an der Verfügungsgewalt über die Produktionsmittel und Vermögensausgleich erledigt sein werden – auf die Entfernung von Lichtjahren ausdehnen wird. Es sind Gewerkschafter, die sich beizeiten, also heute, den Kopf darüber zerbrechen, welche Formeln sie auf ihre Fahnen zu schreiben haben werden, sobald jene Erzziele erreicht sind.

Allein unsere „progressive“ Gesellschaftskritik scheint außerstande, solche Veränderungen zur Kenntnis zu nehmen.
Dabei verhält es sich doch keineswegs so, daß sich mit der Erledigung der dringendsten elementaren Bedürfnisse zugleich alle Anlässe für Gesellschaftskritik überhaupt verflüchtigt hätten.
Man sollte doch begriffen haben, daß – entgegen mancher Erwartung – eine hochentwickelte Sozialordnung wie die unsere sämtliche Bedürfnisse des Menschen nicht nur unmöglich befriedigen kann, sondern daß sie neue Bedürfnisse, neue Zwänge erschafft und daß es Aufgabe einer zeitgemäßen Gesellschaftskritik wäre, *diese* Zwänge und kollektiven Lebenslügen unter ihrer Stromlinienverkleidung ausfindig zu machen: zum Beispiel den Verlust des Sinnes für Proportionen, der sich ausdrückt in einem unerschütterlichen Vertrauen, ja einem optimistischen Glauben, daß unsere wirtschaftlichen Ressourcen weiterhin beliebig ausbeutbar blieben und einen materiellen Fortschritt ohne Ende ermöglichten.
Zum Beispiel die Empfindung von Leere, in die sich unser Zeitgenosse – inmitten seinem Befinden von sozialer Sicherheit – wie hinausgestoßen fühlt. Eine Zeit lang hat er sich, nun endlich aufgeklärt und emanzipiert von Aberglauben, Religion, überlebten Moralbegriffen und anderem „Plunder“, behaglich eingerichtet in seiner vermeintlichen Unabhängigkeit, ausgerüstet mit einer modernen Metaphysik, einem Gemenge von domestiziertem Darwin und Yoga. Inzwischen fängt er an zu erkennen, daß ihm „die Gesellschaft“ zwar höhere Standards verschafft und immer weitergehende Rechte, daß sie ihm aber – trotz aller AOK-Prophylaxe – zur Regelung seines individuellen Glückes nicht verhelfen kann. Darüber wird er immer unzufriedener. Mit Recht, wird man sagen müssen, weil ihm von „der Gesellschaft“ so viel verheißen war. Nun tappt er nach neuen Orientierungshilfen, sucht nach Anschluß an Glaubensgenossen, feste Wertbezüge, die seiner Leere vielleicht Aufladung verschaffen, seinem Leben wieder einen Sinn zu geben vermöchten – wie vulgär und irrational auch immer.
Weiter: Die immerzu wachsende Ungleichheit, das totale Ungleichgewicht der Chancen beim Zugang zu Informationen. *Wer* kontrolliert, und auf welche Weise, die immer feiner verästel-

ten Leitungs- und Lenkungsstrukturen, in der Verwaltung, in der Wirtschaft, die dem einzelnen hochwertigen Spezialisten an seinem isolierten Platz zwar immer größere Verantwortung und Entscheidungsbefugnis einräumen, ihn aber immer unfähiger werden lassen, den Zusammenhang auch nur zum benachbarten Spezialisten noch zu begreifen. Womit zugleich zu fragen wäre, ob die Usancen unserer repräsentativen Demokratie, die wir – im Augenblick mit starker Mehrheit – noch immer für die humanste Form der Selbstregierung halten, auch in Zukunft praktikabel bleiben werden, da doch ihr Funktionieren auf dcr leidlich kompetenten Urteilsfähigkeit *aller* Bürger beruht. Wie aber ihnen die Urteilsfähigkeit verschaffen?

Unglaubwürdige Sozialkritik

Kurzum, wann immer Gesellschaftskritik es unternimmt, einen Ausschnitt heutiger Welt so sachkundig und detailgenau zu beschreiben, daß sich in dem Abbild tatsächlich unsere Gesellschaft widerspiegelt, fallen dabei immer neue Fragen ab, auf die wir alle Antwort zu finden hätten. Was aber unsere „progressive Gesellschaftskritik" angeht, so scheint es, als trauerte sie nur einer vergangenen, einer „heilen Welt" der Sozialkritik nach, als sie materielle Not und soziales Elend noch mit vollen Händen greifen konnte. Oder sie behilft sich mit Ausflüchten, indem sie in Raum und Zeit ausschwärmt, um die alten heroischen Schlachten noch einmal zu schlagen: indem sie es unternimmt, den erledigten, den historischen Faschismus immer wieder zu besiegen oder aber einen neuen Faschismus in jeder nur erdenklichen Verkleidung aufzuspüren. Wogegen nicht das Geringste einzuwenden wäre, dienten solche weltweiten Fahndungsaktionen nicht doch nur immer dem einen Zweck: Die Kongruenz sämtlicher vergangener und noch vorkommender Faschismen mit der vermeintlichen „faschistoiden" Grundstruktur oder einem faschistischen Potential in der Bundesrepublik Deutschland nachzuweisen.

Da es dazu aber, um einen solchen „Beweis" zu führen, erst einmal notwendig ist, an dem Bild unserer Gesellschaft so lange „herumzuschnitzen" – um einen trefflichen Ausdruck Herbert Wehners zu verwenden –, bis die Realität, die da vorgeblich abgebildet werden soll, vollkommen entstellt ist, vermag sich die Gesellschaft in dem Spiegel, der ihr dann vorgehalten wird, beim besten Willen nicht mehr zu erkennen. Die Gesellschaftskritik wird unglaubwürdig.

Als ich von annähernd saturierten Sozialgemeinschaften sprach, habe ich die Region, in der sie heute schon vorkommen, eng eingegrenzt. Denn es läßt sich die Welt in einem verbindlichen Durchschnitt nicht mehr beschreiben. Die Risse zwischen reich und arm, Freiheit und Unterdrückung, politischer Ratio und Atavismus verlaufen keineswegs ordentlich entlang einer Grenze zwischen Ost und West oder Nord und Süd; sie zickzacken durch alle Kontinente. Wohlhabend und ausgepowert, offen abhängig, selbstbestimmt oder entmündigt – unter den Gesellschaftsformen, Regierungsarten und Wirtschaftssystemen lassen sich bald sämtliche denkbaren Abstufungen nachweisen.

Eines nur scheint sicher: Die Zahl der autoritär geführten Gemeinwesen, ob sie sich gleich national befreit oder sozialistisch oder wie immer nennen, ist – entgegen einer noch vor kurzem bei uns verbreiteten Hoffnung – im Wachsen begriffen.

Aber was bedeutet das überhaupt: „Autoritär"? – „Freiheit" – „Demokratie" – „Sozialismus"? – Ursprünglich runde geschlossene Begriffe sind in tausend Stücke zersprungen, so daß sich nur mehr jeweils Splitter von ihnen noch definieren lassen. Tut nichts – nach dem Verstande unserer sogenannten „progressiven Gesellschaftskritik" bleibt die ganze Welt – ob es sich um Uppsala oder Pnomh Penh, Nagasaki, Hinterindien und Honduras, Washington oder Recklinghausen handelt – unterschiedslos, in scharfen Konturen, säuberlich, übersichtlich, eindeutig in Falsch und Richtig, in Kapitalisten und Sozialisten, Schuldige und Unschuldige, Faschisten und Antifaschisten, Reaktion und Fortschritt, Bewußtlose und Erleuchtete, kurz: In schwarz und weiß geschieden.

Und für Recklinghausen im gesellschaftskritischen Fernsehspiel sieht das dann etwa so aus (Ich habe das fiktive Spiel nur mäßig zugespitzt.): Daß unterm Kruzifix an der Wand, das den Herrschaftscharakter der etablierten Kirche entlarvt, ein armer Wurm unterm Umwelt-Smog verröchelt. Die Kapitalisten aber, die um ihrer Profite willen das Gift abbliesen, dürfen sich getrost ins Fäustchen lachen: Denn die hilflosen Behördenvertreter – man darf sie allesamt als Marionetten zappelnd in der Gewalt multinationaler Rockefellers vermuten – werden die solidarische Empörung der Massen doch nur wieder abwiegeln. Die Gewerkschaftsbonzen haben ihr Schäfchen ohnehin längst ins Trockene gebracht. – Also hoffnungslos? – Ja, fast in diesem hoffnungslosen System! – Gäbe es da nicht das Häuflein der Braven, das uns den rechten Weg schon weisen könnte!

Nun denn. In dem „System", in dem wir leben, darf – gottlob! – niemand an solcherart „Gesellschaftskritik" gehindert werden. Freilich müssen sich solche Gesellschaftskritiker dennoch fragen lassen, ob sie nicht nur das ehrenhafte Geschäft der Gesellschaftskritik allgemein, sondern auch ihren besonderen Anspruch längst schon verraten haben. Denn der war doch auf die „Erziehung" des Zuschauers zum „mündigen Bürger" gerichtet, um ihn instand zu setzen, seine Lage zu begreifen, Entscheidungsprozesse nachzuvollziehen, ja leidlich sachverständig sogar zu kontrollieren. Aber wirken sie nicht vielmehr daran mit, dem Bürger, der da mündig werden soll, zutreffende Informationen, die ihm Entscheidungshilfen verschaffen könnten, *vorzuenthalten?* Statt die diffizilen Wechselbeziehungen einer Welt im heiklen Gleichgewicht zu erhellen, werden die Zusammenhänge verschleiert, mit ihren grobgewirkten Grundmustern von Gut und Böse zugedeckt. Antworten, die der mündige Bürger *selbst* formulieren sollte, werden ihm unablässig schon im voraus aufgenötigt, indem ihm suggeriert wird, daß nur *eine* gesellschaftliche Wahrheit vorkommen dürfe, die allein Hoffnung, ja Rettung verheiße. Werden statt geschärfter Urteilskräfte wieder nur mörderische Alternativen entbunden?

Die Sprache der Anmaßung

Wie wenig jenes „progressive" Gebaren eigentlich mit Gesellschaftskritik zu tun hat, sondern vielmehr mit militanter Propaganda, wird in dem Augenblick offenbar, in dem solche vorgebliche Gesellschaftskritik ihrerseits der Kritik unterzogen wird. Dann stellt sich nämlich heraus, daß sie mit jener Unnachgiebigkeit und Intoleranz reagiert, die noch allemal und zu jeder Zeit Kennzeichen waren der bereits versteinerten Macht, die eine Selbstprüfung nicht mehr aushält. Dann nämlich ruft solche Gesellschaftskritik, der öffentlicher Widerspruch gegen ihr einfaches Weltbild nicht paßt, nach der Zensur – wie die etablierten Mächte seit jeher. Dann gleicht – wen nimmt es wunder – die ungehaltene Frage eines solchen Gesellschaftskritikers, in seinem Brief an den Rundfunkintendanten, bis aufs Wort dem knotigen Verweis eines preußischen Polizeipräsidenten: „Wie haben Sie so etwas durchgehen lassen können?!"

So spricht Anmaßung. Sie beansprucht die Macht – nicht nur einen Anteil, im Proporz. Denn da sie für sich den Besitz einer allein gültigen Wahrheit behauptet, muß sie die ganze Verfügungsgewalt beanspruchen, um Widerspruch unterbinden zu können. *Den* fürchtet sie; denn er könnte imstande sein, zu enthüllen: Was sich da als Wahrheit ausgibt, ist in Wahrheit Dogmatismus, seit undenklichen Zeiten Helfershelfer der Macht. Und dessen Aufgabe ist nicht Kritik – sondern Indoktrination.

Niemand scheue die Denunziation, der er sich ausgesetzt finden wird, sobald jene autoritäre Gesellschaftskritik ihren Monopolanspruch auf Kritik, auf dem sie für sich besteht, bedroht sehen sollte. Sie beteuert ja fortgesetzt, daß sie alle positiv aufgeladenen Positionen seit langem besetzt halte, so daß es – außer der von ihr geübten – einer weiteren Kritik gar nicht bedürfe. Sie gibt sich aus als der Exklusiv-Anwalt der Unterdrückten und Unterprivilegierten aller Zeiten und Zonen.

Aber sie verrät sich durch die Barschheit, mit der sie reagiert, sobald sich die „Bewußtlosen" nicht dermaßen verhalten wollen, wie ihre Erzieher, ihre Zuchtmeister es ihnen vorgeschrieben haben.

Man setze getrost ihrem eingedrillten Dreischritt des historischen Materialismus eine grenzenlose Dialektik entgegen. Man behandle jene vorgebliche Alleinwahrheit – nicht anders als jedes andere Vorurteil, jedes gesellschaftliche Fehlverhalten, jede Ideologie – als Ausdruck selbstgefälliger Macht: man bearbeite sie mit dem Werkzeug, dessen Gesellschaftskritiker seit jeher bedurften: mit dem Zweifel – diesem unverbesserlichen Revisionisten.

Ohne ihn wäre auf der Welt niemals etwas in Bewegung geraten – ohne ihn gäbe es aber auch kein Innehalten, sobald eine „Bewegung" sich lebensgefährlich beschleunigt.

RUDOLF ZIHLMANN

In den Kulissen der Meinungswelt

Medienwelt und Isolation

Beginnen wir mit einem Erlebnis: Vor einigen Wochen war ich seit langem wieder einmal im Kino. Was dort gespielt wurde, kann ich heute nicht mehr sagen. Der Abend ist mir aus einem andern Grund bedeutsam geworden. Kurz nachdem ich den dunklen Raum betreten hatte, verspürte ich ein Unbehagen, eine besondere Art von Atemnot. Ich wußte, daß dies nichts mit meinem physischen Zustand zu tun hatte, oblag ich doch gleichzeitig einem Training, das meine Lungen stark beanspruchte.
Es war etwas anderes, das sich meldete. In den letzten Monaten hatte ich mich mit Fragen beschäftigt, die für mich wachsende Bedeutung gewonnen hatten; ich werde darauf zurückkommen. Im Kino wurde mir aufs Mal bewußt, was hier eigentlich vor sich ging: ein Saal, gefüllt mit aufgereihten Menschen, alle reglos im Dunkeln, vorne ein sicht- und hörbares Geschehen, das vor ihnen abrollt. Das Geschehen kann beliebig wiederholt werden. Zur gleichen Zeit sitzen zahllose andere Menschen in ähnlichen dunklen Räumen oder zu Hause vor dem Fernsehgerät und lassen Sicht- und Hörbares vor sich abrollen. Und tagsüber sitzen Schüler, kleine und große, zehn und mehr Jahrgänge, eine halbe Generation lang vielleicht, in Bänken oder auf Stühlen und empfangen die Informationen, die man ihnen zugedacht, zugemessen und zugerüstet hat.

Und nun zum Thema, das mich seit langem nicht in Ruhe ließ und zu dem der Kinobesuch eine bis ins Körperliche sich fortsetzende Illustration bot: ich beschäftigte mich mit Fragen aus dem Themenkreis „Mensch und Kosmos". – Was hat unser Leib beizutragen zur Wahrnehmung der Wirklichkeit? Welcher Art sind die kommunikativen Wechselwirkungen zwischen dem Organismus unseres Leibes und der Umwelt? Gibt es eine besondere Art der „Verleiblichung" von Informationen? Wenn ja, welche Rolle spielt dabei die Zeit?

Daß ein Kinobesuch Anlaß für solche Überlegungen bot, war wohl eher Zufall; es hätte auch die Lektüre einer Zeitung sein können oder das Anhören einer Radiosendung.

Bei der Beschäftigung mit diesen Fragen wurde ich zusehends gewahr, daß der Leib als Organ der Wahrnehmung in unserer apparativen Umwelt nur sehr einseitig, sozusagen *auszugsweise* ins Spiel gebracht wird; daß die Organ- und Sinneskräfte, die für unser vegetatives und emotionelles Gleichgewicht bedeutsam sind, dabei brachliegen und verkümmern.

Diese Entdeckung hat etwas Bestürzendes. Könnte es sein, daß wir uns in der Gewißheit wiegen, an einem lückenlos werdenden Netz von Informationen angeschlossen zu sein, während sich tatsächlich immer weitere Landschaften des Wirklichen von uns entfernen, unkenntlich werden, sich einfach wegräumen aus den Reichweiten unserer Wahrnehmung? – Oder anders gesagt: Könnte es zutreffen, daß die zahllosen Apparate der Meinungsmacher nur einen Schein-Reichtum vor uns ausbreiten? Daß diese Apparate immer nur auf derselben „Frequenz" senden und nur in einer geringen „Bandbreite" zu arbeiten vermögen, eben auf der „Frequenz" und „Bandbreite", die den Apparaten eigen ist und auf die sie „justiert" sind?

Es sei versucht, diesen Gedanken in einer andern Sprache auszudrücken. Noch bis weit in die Neuzeit hinein war den gebildeten Menschen geläufig, was das Symbol *Saturn* bedeutet, was *Mars, Venus, Jupiter* und *Merkur*. Man kannte Wesensart und Wirkung dieser Kräfte. Man kannte die ihnen eigene Influenz auf das Geschehen. Albrecht Dürer konnte sagen: *„Man kann wohl ein Bild machen, dem der Saturnus oder Venus aus den Augen herausschaut."* Und der etwas jüngere Paracelsus schrieb eine ähnliche

Einsicht nieder; der Arzt müsse wissen, *„daß im Menschen sind Sonn', Mond, Saturnus, Mars, Mercurius, Venus und all Zeichen"*. Wenn wir nun zu den Meinungsmachern und ihren Apparaten zurückkehren und uns fragen, welchem der genannten Symbole die Massenmedien wohl am nächsten kommen, ist man versucht, auf die Wirkweise des Merkur hinzuweisen. Ihm, dem Merkur, ist seit alters her zugeordnet, was mit Rede, Schrift und Mitteilung zu tun hat. Hin und her schafft er die Verbindung und Vermittlung zwischen den entlegensten Punkten. Von Merkur wird auch gesagt, er habe keinen eigenen Charakter, sondern nehme jeweils den Charakter der Wirklichkeit an, mit der er sich verbinde. Vor allem aber gilt das verstandesmäßige Denken und die Reflexion als ein Wesenszug des Merkur. Und von ihm wird schließlich gesagt, *er sei ein Vermittler von Wissen, nicht aber ein Bildner von Menschen*[1]. Wir wissen, daß damit nur einige Aspekte des „merkurischen Wesens" berührt werden. Es gibt aber offenbar eine Wirkweise und vor allem eine Weise der „Vermittlung", die auch heute kaum besser umschrieben werden kann als mit Hilfe dieses Symbols.

Vermittler von Wissen, nicht aber Bildner von Menschen! Dieser Unterscheidung liegt eine tiefe Einsicht zugrunde, die von unserer täglichen Erfahrung bestätigt wird: es ist *eine* Sache, Wissen im Sinne von Meinung oder Information zu vermitteln, und es ist eine *andere* Sache, Menschen zu bilden. Wir sollten diese Einsicht in uns austragen, erproben und reifen lassen können. Es genügt nicht, diese Einsicht hier in Druckschrift wiederzugeben. Denn auch die Schrift ist eines der wenig zuverlässigen Vehikel, mit dessen Hilfe merkurischer Geist sich vermittelt. Es ist daher wahrscheinlicher, daß der Leser diese Einsicht für eine Sekunde mit dem innern Auge erfaßt, wie ein Stück Meinung, ein kleines Anschwemmsel, das schon von der nächsten Meinungswoge wieder hinweggetragen wird, um neuen Meinungswogen Platz zu machen ...

In den Vorhöfen der Erfahrung

Menschenbildung und Medienwelt – wie selbstverständlich wird oft beides in einem einzigen Atemzug genannt. Dabei muß sich

heute jeder Erzieher fragen, wie es gelingen soll, dem „Wissensstoff“ ein menschenbildendes Ferment beizumischen.
Wenn wir eine vertiefte Einsicht in die Welt der Meinungsmacher gewinnen wollen, dürfen wir nicht bei den Absichten der „Sender“ verweilen, sondern müssen uns an die Stelle des „Empfängers“ setzen, an den Ort also, den wir selber zumeist einnehmen. Was von der Medienwelt in unübersehbaren Mengen auf den „Empfänger“ und möglichen Konsumenten hin eindringt, sind eben nicht die Sachen selbst, ja nicht einmal die Stimmen dieser Sachen, sondern es sind Meinungen *über* Sachen und Sachverhalte. Wir begegnen nicht den Menschen oder Sachen selber, sondern einer durch die Medien vermittelten Reflexion über sie. Man spricht hier zu Recht von Mitteilungen aus zweiter Hand, von second-hand-Informationen. Wir bewegen uns in diesem Gewoge von Meinungen in einer Atmosphäre, in der wir nicht als tätige und mitgestaltende Menschen anderen tätigen und mitgestaltenden Menschen begegnen. Vielmehr befinden wir uns in einer Welt von merkwürdiger Abgelöstheit und Abstraktion. – Abstrakt in diesem Sinne sind selbst die Bilder des Erdbebens oder der Flutkatastrophe, des Krieges oder der Hungersnot, die uns „life“ vor Augen geführt werden. Abstrakt in diesem Sinne sind auch die Gefühle, die in uns aufgerufen werden. Wir nehmen zwar an etwas teil, und dennoch bleiben wir letztlich unbeteiligt. Wir täuschen uns selbst eine besondere Anwesenheit vor, sind aber tatsächlich nur in einer äußersten Schicht „da“.
So jagen wir in den Vorhöfen möglicher Erfahrung umher. Wir sind ausgesetzt dem wechselnden Gewoge von Nachrichten, die uns aus allen Ecken und Enden der Welt zu erreichen suchen. Wir treiben in einem Boot, das auf dem Ozean der gegensätzlichsten Gesichtspunkte schaukelt.
Alexis de Tocqueville hat in seinem Werk aus dem Jahre 1840 über die Demokratie in Amerika im Blick auf die wachsende Meinungswelt die vortreffliche Bemerkung gemacht, es handle sich dabei um *„une sorte de poussière intellectuelle“* – eine Art von Meinungs-Nebel oder Reflexions-Staub. Er hat damit das Flüchtige und Flottante dessen, was wir Meinung nennen, auf eine gültige Formel gebracht.
Inzwischen ist die Meinungswelt inflatorisch geworden; sie läßt an

Drogen, an Doping denken. Solche Erscheinungen sind undenkbar ohne eigenen entsprechenden Hunger, ohne entsprechende gesellschaftliche Hohlräume. (Die Lehre von den psychosozialen Vacua und ihren Implosionen ist erst in Ansätzen entwickelt.)
Die Macht der Meinungsmacher besteht nun gerade darin, ein Brot für diesen Hunger und eine Art Befriedigung für einen Trieb anbieten zu können, von dem eigentlich viel zu wenig gesprochen wird: *es ist der Hunger nach Verstehen; es ist das tief eingewurzelte Bedürfnis des Menschen nach Orientierung und Übersicht in der ihn umgebenden Wirklichkeit.* Der Hunger nach Wegweisern im Inkognito der Erscheinungen, das Schlagen von Schneisen des Erkennens in den unentwirrbaren Dschungel der Wirklichkeit, die Arbeit an einem geistigen Koordinaten-Netz in einer unübersichtlich gewordenen Welt.
Die Macht der Meinungsmacher gründet letztlich in unserer eigenen Ohnmacht, selber eine Vorstellung produzieren zu können von der Welt, in der wir leben. Wir ertragen es nur schwer, desorientiert zu sein, keinen Vorrat an innern Signaturen zu besitzen, mit denen wir das Geschehen zu begreifen vermögen. Wir ertragen es nur schwer, in einer diffusen namen- und eigenschaftslosen Welt zu leben. Und es gehört zu unserem Drang nach Geborgenheit und nach Bei-uns-Sein, auch nach dem schwächsten Gerüst zu greifen, das uns jenes Minimum an innerem Halt zu geben vermag, dessen wir bedürfen.
Eine Umwelt, deren Eigenschaften nicht klar erkennbar sind oder ohne ersichtlichen Grund wechseln, empfinden wir als unheimlich. Unheimlich ist sodann für die meisten bereits das, was von der Umgebung, in der wir unser Dasein verbringen, nicht zum voraus sanktioniert sowie sprachlich und gefühlshaft gepfadet ist. So wird es stets wenige Menschen geben, die bei Nacht einen abgelegenen Gebirgswald aufsuchen, um ihn lustvoll zu durchstreifen; dies nicht vor allem der möglichen Gefahren wegen, die vielleicht kaum größer sind als die des Straßenverkehrs, sondern vielmehr deshalb, weil solche Ausflüge ins Ungewisse durch keine offizielle Meinung gedeckt oder gebilligt sind. Denn für die meisten beginnt das Leben bereits dort unheimlich zu werden, wo Meinungs-Niemandsland betreten werden müßte, wo sich Regionen auftun, die noch von keiner Meinung in Beschlag genommen sind. Hier beginnt die

Schwellen-Angst, hier zögert der Fuß... (Über das *falsche schlechte Gewissen,* das damit verbunden ist, soll hier nicht die Rede sein.) Das Gesagte gilt nicht bloß von der äußern Welt, sondern in gleicher Weise von den Landschaften des Herzens, die wir auch nur auf wenigen bekiesten Pfaden zu begehen wagen...
Meinungen haben also eine orientierende und damit auch eine ordnende Funktion. Das ist ihre positive Rolle. Sie bringen etwas Ordnung in ein an sich selbst zweifelndes und zum Chaos neigendes Bewußtsein. Wo unsere Erfahrung nicht hinreicht, beginnt die Macht der Meinungsmacher. In die Lücken der Erfahrung stellen wir die Kulissen der Meinungswelt. Es gibt auch hier einen Schrecken vor Hohlräumen, einen *horror vacui.* Wir ziehen es vor, auch zu dürftigen Meinungs-Kulissen unsere Zuflucht zu nehmen, wenn es darum geht, eine Sichtblende zu errichten gegen Ausblicke ins Ungewisse...
Wir haben von der orientierenden und ordnenden Funktion der Meinungswelt gesprochen, auch vom Bedürfnis nach Stabilität, das durch die Meinungswelt ein Stück weit befriedigt wird. Es kann jedoch nicht verborgen bleiben, daß diese überbordende Meinungswelt letztlich auf eine Notlage des Menschen hinweist. Denn bloße Meinungen können unsere Bedürfnisse, von denen die Rede war – die Bedürfnisse nach Orientierung und Erfahrung –, nur zum Schein befriedigen. Im Medium der Meinungen wird die Wirklichkeit auf handfeste Vorstellungen reduziert. Das vielfältige Geschehen wird auf einen groben Raster gebracht, auf ein eingängiges Bild hin vereinfacht und allzuoft auch verzerrt.
An die Stelle lebendiger Erfahrungen treten grobe Vereinfachungen und stereotype Formeln. Dazu kommt die Neigung vieler Meinungsmacher, auch die Zukunft in Beschlag zu nehmen, ihre eigenen Meinungen in die Zukunft hinein zu verlängern und so einen Trend zu markieren. Die Meinungen werden mit utopischem Salz gewürzt und treten schließlich an die Stelle der Realität und nähern sich dem, was wir als Ideologien bezeichnen.
Wer sich von einer solchen Meinungswelt gefangennehmen läßt, kann sich oft nur schwer vorstellen, daß sich die Zeiten einmal ändern könnten. Die kompakte Macht der oft sehr einsinnig „aufgebauten“ Meinungswelt läßt dem Gedanken an solche Möglichkeiten, an Wendepunkte oder an einen Wechsel des geistigen Kli-

mas oft gar keinen Spielraum. Und trotzdem: die menschliche Geschichte ist die Geschichte der Überraschungen und der unberechenbaren Sprünge. Dies gilt auch kurzfristig. Was gestern noch ein Jahrhundert zu bestimmen versprach, kann heute schon auf einem Haufen liegen. Was heute sich als dauerhafter Trend etabliert, kann bereits morgen als kurzes Zwischenspiel zu den Akten gelegt werden. Wir wissen heute, wie schnell z.B. die Wachstums-Euphorie an ihr Ende gelangt ist oder wie unvermittelt ein ideologisches Schema an Grenzen stößt. Hat nicht auch bereits die Welle der Säkularisierung, die uns nun schon lange als unumkehrbare Entwicklung vor Augen gehalten wurde, die Küste gefunden, an der sie verebben wird. Während noch manche unter dem Schock stehen, den das Wort Max Webers von der *Entzauberung der Welt* ausgelöst hat, sind viele Menschen heute auf mancherlei Pfaden wieder auf der Suche nach dem Mysterium in und außer uns.

„Ein Mann, der sich dem Zeitgeist vermählt, wird bald Witwer sein.“ – Dieser Satz von Kierkegaard ist so etwas wie eine geistige Wegzehrung, morgens nach dem Aufstehen zu lesen, bis sein Sinn Wurzeln geschlagen hat! Der Soziologe Peter L. Berger, der die Maxime zitiert, fährt fort: *„Unsere Kultur produziert durch ihre Organisationsformen eine ständige Unsicherheit. In erster Linie sind es die Massenmedien, die, das Ohr am Herzen des Zeitgeistes, der gesamten Gesellschaft unentwegt seine Befindlichkeit mitteilen und suggerieren, was gerade ‚relevant‘ ist. Was sie für verbindlich erklären, ist ganz besonders dem Wechsel der Mode ausgesetzt und kann nur ‚kurzweilig‘ sein. So ist es denn unvermeidlich, daß ein Theologe und natürlich auch jeder andere Intellektuelle, der sich bloß, um mitzumachen, auf ihre medialen bzw. mediablen Verbindlichkeitsverweise verläßt, bald von ihnen aus dem Zentrum der Gültigkeit an den Rand der Gleichgültigkeit verwiesen wird.“*[2]

So beherrschen die Meinungen den Vordergrund. Es ist wie der Anblick einer Stadt, die unter buntem Flaggenschmuck verschwindet... Und doch wird die Macht des bunten Geschehens überschätzt. Das Vordergründige ist letztlich nicht bestimmend. Wer genauer hinsieht, bemerkt, daß es Kulissen sind, die das Leben nicht zu tragen vermögen. Das unbestechliche Auge wird die eigentlichen Fundamente, auf denen diese Stadt steht, auch durch den dichtesten Schleier hindurch wahrnehmen.

Jenseits aller Mitteilungsmöglichkeit…

Von einem wichtigen Gesichtspunkt haben wir bisher nicht gesprochen, nämlich von der Beziehung zwischen Meinung und Wahrheit. Denn ohne Zweifel gibt es viele Meinungsmacher, die der Wahrheit dienen, und Meinungen, die Wahres ergreifen und auf Wahres hinweisen. – Indessen soll in diesem Zusammenhang mit Nachdruck auf ein anderes aufmerksam gemacht werden, wieder auf eine menschliche Notlage. Niemand kennt sie besser als der redliche Meinungsmacher selbst, dem es um die Wahrheit zu tun ist. Wie schwer hält es doch, mit seiner Sache auf den „Meinungswegen" durchzudringen oder, wie man treffend sagt, seine Sache *an den Mann zu bringen!* Wie schwer hält es, die sozusagen natürliche Isolation des Menschen und seine entsprechende Abwehrreaktion zu überwinden, durch Disteln, Dornen und Steine hindurch den Ackergrund zu erreichen, der im Innern des Menschen doch auch zu vermuten ist!

Die ins Gigantische sich verdichtenden Apparaturen der Meinungswelt nähren allein durch ihre Existenz und Betriebsamkeit eine der großen Illusionen der Gegenwart, die Illusion nämlich, der Mensch sei durch sie erreichbarer geworden, sein Wesensgrund liege nunmehr offener zu Tage, neu gepflügt wie ein Acker unter der wärmenden Sonne, des Sämanns gewärtig. Dazu gehört die Illusion der schrankenlosen Lenkungsmöglichkeit des Menschen, und, was ebenfalls in diesen utopischen Umkreis gehört, die Illusion einer berechenbaren Geschichte und damit einer voraussehbaren Zukunft. *Wer solches glaubt oder zu glauben in Versuchung steht, kennt den Menschen nicht, jenen großen Abwesenden, der hin und wieder so tut, als sei er anwesend in seiner vollen Gestalt und in seinem vollen Ausmaß…*

Wer wissen will, was von den zahllosen Informationen, etwa über politische Sachverhalte, tatsächlich „hängenbleibt", der frage eines der Institute der Meinungsforschung. Die Resultate ihrer Umfragen zeigen einen nicht oder überaus schlecht orientierten und auf jeden Fall überforderten Zeitgenossen. Und dieser Zeitgenosse ist es, der allein schon durch seine Existenz eine lebendige Grenze darstellt für die Macht der Meinungsmacher.

Diese Tatsache interessiert nicht nur den Soziologen; sie ist von allgemeiner Tragweite: wenn wir uns eine wirklichkeitsnahe Vorstellung machen wollen vom Verhältnis zwischen Mensch und Meinung, Mensch und Information, müssen wir uns vorerst fragen, in welcher Aussageform uns Meinungen und Informationen zumeist begegnen. Die Antwort lautet: grammatikalisch in der dritten Person. Meinungen wollen objektive Befunde sein, objektive Ansichten, Vorstellungen oder gar Weltanschauungen. Meinungen treten als Ist-Sätze vor uns, als Objektivierungen, als eine Art von Substanz. Und hier ist nunmehr der Ort, wo wir auf ein früheres Thema zurückkommen, auf das Thema der *Medienwelt und Menschenbildung.*

Seins-Aussagen mögen sachlich richtig sein oder falsch, ihrer Natur nach haben sie keine unmittelbare Beziehung zu unserer persönlichen Existenz. Denn echte Information, d. h. Information, die mich persönlich anspricht und die meinen eigenen „Stellenwert" trifft, will in mir Leib werden, will sich in meine Existenz hinein auskeimen, in mir Gestalt annehmen, mir den Weg weisen. Wenn wir bei Jesaias, um ein Beispiel zu nennen, lesen:

„Ich will vor dir hergehen; ich will die ehernen Türen zerschlagen und die eisernen Riegel zerbrechen, und ich gebe dir die heimlichen Schätze und die verborgenen Kleinode, auf daß du erkennest, daß ich dich bei deinem Namen genannt habe"

– wenn wir dies lesen, so fühlen wir, daß hier keine objektive Aussage über die Beschaffenheit dieser oder jener Sache vorgetragen wird, sondern daß hier ein Aufruf, ein Vokativ, uns erreicht, zur Gefolgschaft ermuntert, eine Ermutigung zu einem Weg an unser geistiges Ohr dringt. Was hier ausgesprochen wird, vermag die Isolation des Ich zu durchstoßen und ist das, was der große und weithin noch unentdeckte Ferdinand Ebner nicht müde geworden ist, in seiner „Pneumatologie des Wortes" in immer neuen Ansätzen darzulegen. Im Aufsatz über die Grammatik der Existentialaussage setzt sich Ebner mit den Formen unseres Sagens auseinander, vor allem mit dem Unterschied zwischen den sprachlichen Formen der Ich-Du-Beziehung einerseits und den Sachaussagen und ihrer Objektivierungen anderseits. Er spricht von jener unser Denken beherrschenden und prägenden Tendenz, „die die grammatikalische Kategorie des Substantivs geschaffen hat, die aber auch, was sich von selbst versteht, mit der Realität des Ichs nichts anzufangen weiß. Und nichts mit der Realität des Du“[3]. Im gleichen Sinne sprach Eugen Rosenstock in seinem „Atem des Geistes“ von der Aberkennung der Namen durch das objektivierende Denken. Ein untergründiges Wissen um diesen Sachverhalt ist verbreiteter als manch einer annehmen möchte. Ein Wissen darum, daß wir unsere Meinungs-Welten nur oberflächlich bewohnen; daß das Meinungs- und Medienwesen nur als gedämpfte Geräuschkulisse zu den verborgenen Landschaften unseres eigentlichen Lebens vordringt. Oder wie Ferdinand Ebner sagt: *„Irgendwie lebt jeder Mensch sein Leben jenseits aller Mitteilungs- und Ausdrucksmöglichkeit.“*

Bis dahin dachte der Mensch mit dem ganzen Leibe ...

Zwei Dinge, die scheinbar nebeneinander stehen, müssen zusammen gesehen werden: die Medienwelt als Gesamterscheinung einerseits und der *isolierte* Mensch anderseits. Die Medien- und Meinungswelt fungiert als Ersatz-Universum dort, wo die lebendige Erfahrung den Menschen im Stiche läßt. Zum isolierten Menschen gehört eine innere Bild- und Gestaltlosigkeit, ein Mangel an kosmischer Dimension. Dieser Mensch hat aufgehört, ein Spiegel jenes „Großen Menschen“ zu sein, der sich im äußern und sinnenhaften Kosmos zeigt ...
Um solche Zusammenhänge wahrzunehmen, genügt es nicht, über jenen innern Widerstand zu verfügen, den wir als „Kritik“ bezeichnen, sofern dieses „kritische Organ“ wiederum bloß vom Intellekt seinen Ausgang nimmt. Dazu bedarf es vielmehr eines Anlaufs aus größeren Tiefen her, bedarf es *vor allem einer neu zu weckenden Kraft der Imagination, die den ganzen Menschen in seine Gegenwart zu führen vermag und nicht bloß einzelne seiner Schichten und Bruchstücke.* Denn dieses Bruchstückhafte des Menschen und seiner heutigen Anwesenheit in der Zeit und im Raum spiegelt sich ja deutlich in der Außenwelt, die er sich schafft; am sichtbarsten in den modernen Städten, diesen Anhäufungen ohne Individualität, ohne Antlitz und ohne „Sinnlichkeit“. Diese Außenwelten haben in dem Maße aufgehört, den Kosmos in ihrem Erscheinungsbild zu spiegeln, als der Mensch selber aufgehört hat,

in seiner ganzen Leiblichkeit als ein nachschöpfend Tätiger darin anwesend zu sein. Es gilt dies für jede Tätigkeit des Menschen, auch für sein Denken. Denn auch dieses Denken ist nicht bloß eine „Funktion", die durch einen Apparat ersetzt werden kann. Auch das Denken ist eine Organkraft, die sich dem Gegenstand, dem es sich zuwendet, mitteilt und ihn auf diese Kraft hin verwandelt.

„Bis dahin dachte der Mensch mit dem ganzen Leibe, und noch mit den Fingerspitzen, von da an denkt er nur noch mit dem Gehirn. Erst jetzt erhält Freud den Gegenstand seiner Psychologie ..."[4] Der *Gegenstand der Psychologie,* von dem hier Martin Buber spricht, ist das Produkt eben jener Umwelt, die sich der Mensch heute selber geschaffen hat; jener Umwelt, zu der auch die Apparate der Meinungsmacher gehören. Diese Apparate setzen sich selber als das permanente Großereignis in die Mitte und drängen das ohnehin schon geschwächte Individuum an die Ränder dieses abstrakten Geschehens; stoßen das Individuum zu den affektiv farblosen und primitiven Randzonen des Lebens zurück, in eben jenen „Limbus", den wir als *Vorhöfe der Erfahrung* bezeichnet haben. *Was hier vorgetäuscht wird, ist die totale Kommunikation; was tatsächlich eintritt beim einzelnen, der sich nicht vorsieht, ist eine kommunikative Unterbilanz, die eines der Kennzeichen der Gegenwart ist. Man möchte alle teilhaben lassen an allem und übersieht dabei, daß eine solche Teilhabe letzten Endes zur Enteignung aller durch alle führt.*

Was wir brauchen

Die kommunikative Unterbilanz, die vor allem im emotionalen und vegetativen Bereich des Menschen augenfällig ist, kann nur durch eine Stärkung des Subjekts und auf dem Wege seiner Ermutigung abgebaut werden. Was wir brauchen, ist *eine neue Art von Immunität,* nicht im Sinne eines Rückzuges aus der Welt, sondern mit dem Ziel eines neuen Gleichgewichts zwischen innen und außen, zwischen Abschirmung und Öffnung, Empfangen und Gestalten. Welches die im Einzelfall und nach Lebensalter richtige Diät ist, muß von Fall zu Fall erprobt werden. Ob das Fernsehgerät in den gemeinsamen Wohnraum gehört, entscheidet sich mit der Frage, welches Wort *mehr* gelten soll, das der Glieder der Familie oder das jenes Verlegenheits-Gastes, den wir apparativ bei uns eindringen lassen …

In einem Haus, das nur aus Fenstern besteht, kann das Ich nicht wachsen, vermag es nicht ein lebendiges Organ zu werden. Wo die schützenden Mauern fehlen, hilft sich die Natur auf andere Weise; um als solche zu überleben, bildet sie eine „dicke Haut". Der Preis des Überlebens ist in diesem Fall die Fühllosigkeit!

Der Mensch hat seine Behausungen immer dem besonderen Klima anzupassen verstanden. Das Verhältnis von Fenster und Mauer, von Abschirmung und Öffnung spielte dabei stets eine hervorragende Rolle. Mit welch einfachen Mitteln der Mensch das optimale Innenklima seines Hauses zustande bringt, sei es in den Glut- oder in den Eiswüsten, gehört zu den erstaunlichsten Künsten des Handwerks.

Er ist heute aufgerufen, auch das Gleichgewicht seines inneren Haushalts wieder herzustellen. Viele möchten einem herrschenden Trend gehorchend die Fenster nicht nur vergrößern, sondern am liebsten überhaupt aushängen. Das Ergebnis wäre nicht die gewünschte Öffnung nach außen, sondern geschwächter Widerstand gegen den jeweils stärksten Konformitätsdruck. Das Erlöschen des Ich und das Verschwinden des Partikulären ebnet nicht den Weg zum Weltganzen, sondern bringt auch noch das letzte Licht zum Erlöschen und den letzten Muskel zum Erlahmen, die ein Weltganzes überhaupt in den Horizont des Lebens emporheben könnten. Die Welt erneuert sich nur in den vielen einzelnen und in der Kraft, die diese einzelnen verbindet.

Anmerkungen

1 Sigrid Strauß: Über die psychologische Bedeutung des astrologischen Symbols. In: Eranos Jahrbuch, Bd. 2, 1934, S. 417ff.

2 Peter L. Berger: Auf den Spuren der Engel. Die moderne Gesellschaft und die Wiederentdeckung der Transzendenz. Frankfurt am Main 1972, S. 42.

3 Ferdinand Ebner: Schriften I. München, S. 29 und S. 820ff.

4 Martin Buber: Dialogisches Leben. Zürich 1947, S. 446.

HEINRICH DIETZ

Meinungstod in Raten

Mit dem Meinen ist es wie mit dem Glauben: erst als Substantive erhalten sie Würde, erwecken sie Vertrauen. Meinen ist ein unverbindliches Sagen, persönliche Meinung ist mehr als unverbindliches Meinen. Steigerung und Erhöhung von ‚Meinung' sind Überzeugung, Bekenntnis, Zeugnis. Aber schon die persönlich gewonnene und vertretene Meinung profiliert, wirkt Vertrauen, schafft Maße und Identität. In der individuell erkämpften Meinung wird die sous-conversation, die Infra-Stimme gegen eine Allerwelts-Meinung hörbar. Der Mensch erhält eine Position, er wird bestimmbar, transparent, tritt aus ungewollter oder gewollter Anonymität heraus. Die Bildung einer fundierten Meinung bedeutet Anstrengung, Auseinandersetzung, Wachwerden.

Meinung und Menschlichkeit

Klare Positionen wecken auch heute noch Vertrauen. Die Spur zwischen dem Kern einer Persönlichkeit und dem Profil ihrer Meinung erscheint als charakteristische Signatur, gibt diagnostische Hinweise, verrät Kontinuität, Konsequenz, Reife, Erfahrung, Originalität. Vielfach ist diese Spur undeutlich geworden. Sie weist in modische Meinungsbildung. Das Eigengewachsene kommt nicht zu Wort. Der ‚Muttergrund der Meinung' scheint verkümmert, man übernimmt Meinung, wie man Kleider von der Stange holt, man paßt sich an, weil die Geduld und die Zeit fehlen, man gibt sich selbst in die Hand der ‚Mundwerksburschen'. Wo man sich dermaßen (mitsamt der Meinung) aufgibt, leitet man einen fatalen Entfremdungsprozeß ein, der modischem Extremismus Tür und Tor öffnet. Dann wird Originalität mit sozialer und politischer Exzentrizität verwechselt, ideologische Fixierung schafft Identitäts-Ersatz, die stets parate Standard-Meinung bricht den Muttergrund der persönlichen Erfahrung auf und das Persönliche geht im Kollektiven unter. Der Notausgang aus dieser Selbstaufgabe ist ein zerstörerischer Zynismus.

Wo der Mensch „in ein unbekanntes Meer geworfen wird, wo er ohne Kompaß umherirrt, wo er nicht Klippen, nicht Hafen mehr unterscheidet" (Edmund Burke), hat er sich selbst entmündigt. In der Bildung und Vertretung einer persönlichen Meinung wird ja der Mensch nicht nur transparenter, er wird auch kontaktfähiger, sozialer und humaner.

Voraussetzungen für eine dermaßen humane Anstrengung sind: Aufnahmebereitschaft, Fähigkeit, sich an Erfahrungen, an Präzedenzen, an persönliche Grundsätze zu erinnern. Mit diesem ‚Muttergrund der Meinungsbildung' muß sich der Sinn für Kontinuität verbinden. Geduld und Sorgfalt unterbauen die Fähigkeit, gespeicherte Informationen aufzurufen. Originalität in der Auswahl, Flexibilität in der Rangordnung verbinden sich mit der kreativen Toleranz, die Dinge auch anders zu sehen, sie selbständig zu prüfen, Vorurteile zu erkennen, Informationen zu vergleichen, eine autonome Antwort auf die in der Meinungsbildung verflochtene Fragestellung zu suchen, auch entferntere Assoziationen in den Prozeß einzubeziehen. Hier wird der *dialogische* Charakter der Meinungsbildung sichtbar. Zur Grundsubstanz der Stellungnahme gehört auch eine strukturierende Sicherheit, die Fähigkeit, aus gegebenen Informationen und aus den Positionen der Partner eine einheitliche Struktur aufzubauen.

Dabei wird man erkennen, daß Meinungsbildung auf gründlicher Selbstklärung ruht. Sie ist nicht zuletzt ein kathartischer Prozeß und verlangt Sensitivität für Probleme, Offenheit für mögliche

Perspektiven und ein gewisses Maß an Toleranz. Meinungsbildung schließt – nach Peter Rech – die Fähigkeit ein, den Dingen immer neue Aspekte abzugewinnen, die Objekte immer neu zu definieren und in neu zu bildende Gedankenreihen einzubauen.
Man hat sich seit Sokrates daran gewöhnt, die Symbolwelt der Geburt für das Phänomen der Meinungsbildung heranzuziehen. Hinweise auf Zeugen, Gebären, Ins-Leben-Drängen, auf Hebammendienste sollen das Wunder der Gedanken- und Meinungsbildung versinnlichen. Meinungsbildung gilt als dialektisch – dialogischer Prozeß im Sinne des Nietzsche-Wortes: „Die Wahrheit beginnt zu zweien!" Jaspers stellte diesen Satz in den Mittelpunkt philosophischer Überlegungen. Montaigne ermahnt zum geduldigen Warten auf den Geburtsakt eines Gedankens. Und Elias Canetti rühmt von Montaigne, daß er sich Zeit nehme und das Drängen der Gedanken und Affekte zu zügeln verstehe. Karl Krolow spricht von der gespannten Aufmerksamkeit, einem Auf-der-Lauer-Liegen, dem Warten auf den Einfall, dem Stichwort, das eine Meinung ‚entzünde'. Ein funkenloser Einfall zünde nicht. Meinungsbildung müsse in einem elektrischen Feld vor sich gehen.

Prozesse und Strukturen

Krolow sieht in der Meinung einer profilierten Persönlichkeit eine konkrete Spiegelung des innersten Wesens, eine Manifestation des Charisma: „Es sind Markierungen in einem unfaßbaren Element. In solcher Winzigkeit versammelt sich Einsicht, Resignation, Ahnungsvermögen, Abwehr, Unlust, Neugier: ein nie zu übersehendes Ensemble von intelligiblen Kräften."
Was heißt dann, sich eine klare und im common sense gegründete Meinung bilden? Hans Buchheim versucht, die politische Meinungsbildung als Selbstbestimmung zu erklären. Bei der rationalen Bestimmung eines Standorts geht das Selbstverständnis allem Meinen voraus. Als Selbstverständnis ist das Bild gemeint, das der einzelne individuell oder kollektiv von sich selbst hat oder entwirft. „Es umfaßt alles, was er von sich fordert und erwartet, wie er sich selbst einschätzt und worin er den Sinn seiner Existenz sieht. Dazu gehört auch, wie er von den anderen eingeschätzt sein

will.“ Aber Meinung ist nicht nur Selbstklärung und Selbstverständnis. Eine konstruktive Meinung provoziert, sucht Auseinandersetzung, stößt auf Bereitschaft, breitet sich aus – oder verkümmert in der Ablehnung. In der Meinungsbildung findet – nach Buchheim – eine freie Begegnung statt, in der die Artikulation des eigenen Selbstverständnisses mit der von anderen irgendwie abgestimmt werden müsse. Der Mensch suche seinen Platz im Kreise von seinesgleichen nicht instinktiv auf, sondern er bestimme ihn ausdrücklich und beziehe ihn bewußt nach den Vorstellungen, die er von sich selbst und von den anderen sich mache.

Die meinungs-klärenden menschlichen Beziehungen „werden frei und rational definiert und fortentwickelt. Obgleich sie in der Regel mit vorgegebenen Gemeinschaftsbezügen und zweckbestimmten Vereinbarungen verquickt sein werden, erweisen sie sich doch als originäre, völlig eigenständige Form rational gesteuerter Kommunikation. Diese richtet sich nach den elementaren Strukturen des menschlichen Zusammenlebens und bildet selbst Strukturen aus, welche nicht zweckbezogen sind und die verschiedensten Grade von Verbindlichkeit und Allgemeingültigkeit aufweisen, also: Kommunikationsmuster, Konventionen, Regeln, Normen, Institutionen usw.“

Auch in der privatesten Sphäre ist menschliches Zusammenleben nicht denkbar ohne derartige aus dem artikulierten Selbstverständnis hervorgebrachte und objektivierte Strukturen. Diese Strukturen spielen auch in der persönlichen Meinungsbildung ihre Rolle. Die rationale Kommunikation bildet ein Kontinuum, das sich vom Freundeskreis bis zur weltpolitischen Auseinandersetzung erstreckt.

In diesem Kontinuum hat die politische Meinungsbildung keine Sonderstruktur: „Die Regeln des vernunftgesteuerten Umgangs zwischen Menschen sind überall die gleichen, und die Grenze zur ‚Politik‘ wird nicht dadurch markiert, daß eine andere Art von Denken zuständig wäre, sondern dadurch, daß die eine besondere Art des am Selbstverständnis orientierten Denkens aus der Nebenrolle heraustritt und maßgeblich wird.“ Für Buchheim ist es wichtig, sich bewußtzumachen, daß die politischen Probleme eben *nicht* ganz anderer Art als die Alltagsprobleme des Umgangs mit unseresgleichen sind, daß mithin das politische Denken nicht erst wie eine fremde Sprache erlernt werden muß, sondern daß es sich um eine allgemeine Form des Gebrauchs der Ratio handelt, die lediglich in adäquater Weise auf die Fragestellungen des öffentlichen Lebens angewandt werden müsse.

Dies nicht erkannt zu haben sei eine der Schwächen unserer politischen Bildung, die sich ständig bemühe, dem Staatsbürger das ‚fremde Land' der Politik näherzubringen, statt ihm zu zeigen, daß er nur eine ihm längst geläufige Verhaltensweise auf ein anderes Feld zu übertragen brauche. Buchheim führt politische Meinungsbildung auf *personale* Kategorien zurück, und von diesen aus sollen die Strukturen menschlichen Zusammenlebens rational erfaßt, benutzt und fortgebildet werden.

Beim Übergang von den personalen zu den sozialen Kategorien entstehen die wesentlichen Bedenken, die mit jeder persönlichen Meinungsbildung verbunden scheinen. Ist der rationale Umgang mit den Mitmenschen beim Fixieren einer Meinung nicht kaltes Kalkül, als ‚berechnendes' Verhalten zu disqualifizieren? Oft erscheinen Meinung und Kompromiß ineinander verflochten. Man will für gegensätzliche Interessen und Positionen einen gemeinsamen Nenner finden. Ist das Verrat an Grundsätzen und Mißachten sachlicher Gesichtspunkte? Ist Ungeduld mit im Spiel oder Gleichgültigkeit, Toleranz oder persönlicher Vorteil? Ist psychologisches Manipulieren oder Taktik im Kalkül enthalten, oder setzt man einfach die eigenen Interessen in Relation zum Selbstverständnis des anderen? Will man die Meinungsproblematik vom Standpunkt des anderen her sehen und die eigenen Ziele ganz natürlich relativieren? Geht es dann, wenn man sich mit der eigenen Meinung elegant durchsetzen will, nicht einfach darum, Verständnis für die Motive zu wecken oder noch einfacher, das eigene Meinen ‚genießbar' zu machen?

Das führt schließlich zu der banalen Einsicht, daß man entgegengesetzte Standpunkte im trial-and-error-Verfahren testen muß und daß man dann damit rechnen kann – das erscheint als eine uralte menschliche Erfahrung –, daß keine Meinung und kein Standpunkt unerschütterlich sind, daß kein Ding ganz schwarz oder ganz weiß ist. Für die Meinungsbildung ist es – nach Buchheim – wichtig, verschiedene Meinungen gleichzeitig im Auge zu behalten und auf ihr ‚Oszillieren' richtig zu reagieren. Rationalität in der politi-

schen Meinungsbildung bestehe nicht darin, daß man das Unbestimmte bestimmbar mache, sondern, daß man sich dem Unbestimmten gegenüber rational verhalte. Alles Verlangen nach Eindeutigkeit führe in der Politik zu Illusionismus und Rigorismus.
So läßt sich mit Buchheim sagen: Politische Meinung hat intentionalen Charakter, politisches Erkennen und Urteilen ist willensbezogen. Eine politische Entscheidung ist nur insoweit richtig oder falsch, als sie der Willensintention entspricht.

Luxus der persönlichen Meinung? Meinung als Ware

Das Privatissimum einer persönlich verantworteten Meinung erscheint heute vielen Menschen wenig zeitgemäß. Meinung ist kein persönliches ‚Gehäuse', sie wird ins Haus geliefert. Um im sokratischen Vergleich zu bleiben: Meinung braucht keine Hebamme, sie ist keine schwierige Geburt, Meinung erscheint als Findelkind, als Wechselbalg, im Massenangebot von Adoptiv-Fällen.
Ist demnach eine persönlich erkämpfte Meinung ein Luxus, ein elitäres und esoterisches Produkt, eine snobistische Anmaßung im Blick auf das offene und reich sortierte Meinungs-Angebot? Ist die Anstrengung, in die Nähe der Wahrheit, zu den Quellen der Meinung zu gelangen, ein unrealistisches, unrentables, zeitvergeudendes Unterfangen, wenn sich die Meinungsmacher auf dem Markt der Publizistik mit billigen und eingängigen Angeboten drängen?
Oder ist der eigene Standort nicht doch noch eine persönliche Anstrengung wert? Gehört nicht zum Status des freien Menschen eine selbstverständliche Verankerung im Strom der modischen Erscheinungen?
Man sieht in diesem Zusammenhang mit Schrecken die Visionen von George Orwell: das Bild des total manipulierten Menschen. Aber dieses Bild scheint gar nicht so visionär, betrachtet man die Analysen der Meinungsmache. Die empirische Massenmedienforschung wehrt zwar dem totalen Pessimismus. Lazarsfeld will das oft suggerierte Bild des total manipulierten Wählers, der das denkt und wählt, was er denken soll und was er wählen muß, nicht bestä-

tigt finden. Doch scheint uns schon eine Annäherung an diese Möglichkeit erschreckend.

Dem persönlichen Kontaktgespräch des einzelnen mit anderen Bürgern wird auch heute noch ein wichtiger Anteil an der Meinungsbildung zugesprochen. Da aber die Informationen in laufender Folge und in unerhörter Fülle auf den einzelnen einstürmen, wird einerseits die Logik des Informationsempfängers vielfach außer Kraft gesetzt und die Verknüpfung der Informations-Teile unterbunden. Die Fülle der Informationen darf nicht darüber wegtäuschen, daß viele der scheinbar objektiven Nachrichten selektierte Zweit- oder Drittinformationen sind, die bereits in einen Wertzusammenhang gebracht wurden.

Der flüchtigen Tagesmeinung stehen persönliche und kollektive Grundmuster entgegen. Die Tagesmeinung, die sich in den Medien äußert, ist stark angelehnt an das, was man als ‚öffentliche Meinung' zu rubrizieren gewohnt ist. Meinungsanalysen, die diese ‚opinion publique' zu erkunden suchen, wirken zurück auf Informationen und Wertungen der publizistischen Organe. Was nun aber als statistisch erhobene öffentliche Meinung eine Art Grundsubstanz des Meinens ans Tageslicht fördert, ist nur ein Teil der ‚Meinungsmache' oder ‚Meinungshilfe'. Selbstverständlich werden die Nachrichten- und Meinungsingenieure, die ‚Mundwerksburschen' der opinion publique nicht frontal im Wege sein. Aber auf Umwegen und unter dauernder Berücksichtigung des Abonnentenstandes werden ideologisch imprägnierte Informationen in den Meinungsfluß geschleust. Man denke nur an die zersetzenden Nebengeräusche in einzelnen Medien bei der Darstellung geschichtlicher, ethischer oder nationaler Probleme.

Schließlich wird das Meinen des Bürgers überhaupt als Residuum einer längst überholten Kultur abgewertet. Was gilt, ist das Wissen, und das angebliche „Wissen der Wissenschaft", das längst Bewiesene, und dieses Wissen stammt oft aus ideologischen Werkstätten. In der Konkurrenz der Meinungsbildner ist der wissenschaftlich getarnte Ideologe an vorderer Front. So verstehen wir Hartmut von Hentigs Feststellung von „einer aus der Entwicklung der Wissenschaft und ihrer Rolle in der technischen Zivilisation zu erklärenden Abwertung von ‚Meinung' überhaupt". Der „decent respect to the opinions of mankind" im Eingangspassus der

amerikanischen Unabhängigkeitserklärung sei heute papierenes Bekenntnis geworden.
Das Hineinschlittern in eine Meinungstendenz, die Verhinderung eines persönlichen Urteils und einer selbstverantworteten Entscheidung werden erleichtert durch ein systematisches Unterlaufen des ‚bürgerlichen' Bewußtseins, durch Schaffung eines ‚Meinungsklimas', durch Präparierung der Meinungsbildung.

Informations-„Seelsorge"

Massenmedien haben sich daran gewöhnt, Informationen in psychologischer Verpackung zu bieten, ‚Informations-Seelsorge' zu leisten (Heinz D. Jaenicke). So meint Jaenicke, die Presse entwickle zunehmend ein Selbstverständnis, das der kirchlichen Sorge ums Seelenheil entspreche. „Nicht zufällig wurde (diese Hilfe) mit dem entsprechenden Terminus ‚Lebenshilfe' belegt. Da Unbehaglichkeit des Lesers, wie jene des Empfängers von Unglücksnachrichten in griechischen Tragödien den Boten, häufig genug die Zeitung trifft, sollen Konflikte möglichst vermieden sein. Ähnlich bestimmten Richtungen der Psychotherapie geht man davon aus, daß entspannte Leser zufriedene Leser sind. Scheinbar demokratisch, gibt man dem Leser, was er wünscht, den Redakteuren sind seine Erwartungen Befehl. Eingelullt wird, wer ein Recht darauf hätte, Aufklärung über jene Mächte zu erfahren, die ihn im Zustand der Unmündigkeit halten."
Parteien, Interessengruppen, Weltanschauungsgruppen liefern neben einer gezielten Aufklärung einen Schuß Seelsorge (vielleicht auch schon Seelenmassage), Information mit wissenschaftlichen Beigaben, ideologische und utopische Stimmungs-Elemente.
Eine Kumulation all dieser technischen und psychologischen Berieselungen der Meinungs-Konsumenten stellt man bei den extremen Gruppen der ‚Neuaufklärer' fest. Panideologismus und -kritizismus verbinden sich mit missionarischem Eifer und parawissenschaftlichem Ethos. Man sucht den modischen Schnitt, die seelsorgerliche Note (utopische Hoffnung), die (pseudo-)wissenschaftliche Aufklärung, die ideologische Identifizierung in eine all-round-Fassung der Meinungsbildung einzubringen.

‚Meinungs-Mache' ist ein übler Vorwurf. Man vermeidet den Anschein der Manipulation, wo immer dies möglich ist. Sicher sind die universitären Zentren der Neuaufklärer manchmal entsetzt über die Art, wie die Sympathisanten ‚Meinung machen' nach dem Rezept: Meinung braucht Lärm. Die Chef-Ideologen sind nicht immer überzeugt, daß dieser Lärm zum Ziele führt. Anders ist es bei denen, die auf die Straße gehen und dort ihre Spannung loszuwerden suchen, die ungeduldig die Zukunft auf ihre Art heraufbeschwören wollen. Während die Kulturkritiker als ‚Söhne der Kassandra' eine geistige Unruhe großen Stils zu wecken imstande sind, gehen die kleinen Sympsis (Sympathisanten) auf die Straße, um ihren Aggressionstrieb zu befriedigen und ‚Macht zu zeigen'. Was sie erreichen, ist mit dem bandwagon effect, dem Mitläufer-Effekt, einem Kollektiv-Erlebnis, das Solidarität und Aufhebung der verdammten Isolierung verheißt, umschrieben.

Elisabeth Noelle-Neumann stellt fest: Wichtiger als das eigene Urteil ist dem Individuum, sich nicht zu isolieren. Dies sei eine Konstante der menschlichen Natur, Bedingung menschlichen Zusammenlebens. Die Furcht, sich zu isolieren, ist ein Bestandteil aller Prozesse öffentlicher Meinung. Wer auf die Straße geht, Lärm macht, Transparente zeigt, Fahnen schwenkt, Anstecknadeln verteilt und Flugblätter unters Volk bringt, zwingt nicht nur zur Aufmerksamkeit, er fühlt sich selbst mächtig, und er ‚formt Meinung' – vielleicht nur auf Zeit, aber immerhin: er erlebt primitive Solidarisierung.

Der einzelne sucht mit einem ‚quasi-statistischen Organ' die Häufigkeitsverteilung von Meinungen pro und contra abzuschätzen. Was er auf der Straße hin und her wogen, Begeisterung, Engagement zeigen sieht, beeinflußt Meinung in nicht geringem Maße. Abschätzung von Engagement ist schwierig: der Lärm um diese Manifestation verrät Kraft, Dringlichkeitsanspruch, Entwicklungsrichtung, Verwirklichungschancen. Dies ist insbesondere wichtig in veränderlichen Verhältnissen, in denen der einzelne Zeuge eines Ringens zwischen gegensätzlichen Positionen werde und seinen Standort überprüfen müsse. Er kann sich dabei – so Noelle-Neumann – auf einer von zwei Seiten finden. Entweder stellt er fest, daß er mit der herrschenden (oder sich durchsetzenden) Meinung übereinstimmt. Dies stärkte sein Selbstvertrauen und erlaubt ihm, sich sorglos, ohne Gefahr der Isolation zu exponieren, mit Reden, Schneiden Andersdenkender, Anstecknadeln, sichtbarem Tragen einer Zeitung oder Zeitschrift, die diese Position vertritt. Er ‚bekommt Oberwasser'. Oder er merkt, daß seine Überzeugungen an Boden verlieren, und je unaufhaltsamer ihm diese Entwicklung erscheint, desto unsicherer wird er. Je mehr eine solche Tendenz sich ausbreitet, desto stärker scheint das andere Lager zu dominieren. Somit kommt durch die Tendenz der einen zum Reden und der anderen zum Schweigen ein Spiralprozeß in Gang, der eine Meinung immer stärker als ‚herrschende Ansicht' etabliert.

Das Gesetz der Masse und das ideologische Gehäuse

‚Wie links können Journalisten sein?' Mit dieser Frage des ‚Autorenkollektivs Presse' wird ein heißes Problem der radikalen Journalistik angesprochen. Liebend gerne möchte man noch revolutionärer sein, aber der ‚Meinungsmarkt' scheint für diese Ware noch nicht genügend aufgeschlossen. Das ‚Bewußtsein ist noch nicht genügend präpariert'. Wie stellt man sich zur Masse, zu den kleinen Genossen, zum ‚Proleten', zum Fabrikarbeiter, zur Meinung, die nun einmal nicht mitziehen will? In ‚Gesprächen über die Zukunft', in Analysen des ‚Spätkapitalismus', in ‚Kursbüchern', in strategischen Überlegungen, in Kollektiv- und Einzelpublikationen tritt das Problem der Meinungsbildung mit drängender Notwendigkeit ins Bewußtsein.

Vieles verrät Spannungen im Kreise der Neuaufklärer, manches deutet auf Schwierigkeiten bei der Umsetzung von ideologischen Konzepten in vulgärmarxistische Vorstellungen. Nicht leicht erscheint die Frage zu lösen, welche Rolle die Kader zu spielen haben. Verworren scheint das Verhältnis zur Masse in jeder Beziehung: ideologisch Subjekt der Geschichte, wird sie taktisch und technisch zum Objekt herabgewürdigt.

Wo man den ‚Puls der Masse' zu fühlen vorgibt, ist die Diagnose zweck-pessimistisch. Das ‚bürgerliche Informations-System' gilt als zynisch: es vermarkte den Leser, mache ihn zum Objekt eines kommerziellen Kalküls. Er wird – nach dieser Version – zur reinen

Rezeption verdammt, wisse wenig, wie er auf dem Markt der Anzeigenkunden wie Ware feilgeboten werde. Dort rechne man mit ihm, ‚allerdings nicht als Träger von Freiheitsrechten, sondern als Zielgruppen-Sortiment mit Kaufkraft, Kaufgewohnheiten und Bedürfnisstruktur'. Das Anzeigengeschäft frißt die Wahrheit. Daher auch die vielen Verbindungen von Sensation und Information. Da zur Realisierung des Tauschwerts der Ware ‚Information und Meinung' auch noch ideologische Elemente (Ideologie der kapitalistischen Produktionsweise) eingebracht werden, sei die Masse in zweifacher Weise Mittel zum Zweck.
‚Kritische' Meinungsbildung, die sich gegen die bürgerlichen Strukturen der Publizistik wendet, verfällt dem fatalen Mißverständnis, daß sie ideologisches, d.h. falsches Bewußtsein ausräume und der reinen Wissenschaft auf den Thron helfe. Wie falsch dieses Vorgehen ist, erkennt man an der mit dem Pankritizismus verbundenen ideologischen Grundsubstanz. Der Kritizismus, selbst aus ideologischen Quellen genährt, macht einer panideologischen Welle Bahn. Pankritizismus und Panideologismus sind die beiden komplementären Ebenen derselben Grundfigur.
Der Arbeiter, von Studenten angesprochen, findet am Sprachstil des jungen Revolutionärs den Sprachstil all derer wieder, deren Herrschaft er schon in seiner Arbeitswelt ausgesetzt ist. Der Weg von dieser Erkenntnis bis zur Gegnerschaft gegenüber diesen Studenten ist dann nur noch kurz.

Gefälle der Selbstachtung und Gängelband der Ideologie

Die deutschen Intellektuellen (und hier sind in erster Linie die ‚Neuaufklärer' gemeint) haben nach Karl Markus Michel ein gebrochenes Verhältnis zum Proletariat, und in diesem Mangel glaubt er auch den geringen Einfluß auf die Meinungsbildung der Masse erkennen zu können: „Sie konnten nicht, wie die Intellektuellen anderer Länder, besonders Frankreichs, in ihm die Garanten ihrer Ideen und Erwartungen sehen, sie sahen viel eher die blinde, dumpfe, unberechenbare Masse, darin ganz den Thesen Le Bons hörig, der die Masse als kulturfeindliches, in sozialen Verfallszeiten auftretendes Element zeichnete und durchweg mit dem Proletariat

und der sozialistischen Bewegung identifizierte. Hierarchische Vorstellungen belasteten das deutsche Bewußtsein bis tief ins 20. Jahrhundert."
Die Untersuchungen, die eine Transparenz des Masse-Kern-Verhältnisses zu erreichen suchen, haben sich in den letzten Jahren vermehrt. Ausgehend von Analysen der Mikrostrukturen, der Gruppen und Kader, der engagierten und der passiven Mitläufer, der ‚letzten Reserve', der Ich-Schwachen und ‚Gestörten' (R. Grossarth-Maticek, Revolution der Gestörten?), will man auch am Puls der Masse abhören, wie sich die Vorgänge in den studentischen Kreisen widerspiegeln in den Makrostrukturen der Masse, wie sich ‚Meinung' positiv oder negativ über den ‚Geschichtslärm', die ‚laute Solidarität' und die ideologischen Orientierungszeichen bereits gebildet hat oder in der Bildung begriffen ist.
Experimente haben gezeigt – so Arthur R. Cohen –, daß Personen mit geringer Selbstachtung auf Überredungsofferten leichter reagieren als Personen mit abgesicherter Selbstachtung. Cohen definiert Selbstachtung als den Grad der Übereinstimmung zwischen dem Ideal- und dem Realbild des Individuums. Wenn das Realbild weit hinter dem Idealbild zurückbleibe, kommt es zu gehemmtem Auftreten, zur Furcht, kommende Probleme nicht bewältigen zu können. Diese Menschen sind primär daran interessiert, daß sie von *anderen* angenommen werden, mit einem Wort: depressive, passiv abhängige Persönlichkeiten.
Mit Gerhard Schmidtchen und Irving L. Janis können wir Selbstachtung in einen engen Zusammenhang mit der Meinungsbildung bringen. Die Bereitwilligkeit, suggestiven oder ideologischen Impulsen nachzugeben, rührt nicht zuletzt von der Unfähigkeit her, Mißbilligung anderer zu ertragen (wo man von ihrer Meinung abweicht). Diese ‚Mitläufertypen' tendieren dazu, sich unterschiedslos durch jede suggestive Quelle beeindrucken zu lassen.
Man kann aber auch den Einfluß der Selbstachtung auf die Überredbarkeit und Meinungsbildung schalten und manipulieren. Angst oder Unsicherheit, Entfremdungsgefühle, Bedrückungs-Visionen, Buhmänner-Show, Mißtrauen in gesellschaftliche Vorgänge verstärken den Einfluß ideologischer Zentralen.
Die Vorstellung, daß ‚Geschichte Lärm braucht' (Spiegel Nr. 45, 1968); daß die Mechanismen von Angst und Einschüchterung

auch heute noch funktionieren; daß es eine Lust ist, den ‚Geist zum Kentern‘ zu bringen (Aragon); daß sich negative Bilder schneller an den Mann bringen lassen als positive; daß man von der Abstraktion einer ‚schlechten Gesellschaft‘, einer ‚unheilen Welt‘ zur Konkretion irgendeines Buhmanns, eines „Hauptschuldigen“ übergehen muß; daß sich Projektionsmechanismen in einer labilen Meinungsgefolgschaft lohnen: dies alles bildet ein Meinungsband, das eine Mitläuferschaft zusammenhält.
In seinen ‚Prozessen der Machtbildung‘ fragt Heinrich Popitz: „Wie kommt das Abhängigkeitsgefälle in einem Gesamt zustande, und wie bringt es eine kleine Gruppe fertig, die Masse auf ihre Seite zu ziehen?“ Ein wichtiger Schritt zur Erweiterung des Machtradius (und damit einer einheitlichen Meinungsbildung) ist – nach Popitz – das Bemühen, differenzierte Abhängigkeiten zu schaffen, verschiedene Interessengrade zu bilden und über diese Staffelung Einfluß zu gewinnen. Die Zahl der Teilgruppen und das Gewicht ihres Interesses variiert. Popitz charakterisiert die Staffelung des ‚bandwagon effect‘ folgendermaßen: die erste Staffel wird von einer Klientel-Gruppe dargestellt, die starke Bindungen zum Meinungszentrum hat und auch mitbestimmend werden kann. Ihre Zugehörigkeit zur Kern-Gruppe sei ambivalent, eine Ja-Nein-Beziehung. Am schwierigsten erscheint die Schaffung und Erhaltung einer zweiten Staffel: der Zuschauer, der Nichtbetroffenen, der Mitläufer. Je größer das Illusionspotential einer ‚Bewegung‘ ist, um so größer erscheint die Chance der Meinungsbeeinflussung. Die Verschleierung der Zahl der wirklich Engagierten in der Kerngruppe erhöht das Illusions-Potential nicht wenig. Die Staffel, die widerwillig und aus Angst einer Bewegung folgt, bildet den äußersten und konturlosen Rahmen. Sie wird von der Frage bedrückt: Was wird morgen sein? Rückversicherungsmotive spielen keine geringe Rolle. Der Bluff der auf der Straße marschierenden ‚Engagierten‘ tut in diesem Zusammenhang seine Wirkung.
Heute läßt sich nach Ronald Grossarth-Maticeks tiefenpsychologischen Analysen noch eine weitere Gruppe anreihen: die der ‚Gestörten‘. Mit der Frage: ‚Revolution der Gestörten?‘ (Motivationsstrukturen, Ideologien und Konflikte bei politisch engagierten Studenten) greift Grossarth-Maticek sehr sachlich und überzeugend ein Problem auf, das immer wieder – verhalten und sehr vor-

sichtig – in die Debatte geworfen wurde, aber kaum einmal wissenschaftliches Interesse fand: Was erweitert den Kreis der Mitläufer in dem heute oft unverständlichen Maße? Grossarth-Maticek schreibt von ‚sensitiv-paranoiden Neurosenkomplexen', die den jugendlichen Mitläufer umtreiben. Man sucht die verlorengegangene Identität und zugleich ein ‚Gehäuse' für eine Selbstachtung und ein Selbstvertrauen, die man verloren hat. Dieses Gehäuse scheint die Ideologie zu bieten, die sich hier auf der Straße anbietet und Stallwärme und Heimat verspricht. Der Verlust der elterlichen Behausung gehört zu den Motiven des neuen Mitläufer-Engagements.

Otto Friedrich Bollnow weist darauf hin, daß der Mensch einen festen Ort braucht, an den er hingehört und um den sich die Welt als ein Gefüge von Nähe und Ferne in bestimmter Perspektive ordnet; daß er um diesen Punkt einen Bereich des eignen Lebens schafft und diesen gegenüber der übrigen Welt abgrenzt; daß er diesen Bereich durch geeignete Mittel gegen die von außen drohenden Gefahren schützt und nach innen hin seinen Bedürfnissen entsprechend durchgestaltet. Wohnen im Raum und Hoffen in der Zeit gehören nach Bollnow zusammen. Wer dieses Wohngefühl im natürlichen Umraum nicht mehr hat, der sucht sich ein artifizielles Gehäuse, wo immer es sich bietet: im Untergrund, in engagierender, vielversprechender und lärmender Solidarität, in einer aggressiven Ideologie, kurz dort, wo sich ‚Leben zeigt'. Der Aufstand gegen das eigene Defizit wird zum Aufstand gegen die Gesellschaft. Das eigene Unbehagen wird auf utopistische und eschatologische Ebenen projiziert. Gesellschaftliche Verhältnisse werden aus der Sicht neurotischer Wahrnehmungsdispositionen mit dem eigenen Leiden verbunden.

Wie das neugewonnene Gehäuse aussieht, das ergeben die diagnostischen Erhebungen, die da und dort in medizinische, soziologische, sozialpsychologische und -therapeutische Erörterungen eingestreut sind. So sind die Aufksätze Almut Kunzes, Karl Markus Michels, Urs Jaeggis und anderer, die Interviews mit Baader-Meinhof-Sympathisanten (Südwestpresse, 12. 10. 1972) und die kritischen Beobachtungen von Patientenkollektiven aufschlußreiche – meist auch biographisch untermauerte – Belege. Wie konkret das Ersatz-Gehäuse sein kann, wird vor allem in den

Fall-Studien von R. Grossarth-Maticek erkennbar. Das neue Raumgefühl wird recht drastisch spürbar. „Kontakt mit Arbeitern hatte ich schon mit 9 Jahren gesucht", heißt es in den Erhebungen von Grossarth-Maticek, der einen Studenten der Soziologie und Ethnologie über sein Vorleben befragt. „Die Symbole, das Rote hatte mich angezogen. Ich wollte der Mutter opponieren mit den ‚roten Falken'. Zuerst machte ich als Existentialist Kapitalismus-Kritik. Als Existentialist kritisierte ich die bürgerliche Kultur, die mit Dankeschön und Bitteschön umgeht. – Ich wurde Kultur- und Herrschaftskritiker vom Existentialismus her, war für die Freiheit von Herrschaft. In der Familie empfand ich die Herrschaft von der Mutter her. Die permanente Herrschaft von der Mutter her empfand ich als beschneidend mit riesigen Unlustgefühlen. Von der Familie hat sich die Auseinandersetzung auf die Schule übertragen. Nur mit Angriff auf die Lehrer konnte ich meine Individualität retten... Für mich ist der Begriff der Arbeiterklasse, der Revolution eminent erotisch. Auf die Farbensymbolik ‚Rot' assoziiere ich Blut. Auf Blut Geschlechtsorgane, weibliche und männliche. Blut, Unruhe bedeuten für mich Aufbrechung der bürgerlichen Welt, der eingefrorenen Strukturen. Den Liebesakt assoziiere ich mit der Farbe Rot. Ich bin der Aktive, Angreifende in bezug auf die bürgerliche Gesellschaft... Ich glaubte, den Sinn des Lebens erkannt zu haben: Schöne Sachen zu schaffen im Zusammenhang mit der Negation von furchtbar häßlichen Sachen, die um mich herum waren... Der Komplex: Volk, Kunst, Schönheit, hat für mich einen erotischen Charakter gehabt, war ein diffus erotisches Moment. Die moderne Tanzform wurde nur von Arbeitern getanzt: Twist, Rock. Das habe ich schön empfunden als aufbrechende mythische Kultur. Die Verblödung der bürgerlichen Gesellschaft liegt an ihrer Entmythologisierung..."

Noch deutlicher wird das Gehäuse konkretisiert: „Zwei Arten von Träumen träume ich die letzten Jahre fast jede Nacht. Der erste Traum – ich träume ein großes Konferenzzimmer. Es sitzen Marx, Engels, Bakunin, Lenin, Stalin, Mao, Lin Piao, Fidel Castro und Ho Chi Minh. Ich sitze auch am Tisch. Wir diskutieren über die Probleme des Sozialismus in der BRD. Ich diskutiere mit Stalin. Er ist mir außerordentlich sympathisch. Ich habe das Gefühl wie zu einem geliebten Vater, erotischen Vater, Freund.

Der zweite Traum – wir machen eine genaue Planung der Revolution in Heidelberg. Ein Amipanzer, kurz bevor er auf die Polizei trifft, hängt er die rote Fahne heraus. Dann kommt die rote Arbeiterstunde X. Der Bundespräsident wird ermordet, und dann schlägt es an allen Stellen gleichzeitig los. Bahnhof und Rathaus fliegen in die Luft, der Bürgermeister wird auf die Laterne gehängt, die deutsche rote Armee kommt.“

Über-Ich, Mode-Ideologie und Meinung

Herbert McClosky und John H. Schaar sind der Auffassung, daß viele Personen, die extreme Standpunkte in politischen, sozialen und wirtschaftlichen Fragen einnehmen, oft ein ungewöhnlich starkes Bedürfnis nach irgendeiner ‚Festigkeit‘, also nach einem Gehäuse empfinden. Dieses Bedürfnis werde befriedigt durch die leidenschaftliche Bindung an ein System von Überzeugungen (Ideologie). Da dieses neu eingerichtete Gehäuse ein Mode-Bau ist, kommen diesen Verweigerern die normalen Gehäuse der Umwelt unmodern und abbaureif vor. Eine soziale Ordnung, die nicht nach den Grundsätzen ihres eigenen Glaubenssystems organisiert ist, ist für sie überhaupt keine Ordnung.

Die hohe Korrelation zwischen Anomie und extremen Überzeugungen läßt ein Versagen der Sozialisation im Mikrobereich der Familie vermuten. Das anomische Individuum fühlt sich – nach Analysen amerikanischer Psychologen – verwirrt und ohne Normen und neigt schließlich Normen und Werten zu, die von der Gesellschaft abgelehnt werden.

Diese Normen, Werte und Hoffnungen werden zusammen mit den notwendigen Über-Ichs, mit Mode-Ideologie und neuer Identität im neuen Milieu geliefert. Frappierend ist, wie diese Gehäuse sich ähneln. Das Tableau, das Grossarth-Maticek von der Traum-Welt seiner Patienten präsentiert, ist nicht so verschieden von der selbstkritischen Milieu-Schilderung des Michael Schneider im Kursbuch 25: „Genosse M. rückte vor jeder Gruppensitzung seinen hohen Lehnstuhl in die Mitte des Zimmers, so daß wir anderen, ehe wir's uns versahen, wie Polittrabanten um ein imaginäres ZK (Zentralkomitee) kreisten ...“

Besser könnte man das neue Wohngefühl im neuen Gehäuse nicht darstellen, als dies die Traum-Konferenz des gestörten Gesellschaftskritikers offenlegt. Das Zuhause mit bärtigen Großväter-Typen, die bereit sind, mit der Jugend zu diskutieren, um ihnen das Gefühl der Ohnmacht zu nehmen, die aber das Diskussionsergebnis längst festgelegt haben. Hier werden keine ‚Hebammendienste' erwartet und geleistet; aber man spürt ‚politische Energie' (M. Schneider).

Wie die Stimmgabel nur auf einen Ton, so ist die Meinungsbildung im neuen Gehäuse lediglich auf die *eine* Ideologie gestimmt. Sobald man in diesem imaginären Vor-ZK mit den Über-Ichs zusammensitzt, wird automatisch alles ausgeschaltet, was auf diese Ideologie keinen Bezug hat. „Die in ihr (der Idee) vereinigten Menschen sind keine Voll-Individuen mehr, sondern Fragmente von Individuen ..." (Siegfried Kracauer). Das Subjekt als Träger einer modischen Ideologie erscheint als ein von seinem vollen Wesen abgetrenntes Teil-Ich, das gar nicht über die Bahn hinausdringen kann, die ihm durch die Ideologie vorgezeichnet ist. Dürfe es verwundern, fragt sich Kracauer, daß Menschen, die nicht mehr das unbedingte Verfügungsrecht über sich haben, sich anders verhalten als Menschen, die noch ganz im Besitz ihres Selbstes sind? Es stecke eine zwingende Notwendigkeit im Gang der Ideen durch die soziale Welt. Der einzelne, der sie erschaue, müsse sich mit anderen verbünden, um sie vom Sollen ins Sein zu überführen.

Die Reduktion des Persönlichen ist evident. An Stelle der vielen einzelnen, die eine Realisierung der Ideologie erstreben, werden es nun lauter von der dogmatischen Formel abhängige und von ihrer Gnade lebende Kreaturen, die durch die Ideologie vorgedrängt werden und ins Wesenlose versinken müßten, wenn sie sich als etwas empfänden, das getrennt von der Ideologie Bestand habe. Die Idee bricht nicht in sie ein, sondern zeugt sie; man verwirklicht nicht die Idee, sondern diese umgekehrt verwirklicht den Mitläufer und haucht ihm Atem ein. Diese Teil-Ichs, die Halb- und Viertelskreaturen werden – nach Kracauer – erst bei den Vorbereitungen für die gemeinsamen Aktionen geboren.

Das Modische der Ideologie zieht an und läßt nicht so leicht los. Noelle-Neumann erinnert in diesem Zusammenhang an den malerischen Ausdruck von der politischen ‚Schickeria'. Grossarth-

Maticek analysiert das Modephänomen etwas genauer und glaubt, drei Elemente des modischen Trends feststellen zu können, die als Ausstattungsstücke die Wohnlichkeit des Aufklärer-Milieus charakterisieren: Elemente des bürgerlichen *Liberalismus;* Elemente des *Surrealismus,* die – nach Ansicht des Analytikers – dadurch zum Ausdruck kommen, daß die gesamte politische Aktivität sowie die bürgerliche Kultur, Gesellschaft und eigene Gruppe von der eigenen Triebstruktur bestimmt werde; Elemente des *Marxismus:* der empfundene Widerspruch zwischen surrealistischer Wahrnehmung und bürgerlicher Gesellschaft führt über das Negationsbedürfnis der bürgerlichen Gesellschaft zur Rezipierung der marxistischen Ideologie.

Gibt es eine Kritik der ‚Kritik'? Zerredete Meinung und Pankritizismus

Panideologismus und Pankritizismus führen notwendigerweise in eine Sackgasse, die nur einen Notausgang hat: den *Panzynismus.* Die ideologische Verhärtung des Kritizismus, der sich selbst absolut setzt, hindert kreative Ansätze und führt in endlose Spannungen und Aporien. Die Wohnlichkeit im Glashaus ist nun einmal aufs äußerste reduziert. Der Pankritizismus lebt von der Illusion einer Gesellschaft, in der die Menschen konflikt- und herrschaftsfrei zusammenleben und -arbeiten, in der sie „nicht auf eigene Vorteile bedacht sind, nicht streiten und paradiesisch zusammen leben" (Karl Steinbuch). Man gibt einem absoluten Mißtrauen in die gegenwärtige Gesellschaft den Freibrief, dem Mißtrauen des Mißtrauens wegen; man verfällt dem Zynismus mit der Folge von Hoffnungslosigkeit und Gemeinheit (Jaspers).

Die große Verführung, die mit der pankritischen Bewegung verbunden ist: vergessen, über etwas hinwegspringen, sich begnügen mit illusionären Konventionen und Kulissen, statt mit der neu anzueignenden Vergangenheit aus eigenem ursprünglichen Ernst zu leben. Vertrauen erscheint Jaspers als Punkt, aus dem unser Schicksal bestimmt wird. Die große Erfahrung der Geschichte, die Erfahrung des einzelnen Lebens stehen gegen Pankritizismus, Panideologismus und Panzynismus, die alle Beziehungen zum Leben und zur Geschichte zu durchschneiden drohen.

Das Negieren der ‚bürgerlichen' Kultur, die pankritische Auseinandersetzung mit den ‚bürgerlichen' Werten und der Tradition und zynische Tabufrevel verfehlen ihre Wirkung nicht auf jugendliche Meinungsbildung. Die ‚Gratisangst, von der Enzensberger spricht, kann in einzelnen Gruppen insoweit nachgewiesen werden, als sich junge Leute nur ängstlich und vorsichtig dem bandwagon effect einer lärmenden Meinung entziehen können.
Wo sich Negieren und Kritisieren, Ideologisieren und Entlarven, Mißtrauen und Mode in den Prozeß der Meinungsbildung einnisten, ist Orientierung schwer gemacht. Das Meinungssterben erscheint unaufhaltsam.
Die Bodenlosigkeit des Mißtrauens und der Kritik macht beklommen. Notwendige Lernprozesse kommen ins Stocken. Die Demontage der auf sachlichen Argumenten ruhenden Meinungsfindung und Urteilsbildung ist ein Symptom jugendlicher Destruktions- und Aggressionslust. Warnende Stimmen finden selten Gehör. Martin Heidegger versucht, dem jungen Kritiker und Tabufrevler den Begriff ‚Kritik' klarzumachen: „‚Kritik' kommt vom Griechischen ‚krinein'; dies bedeutet ‚sondern', ‚absondern' und so ‚das Besondere herausheben'. Diese Abhebung gegen anderes entspringt einem Hinaufheben auf einen neuen Rang. Der Sinn des Wortes ‚Kritik' ist so wenig negativ, daß er das Positivste des Positiven meint, die Setzung desjenigen, was bei aller Setzung als das Bestimmende und Entscheidende im voraus abgesetzt werden muß. So ist Kritik Entscheidung in diesem setzenden Sinne. Erst in der Folge, weil Kritik Absonderung und Heraushebung des Besonderen, Ungemeinen und zugleich Maßgebenden ist, ist sie auch Zurückweisung des Gewöhnlichen und Ungemäßen." Statt Zersetzung und Zynismus ist also Setzung und Entscheidung das eigentliche Merkmal der Kritik. Kritische Meinungsbildung im positiven Sinne, Heraushebung des Wesentlichen im Orientierungsprozeß hat keine zynische und destruktive Tendenz. Einst hatte man unter ‚Kritik' verstanden, daß Meinungen oder Theorien anhand der Erfahrung, Logik oder Vernunft geprüft und verändert werden. Neuerdings bedeutet ‚kritisch' aber etwas ganz anderes. Es ist gleichbedeutend mit ‚systemüberwindend' oder ‚systemzerstörend', gleichgültig, ob das Vorgebrachte nun irgend etwas mit Erfahrung, Logik oder Vernunft zu tun habe oder nicht. So stirbt

hinter dem verbalen Dauerkritizismus die Fähigkeit zu ernsthafter Kritik und Selbstkritik. Massenhysterie und Megaphone sind hierfür kein Ersatz.
Die ‚frivolen Mundwerksburschen' (Rudolf Augstein), die ‚zutraulichen kleinen Meinungsträger der Gegenwart', die ‚gewerbsmäßigen Meinungsvertreter' (Erhard Wiehn), die sich anschicken, die ‚Wut zu organisieren', den ‚Groll zu steigern und zu organisieren, ihn zu hegen und zu pflegen, ihm Stimme zu verleihen und ihn zu lenken' (J. A. Schumpeter), die bedacht sind, ‚nur nicht die Wut zu verlieren' (P. Brückner) und als ‚Störungsfaktoren' den ‚Lärm der Geschichte' zu vermehren: all diese Agenten einer ‚kritischen' Meinungsbildung haben mit der konstruktiven Bedeutung des Begriffs ‚Kritik' nicht mehr viel gemein, sie wollen nur ‚den Geist zum Kentern bringen' (Aragon).
Wer tiefer dringen will in die Entartung der Meinungsbildung, der kann an den ‚Lernprozessen' der ‚Happening'- und ‚Schock-Theater'-Kultur nicht vorbeigehen. Heinrich Theissing sieht im Happening eine neue Form der Kommunikation. „Die Basis dieser Haltung ist Aggression gegen das Publikum, gegen seine Vorstellungshorizonte, seine Leitbilder, seine Normen und Werte. Nicht auf Illusion, sondern auf Desillusion zielend, bilden Gebärden der Wut und des Zorns viele Happening zu Ereignissen der Zerstörung aus. Das Prinzip des Schocks, injiziert durch brutales Gebaren, gewinnt dabei wesentliche Bedeutung. Er wird erzeugt durch direkte Angriffe auf das Publikum, durch die Verletzung von Tabus, durch die Vorführung von Obszönitäten und Ordinärheiten, durch zerstörerische Aktionen" (Theissing).
Das Happening unterhöhlt so mit gewaltsamer Konsequenz die verbindlichen Maßstäbe; es führt sie ad absurdum, so daß die Verleugnung der Regel sich behauptet und nur der Unernst bleibt. Die Happening-Theorie vertritt die Ansicht, daß so Bewußtseinsschichten geöffnet werden, die der Mensch in seinem gewohnten Lebenslauf verdränge. So ist das ‚Straßentheater', das ‚Hörsaal-Theater' zur Weckung von Abwehrkräften gegen die ‚bürgerliche Meinungsbildung' gedacht. Informationen der Presse erscheinen unzumutbar: also Unzumutbares als Gegengift gegen ‚bürgerliche Unzumutbarkeiten' im Meinungsprozeß.

Maße und Perspektiven: Blick nach draußen

Wer Augenzeuge des Finale der Pariser Mai-Unruhen des Jahres 1960 war, dem bleibt unvergessen der Vorbeimarsch der Hunderttausende an den Zeichen, Zerstörungen und Wracks der Revolte: der Marsch der bürgerlichen Verbände, die sich unter der Trikolore durch die Straßen der Metropole wälzten. Ein imponierendes Finale. Man wollte die Eindrücke der vergangenen Wochen nicht einfach stehenlassen und die Angst vor einer Wiederkehr der Turbulenz in einer machtvollen Demonstration, die alle bisherigen Straßenbilder der Revolution und Straßen-Shows zu überbieten vermochte, mit allem Nachdruck vertreiben. Ein guter massenpsychologischer Zug, der den bandwagon effect des revolutionären Treibens, den Bluff der Zahl aufzuheben vermochte.
Opinion publique, Massen-Phänomene, Revolutionsaufmärsche, Pariser Straßen-Revolten und massenpsychologische Erfahrungen kennzeichnen unmittelbare und mittelbare Expertise französischer Meinungsforscher und Massenpsychologen. Gustave Le Bon hat mit seiner ‚Psychologie des Foules' weit über Frankreich hinaus Anstöße zu entscheidenden Vorstellungen über Massenvorgänge gegeben.
Im angelsächsischen Kulturraum hat die Integration militanter Minoritäten das Tableau des inneren Ausgleichs vielfarbig und eindrucksvoll belebt. Lebendige Bilder der ‚Meinungsmache' sind seit Shakespeare und Milton ins englische Bewußtsein gelangt. Englisches Theater ist erfüllt vom rhetorischen Tonfall eines Jack Cade, Menenius, Mark Anton, Brutus. John Miltons Höllenfürst spricht die Geister seines Reiches an wie irgendeiner der Demagogen des revolutionären 17. Jahrhunderts. Die englische Tradition berichtet von den brisanten Debatten der revolutionären Einheiten des Cromwell-Heeres, von den Wahlschlachten des 18. Jahrhunderts, von den Unterhaus-Entscheidungen unter Pitt und Burke, von Aufständen der englischen Jakobiner, von den radikalen Clubs, den Hungerkrawallen der industriellen Revolution, den chartistischen Demonstrationen, der ‚Erweckungsbewegung', dem ganzen Nonkonformismus (der Organisationsformen und ‚rhetorische Natursprache' für den Aufstand und zugleich für Kompromiß und Integration lieferte), von den Gründern der ersten Millionen-

presse, den Northcliffe und Beaverbrook, den Seifenkistenrednern im Hyde Park und den Wahlschlachten von Gladstone und Lloyd George mit derselben Anteilnahme wie von den Debating Clubs der Universitäten und Arbeiter-Gewerkschaften, die mit viel common sense das agreement on fundamentals üben und das bickering about details im sportlichen Stil treiben.

„Radikalismus ist die Frustration der Machtlosen gegenüber der Macht. Gib ihm Macht, und er verliert seine Radikalität", ist ein angelsächsischer Slogan. Das Augenmaß für Sozialstrukturen, für das Abschätzen der militanten Minderheiten, für die Vergänglichkeit des Zahlen-Bluffs und des Straßenlärms, für die Gefahr des Mitläufertums (wenn man es nicht beachtet und es als bandwagon-Sache von oben herab betrachtet): all dies ist in der bundesdeutschen Psychologie und Praxis nur wenig ausgebildet. Es fehlt – nach vielen Anzeichen zu urteilen – den Bundesdeutschen an der Erfahrung im Aufbau von freien Meinungszentren und Kommunikations-Strukturen. Daß schwache ‚intermediäre Strukturen', eine unzureichende oder fehlende Austausch-Basis für meinungsbildende Grundvorstellungen (solide Kommunikationszentren für ideologie-freie Diskussion) das Entstehen radikaler Bewegungen begünstigen, stellt William Kornhauser fest. Die hieraus resultierende Wurzellosigkeit zeige sich in einer Affinität zu kollektiven Bewegungen, über die man der persönlichen Unsicherheit zu begegnen suche.

Jede revolutionäre ‚Krise' einer Gesellschaft ist auch eine Krise der Kommunikation. Überall dort, wo die strukturelle Konstellation einer Gesellschaft einen kollektiven Aufstand initiiert, ist die Kommunikation gestört gewesen (Kornhauser). Weit gestreute Gruppenbildung und lebhafte Kommunikation gelten im angelsächsischen Sozio-Diagramm als konservative Elemente.

Dazu kommt noch jene unbürokratische und unideologische Toleranz gegenüber Minoritäten, die als Erfahrung der Geschichte ihren Niederschlag in den vielerlei Integrationserfolgen fand. Auch extreme Meinung, Widerstand gegen die herrschende Tendenz, kritische Äußerung, die *verantwortungsbewußt* in den großen Kreislauf der Meinungsbildung eingebracht werden, haben ihren ehrenwerten Platz in der Weiterentwicklung, Entspannung und dem geistigen Ausgleich. Der Druck, der aus klarer Verantwortung entspringt (Blackham), mündet dann in evolutionäre Prozesse. Die geschichtliche Erkenntnis, daß politische Revolutionen der kataklismische Ausdruck von Vorgängen sind, die kontinuierlich in kleinerem Umfang stattfinden, die sich *nur dann* revolutionär stauen und entladen, wenn erforderliche Änderungen im Gefüge der Ordnung nicht rechtzeitig erfolgen, bestimmt die Großzügigkeit gegenüber den kleineren ‚Explosionen' und macht hellhörig gegenüber dem Rumoren des Untergrunds. Aus diesem Blickwinkel – so folgert Carl J. Friedrich aus der Perspektive angelsächsischer Erfahrung – könne man sagen, daß kleinere Ausbrüche einen großen verhindern. Das heißt dann: man dramatisiert Streiks, Demonstrationen, Wahlniederlagen bürgerlicher Parteien nicht unnötig. Durch solche Ventilwirkung vermindern sich die Spannungen, die eine gewaltsame Beseitigung der politischen Ordnung erforderlich erscheinen lassen. Man verwandelt sie eben ‚in konstruktive Vorgänge'.

Lob einer bürgerlichen Informationskultur

Weitere Eigenheiten angelsächsischer Meinungsbildung werden aus einem reichen soziologischen und biographischen Material deutlich. Dazu gehören Achtung vor dem Informationsempfänger und Selbstachtung, Transparenz der Meinungstendenz, Selbstbegrenzung des Informanten, Erziehung zu kritischer Informations- und Meinungs-Analyse. Wachsamkeit ist eine politische Tugend, vor allem im Blick auf die public opinion: „to provide the citizen with what he needs to know in judging the competence and impartiality of whoever supplies him with ‚news' and ‚comment'. When the vigilant citizen sees that he depends upon a limited or biased source, he may be expected to look for other sources capable of providing a more balanced picture of reality on the basis of which action may be taken" (Harold D. Lasswell, Nathan Leites and Associates).
Rückkoppelung der eigenen Meinung im Meinungsaustausch von Gruppen gehört nach Ronald Lippitt zur elementaren Erfahrung des *Bürgers*. Achtung des Partners und Selbstachtung treffen sich an einem solchen Schnittpunkt variierender Meinungen: „One of

the greatest aids to diagnostic understanding in human relations situations would be to know more fully ‚what is going on in the mind of the other‘ in various situations in which we are working and attempting to influence other persons and groups. One of the greatest skills in diagnostic thinking is the skill in being able to look at situations and think about situations from the standpoint of other persons as well as one's own position."

„Wir können das Verhalten unserer Mitmenschen nicht beobachten und registrieren, ohne Gefühle zu haben oder Urteile zu fällen", schreibt Arnold Toynbee. „Wir können menschliche Handlungen nicht mit der gleichen intellektuellen Unbeteiligtheit und gefühlsmäßigen Gleichgültigkeit untersuchen wie die Bewegungen und Umwandlungen von Elektronen und Protonen ... Bei der Betrachtung menschlicher Natur ist unsere Beziehung ... auch emotionell und ethisch bestimmt. Und dies ist ein Hindernis für das Geben und Aufnehmen richtiger Informationen, das dann nicht entsteht, wenn die nichtmenschliche Natur Objekt unserer Forschung ist ... Jeder, der menschliche Verhaltensweisen betrachtet, prüft, analysiert und interpretiert, besitzt einen persönlichen Standpunkt. Dieser bestimmt seinen Blickwinkel; er färbt den Bericht, den er gibt; und er beeinflußt das Bild, das nun beim Empfänger des Berichts entsteht. Diesem Element der Subjektivität kann man nicht entgehen. Es ließe sich nur durch den Akt der Selbstaufhebung ausschalten ..." Es gibt jedoch eine Vorsichtsmaßregel, die jeder ehrliche und gewissenhafte Berichterstatter ergreifen könnte und die zu ergreifen er verpflichtet wäre. Er kann die Karten, die er in der Hand hält, genauer betrachten und sie für seine Leser, Hörer oder Zuschauer offen auf den Tisch legen. „Ich bin", kann er sie warnen, „ein Mann respektive eine Frau dieser oder jener Klasse, ein Anhänger dieser oder jener Religion, Weltanschauung oder politischen Partei, Bürger dieses oder jenes Landes, geprägt durch die Eigenschaften dieses oder jenes Volkes. Hinzu kommen meine persönlichen Vorlieben und Vorurteile, Sympathien und Antipathien, als da sind ... Bitte, merken Sie sich das alles, was ich Ihnen erzählt habe und betrachten Sie alles, was ich Ihnen jetzt erzählen werde, im Spiegel dieser Voraussetzungen – und mit der nötigen Skepsis."

Transparenz der Information, die Achtung vor dem Gegenüber,

humane Art der Übermittlung, Selbstachtung und Objektivität sind Zeichen einer ausgeprägten Informationskultur. Sie braucht mehr Geduld, als jugendliche Heißsporne glauben wollen.
Was ‚sprechende Realitäten' in der Meinungsbildung bedeuten, zeigt angelsächsische Informationsgeschichte. Bertrand Russell stellt die Solidität der Information ins Licht, die ein *government by discussion* möglich macht. Autobiographien, psychologische Analysen (meist populärer und verständlicher Art), soziologische Dokumentation und umfangreiche Sammlungen prominenter Reden, selbstkritische Äußerungen von Redakteuren und Verlegern ermöglichen die erforderliche Transparenz des Meinungsbildungsprozesses. Was W. Bagehot in seinen Biographical Studies schon 1881, was die nonkonformistischen Selbstdarstellungen in den letzten Jahrhunderten, was die Parteigeschichten, die Darstellungen der Wahlkämpfe (die seit dem 18. Jahrhundert in ihren massenpsychologischen Erscheinungen genau erfaßt wurden), was die Monographien der Unions und Clubs als Aufklärung in die breite Öffentlichkeit leiten, erhöht die Transparenz der Meinungsbildung in ungewöhnlichem Grade.
So ist das Wort Arnold Toynbees zu verstehen, man könne auch bei der Meinungsbildung nur Leuten helfen, die sich auch selber helfen wollen. Erfreulicherweise scheint das Volk tatsächlich bereit zu sein, sich selber zu helfen – wenn man ihm das Handwerkszeug für die Selbstaufklärung lieferte. Das aber ist eine Frage der Erziehung *und* Verantwortung in den Zentren der Medien. Die Mündigkeit des Bürgers hängt vom Stil und der Sauberkeit der Information ab, sie ist auch von der Anstrengung abhängig, deren eine wirklich persönliche Stellungnahme bedarf.

CARL AMERY

Der Publizist als Exorzist

Der Publizist als Exorzist. Der Titel klingt, zugegeben sei es, ziemlich reißerisch. Er scheint von jüngsten, sehr dummen Hervorbringungen der Sensationsbranche profitieren zu wollen, vom Einbruch all des psychischen und metapsychischen Gebräus, das nach dem Abklingen linker Hektik von den Horizonten heranzieht und schon große Teile der Landschaft vernebelt hat. Es sei jedoch gleich eingangs versichert, daß solche Anlehnung nicht beabsichtigt ist; daß, im Gegenteil, gegen solches Gebräu und ganz bestimmt seine tieferen Ursachen Front gemacht werden soll.
Der Titel hat eine ganz persönliche Geschichte. Publizisten in etwas beachteter Lage erhalten laufend Einladungen, zu verschiedenen Themen in verschiedenen Teilen der Republik zu sprechen, und so wurde ich denn in einen kleinen Ort – eigentlich einen Vorort – bei Mannheim eingeladen, um über das Thema ‚Der christliche Publizist in den Strömungen der Zeit' zu reden. Ich gestehe, daß ich ohne viel Nachdenken annahm; nicht weil ich mich als besonders christlicher Publizist fühle, sondern weil ich mich schon seit gut zwei Jahrzehnten mit dem Thema befaßt habe.

Überlegungen zur Person

Nun, gerade das sollte man nicht tun – nicht nachdenken nämlich, wenn man dergleichen zusagt. Beim nachträglichen, durch die Zusage erforderlichen Nachdenken stellte ich nämlich fest, daß die Formulierung des Themas schon viele Vorurteile umfaßte, die, bei klassischer Technik des Gymnasialaufsatzes, sehr bald sich aufzulösen drohen. Was ist, zuerst einmal, ein christlicher Publizist? Ist er leichter zu definieren als, sagen wir, ein christlicher Dichter, ein christlicher Schriftsteller, ein christlicher Romancier? – Wir haben es in den letzten fünfzig Jahren erlebt, wie vollständig sich diese Begriffsetiketten aufgelöst, verflüchtigt haben. Christliche Dichtung, einmal nicht mehr vom Gegenstand her bestimmt, wurde schwieriger und schwieriger zu beschreiben. Welche Weltsicht ist christlich? Sicherlich gibt es eine christliche Weltsicht; die Schwierigkeit beruht jedoch eher darauf, daß es ihrer so viele gibt – vom großen christlichen Schriftsteller Augustinus bis heute. (Hier ist vom Augustinus der *Confessiones* die Rede, nicht vom systematischen Theologen – und auch nicht vom Geschichtstheoretiker.) Heute ist der Begriff des christlichen Dichters, des christlichen Dramatikers, des christlichen Romanciers so gut wie inoperabel geworden – selbst bei so eindeutigen Charakteren und Temperamenten wie Solschenizyn wendet man ihn nicht mehr an. Wie steht's nun mit dem christlichen Publizisten? Auf den ersten Blick etwas besser. Freilich, der Ausdruck ‚Publizist' ist im Grunde ziemlich greulich; in den angelsächsischen und romanischen Bereichen gibt es das Wort nicht – immer ein Zeichen dafür, daß es nicht allzuviel Klarheit in sich birgt. Es ist, wie ich meine, aus der deutschen Abneigung gegen den Terminus ‚Journalist' entstanden, dem immer etwas von ‚Journaille', von Grundsatzlosigkeit und – bitte, seien wir offen – obendrein schlecht bezahlter Grundsatzlosigkeit anhaftet. Publizist, das ist da schon etwas Besseres: Journalist über den Tag hinaus. In Frankreich und England kennt man diese qualmigen Qualen nicht, dort ist ‚Journalist' ein höchst ehrenvoller und mächtiger Beruf, und Gilbert Keith Chesterton, mein Lieblings-Publizist (wohl auch der beste oder einer der besten katholischen Publizisten, die je gelebt haben), war in Englands und seinen eigenen Augen eben ein *journalist,* ein verdammt guter sogar. Zwar machte er sich über das Zeitungswesen seiner Zeit (das noch zehnfach besser war als das heutige) auf recht grausame Weise lustig, aber er hätte dies, wenn befragt, immer als *Selbstkritik* des Metiers bezeichnet.

Überlegungen zum Christlichen

Aber lassen wir den einfachen snobistischen Schwachsinn des Hauptworts einmal beiseite und wenden uns der schwierigen, anspruchsvollen Eigenschaft zu: christlich. Naturgemäß ist ein Publizist, der sonntags in die Kirche geht und gewisse kirchliche Spielregeln einhält, deshalb noch kein christlicher Publizist; ebensowenig wie etwa Gerhard Szczesny in seiner kämpferischen Zeit ein christlicher Publizist war, weil er über christliche oder kirchliche Gegenstände schrieb. (Merkwürdig: man muß die Beispiele auch bei uns schon aus der Vergangenheit heranholen.) Christliche Journalisten, das läßt sich verhältnismäßig leicht einkreisen: sie schreiben noch, dem alten Codex gemäß, über christliche Gegenstände oder für christliche Blätter. Aber Publizist? – der Publizist ist schon recht weit in die Unbestimmtheits-Zone des Schriftstellers oder Dichters hineingerückt. Gewiß, im Gegensatz zum Belletristen kann er eindeutig Meinung äußern, Partei ergreifen; aber dennoch teilt er schon mit dem Künstler die Definition des großen Franzosen: *l'art, c'est la réalité vue à travers un tempérament* – auch er sieht und beschreibt ja die Wirklichkeit durch ein Temperament – und zwar ein Temperament, das unverwechselbar seines ist oder doch sein sollte. Gerade das Journalistsein ‚über-den-Tag-hinaus' (wenn es denn so sein soll) zwingt ihn ins Subjektive, zwingt ihn zur Definition eines Standpunkts, der zwar noch im weiteren, im formativen Sinne christlich sein mag, der aber dennoch nicht als solcher beschrieben werden darf, wenn man der spezifischen Leistung, ja schon der spezifischen Bemühung eines Publizisten gerecht werden soll.
Ich habe also bei den ersten Überlegungen für das gestellte Thema den Versuch der direkten Definition aufgegeben. Und in dem Augenblick dieses Verzichts fiel mir eine andere Methode zu, mich dem Gegenstand zu nähern. Man kann sich nämlich die Frage

stellen: welches Amt, besser: welches Charisma fällt dem Publizisten aus einer christlichen Sicht der Sozietät zu? Es ist ja mittlerweile bekannt, daß in der Urkirche die ‚Amtskirche' noch nicht von den ‚Laien' geschieden war, sondern daß jeder in der Gemeinde nach seinem Charisma, seiner Geistbegabung handelte und wirkte. Die Stelle bei Paulus ist dafür das beste Zeugnis, wo der Apostel jeden ermahnt, eben innerhalb seines Charismas aufs beste zu wirken: in verzückten Sprachen zu sprechen, solche auszulegen, caritativ tätig zu sein, diese oder jene Verwaltungsfunktion wahrzunehmen – und natürlich auch das Amt des Zelebranten bei der Eucharistie.
Das, was in unserer ausgefalteten Gesellschaft der ‚Publizist' ist, müßte, so überlegte ich mir, in dieser christlichen Urgesellschaft einem Amt, besser einem Charisma, entsprechen. Legt der Publizist die Schrift aus? Wohl kaum, dazu sind die Theologen und Philosophen berufen. Spricht er Sprachen der Verzückung? Wenn er das tut, dann erzielt er keine Kommunikation. Näher käme schon das Amt, solche verzückten Sprachen für die Vielen auszulegen – ein Multiplikator gewissermaßen, ein Vermittler zwischen den Geisterfüllten und den *simplices,* den Einfachen in der Gemeinde. Aber ganz genügte mir diese Definition auch nicht.

Die Geister in den Lüften und Köpfen

In solcher Lage geriet ich an eine höchst aufregende Stelle in einem aufregenden Buch, dem anthropologischen Werk ‚Rätsel des Humanen' von Edgar Morin, das 1974 bei Piper in deutscher Übersetzung erschienen ist. Auf Seite 179 steht da:
„Hier müssen wir einige Bemerkungen über ein wichtiges Phänomen machen: die *lebendige* Existenz der noologischen Wesenheiten, der Ideen, Symbole, Geister und Götter, die nicht nur eine subjektive Realität, sondern auch eine gewisse objektive Autonomie besitzen. Von den Gehirnen hervorgebracht, werden sie zu neuartigen Lebewesen, denen gegenüber die Gehirne (als Systeme, die nur in geringem Maße kontrolliert sind) sich gewissermaßen wie Zauberlehrlinge verhalten; besser, sie stellen Nahrung spendende Ökosysteme dar, von denen diese Wesen leben

und ohne die sie nicht leben können... Unter den Wesen, die in der Lücke der Ungewißheit zwischen dem Subjekt und dem Objekt leben, besitzen die Geister, die Gespenster, die Genien und die Götter einen Grad höherer, biomorpher, anthropomorpher Existenz. Es ist ja offensichtlich, daß die Götter existieren; sie reden und handeln, sie befehlen und fordern; sie fahren in uns und sprechen im Rausch der Besessenheit durch unseren Mund. Erst nach ihrem Tode fragt man sich, ob es sie je gegeben hat."

Soweit Edgar Morin. Es ist klar, daß eine derartige Definition von Göttern, von Gespenstern und Dämonen jenseits des sogenannten Realitätsbeweises steht; entscheidend ist ihre *Wirkung,* die menschheitsgeschichtlich über jeden Zweifel erhaben ist. Ein platter Materialismus, der sie jeweils als „Überbau" und sonst nichts gelten läßt, übersieht die historische und prähistorische Tatsache, daß seit den Tagen der Steinzeit die Menschen wesentlich mehr Zeit und Energie mit der Besänftigung, der Beschwörung, der magischen Benützung solcher Wesenheiten, aber auch mit der Flucht vor ihnen und der Angst vor ihrem Zorn verbracht haben als mit dem, was man so gemeinhin ‚leben' nennt – also Broterwerb, Reproduktion des Individuums und der Art, Lustgewinn im unmittelbaren Sinne. Wenn also Herrschaft über Menschen vorliegt, dann ist es nicht – oder jedenfalls nicht ursprünglich – die Herrschaft von Priestern oder Schamanen, welche Götter zur Bändigung der Untertanen erfinden, sondern die Herrschaft solcher Wesenheiten selbst, deren ‚Realitäts'-Gehalt im naturalistisch-materialistischen Sinne dabei völlig außer acht bleiben kann.

Diese Wesenheiten sind nun keineswegs immer negativ tätig. Wenn wir im Bilde – besser: in dem Erklärungsmuster – von Edgar Morin bleiben, können sie vielmehr wohltätig wie bösartig wirken. Als wohltätige Wesen befänden sie sich mit der von ihnen bewohnten Menschengruppe in ‚Symbiose', das heißt in einer Lebensgemeinschaft, die beiden Partnern, den Wirts-Hirnen wie ihren Gästen, zugute kommt: den Gästen garantiert sie das Weiterleben von Geschlecht zu Geschlecht, den Wirten, also der Menschengruppe oder den Individuen, die sie behausen, helfen sie, die verwirrende Welt der Erscheinungen zu ordnen und zu erklären. In

solchem Sinne sind die Wesenheiten der Kosmogonien und Mythen, aber auch der kleinen Flur- und Fruchtbarkeitsgötter der archaischen, vor- und frühgeschichtlichen Gesellschaft eine große Hilfe gewesen.
Um die Zeitwende, also zu der Zeit, da Christus lehrte und starb, war der Vordere Orient in einer äußerst labilen geistigen Verfassung. Die Wesenheiten, die einst die Welt geordnet und erklärt hatten, waren entweder in aufgeklärten Mißkredit geraten, oder sie wichen vor einer Unzahl von Dämonen, Geheimlehren, individuellen oder Gruppen-Besessenheiten zurück: die heilsame Symbiose schlug in parasitäres Zusammenleben um, der Dämon saugte die Opfer aus. Eine liberale Theologie hat eine Zeitlang versucht, die große Bedeutung, die Jesus ohne allen Zweifel seiner eigenen Rolle als Wunderheiler, als Austreiber von Dämonen, zumißt, herunterzuspielen; heute wissen wir es wieder etwas besser. Für die Zeitgenossen erwies sich die Macht des Mannes aus Nazareth gerade an seiner exorzistischen Kraft; immer wieder werden die entsprechenden Wundertaten im Evangelium beschrieben. Schon in der ersten Aussendung von Jüngern (die ohne sichtbare Folgen geblieben zu sein scheint) werden die Ausgesandten mit dieser Macht der Dämonenaustreibung ausgestattet. Sie wird dann, in den Missionsbefehlen nach der Auferstehung, ausdrücklich an die Gemeinde weitergegeben. Auch in der Apostelgeschichte werden die entsprechenden Taten berichtet. Heilswirken ohne die Kraft der Dämonenaustreibung war also den Menschen des ersten Jahrhunderts nicht vorstellbar. Emanzipation, Befreiung von eben diesen Dämonen war einer der vornehmsten Ausweise und Resultate der Erlösung, der Umgestaltung in Christus. Und so ist das Amt – ursprünglich das Charisma – des Exorzisten in der Kirche erhalten geblieben.

Vom Amt des Exorzisten

Es ist, um das gleich zu sagen, nicht einmal ein besonders vornehmes Amt geworden. In der katholischen Kirche gehörte es zu den sogenannten „niederen Weihen“, die einige Zeit vor dem Diakonat und Subdiakonat verliehen wurden – es ist sozusagen in ein

wenig formelles Paket mit nüchternen Dingen, wie Türstehen, Kerzentragen, Sakristandiensten, geschnürt. Dies sei nur deshalb gesagt, um dem Publizisten jeden weihevollen Hochmut zu nehmen.
Allerdings: Wenn das Amt oder das Charisma in unserer Zeit einen Sinn haben soll, dann muß es noch Götter beziehungsweise Dämonen geben. Edgar Morin weist darauf hin, in dem letzten Satz des zitierten Abschnitts:
„Die Götter sind übrigens nicht alle tot, und außerdem sind uns neue, ideologische, fordernde, erlösende und mörderische Götter geboren.“
Nun, das sind sie in der Tat. Bleiben wir, um nicht ins Spekulieren zu geraten, beim alltäglichen, allwöchentlichen, zeitgenössischen Geschäft des Publizisten, und bleiben wir bei Morins ursprünglicher Definition von Dämonen als Wesenheiten, die in einem Ökosystem von Gehirnen leben – *von* ihm leben, genau gesprochen. Ob sie gütige, symbiotische oder parasitäre, menschenfresserische Geister sind, ist auf den ersten Blick schwer zu unterscheiden. Gehen wir, als pessimistische gebrannte Kinder, von der Annahme aus, daß die meisten es wert sind, exorzisiert zu werden. Gehen wir ferner von der Annahme aus, daß sie sehr hartnäckige Burschen sind; Geister von der Sorte, die Jesus beschrieben hat: sie können zwar vertrieben werden, haben jedoch eine Tendenz, mit zehn ihresgleichen zurückzukehren in ein leerstehendes Weltgebäude, in ein vakantes Milieu von Gehirnen, und eine noch mächtigere Herrschaft wieder aufzurichten.

Parasitäre Dämonen

Ist es wirklich schwierig, solche Dämonen zu orten? Nicht, wenn man unsere Lage auch nur einigermaßen nüchtern analysiert. Noch in keiner Zeit der Menschheitsgeschichte waren die Vermittlungs-Systeme zwischen Subjekt und Objekt, zwischen langfristiger oder auch nur mittelfristiger Wahrheit und vordergründigen, aber verfestigten Wahrnehmungs-Gewohnheiten so gründlich ruiniert wie heute. Sehen wir einmal von dem Kampf in den Lüften ab, der zwischen den weltbeherrschenden „Ismen“ geführt wird (zwischen Obergöttern sozusagen); werfen wir einen Blick auf das reine Volumen dessen, was uns tagtäglich an sogenannten Neuigkeiten serviert wird. Der größte Teil davon wäre völlig belanglos, ja unverständlich, wenn er sich nicht vor einem Hintergrund von Übereinkünften abspielte, die aufgrund von größeren oder kleineren Besessenheiten zustande kommen.

Herren kommen und gehen, steigen Treppen hinauf und hinab, grinsen, wedeln mit den Händen. Hymnen werden gespielt. Papier wird unterzeichnet. Waffen werden präsentiert, neue Waffensysteme werden präsentiert, Waffen werden von der gleichen Macht an Todfeinde verkauft. Das Ganze läuft unter der Herrschaft von Dämonen, die sich, zum Beispiel, Souveränität, Export, Gleichgewicht, Entspannung nennen. Oder: Herren mit teigigen Gesichtern, die sich wie ein Kalkei dem anderen ähneln, setzen sich an Tische, verhandeln um Bruchteile von Prozenten, um Sockelbeträge, um Leistungszuschläge, um dreizehnte Gehälter; das Ganze wegen eines parasitären Systems, das sich mit Bezeichnungen wie Lebensstandard, sozialer Besitzstand, Kapazität, Investitionslücke und dergleichen schmückt. Dabei brauchen weder die Treppensteiger noch die Unterzeichner noch die Herren an den Konferenztischen diese Begriffe zu nennen oder zu formulieren; sie sind allgemein vorhanden, allgemein präsent, eisenfest in den Gehirnen der Wirte verankert. Nicht ein Gedanke wird daran verschwendet, ob nicht lang- oder selbst mittelfristig diese Systeme zum Untergang der Gattung Mensch führen, ja führen müssen. Solche Gedanken überhaupt zu fassen ist den meisten der Agierenden kaum mehr möglich – in einem Wust von sogenannten Ressorts, von Prioritäten und Koalitionen und Absprachen, von Telephonaten und Kurzschlüssen sind alle Speicherkapazitäten des Gehirns erschöpft – mit anderen Worten, besetzt von den Dämonen und ihren neuen Freunden.

Manchmal, viel zu selten, gelingt ein Durchbruch oder doch eine Erkenntnis – ein Bonner Abgeordneter gesteht im privaten Gespräch, er und seine Kollegen seien allesamt Gefangene des Systems. Nach dem Gespräch fährt oder fliegt er in sein Büro zurück und nimmt die Siebzigstundenwoche für seinen Sektor im System wieder auf. Er sitzt, etwa, vor der Fernsehkamera und erklärt, wir dürften nicht so pingelig mit dem Waffenexport sein,

besonders in einem Rezessionsjahr nicht, wir müßten die brachliegenden Kapazitäten unserer Rüstungsindustrie ausnützen.
Ist ihm die Schizophrenie, der Wahnsinn, klar, dem er da unterliegt? Selten oder nie. Vergessen wir nie, daß Betrieb, daß Fleiß, daß das Vokabular sich selber belohnen. Abends ist der Mensch rechtschaffen müde, ob er das Telephon zwölf Stunden lang im Dienst der Menschen oder einer Chimäre bedient hat. Auch dies ist, wenn man sich einmal dieses Schlüssels bemächtigt hat, ein Zeichen der Besessenheit: die völlige Abwesenheit von Skrupeln über eine Aktivität, die sinnlos wäre, hätte sie nicht die Billigung des Herrschers über die Gehirne.
Wählen wir noch ein drittes, wesentlich harmloseres – nur auf der Oberfläche harmloseres – Beispiel: die sogenannte öffentliche Diskussion. Bis weit in die Kreise der Geistreichsten hinein werden da nach wie vor Begriffe verwendet, die längst untauglich geworden sind, Wirklichkeit zu erfassen oder zu beschreiben. Da wird nach wie vor munter mit ‚konservativ' und ‚progressiv', mit ‚links' und ‚rechts', mit ‚Reform' und ‚Planung' und ‚Freiheit' gehandelt, ohne daß alle diese Begriffe noch mehr vermitteln würden als alte, wohlvertraute und damit den Denkprozeß behindernde Stallgerüche. Das famoseste, allerjüngste Beispiel ist die sogenannte ‚Tendenzwende'. Sie besteht buchstäblich aus nichts anderem als der Angst vor Unwirklichem und der Zuwendung zu Unwirklichem – im realistischen Sinne; der Angst vor Reformen, die nie stattgefunden haben und nie stattfinden werden; der Angst vor der Enteignung des Häuschens, an die niemand denkt; der Angst vor wirtschaftlicher Unsicherheit, die real genug ist, aber ein ständiger Begleiter der Menschheit – und der Zuwendung zu Institutionen, die selten oder nie funktioniert haben, zu Glaubensgebäuden, die kein Mensch mehr verpflichtend nimmt (die sogenannten Konservativen zuallerletzt), kurz – zum vertrauten Dämonen-Pantheon der Adenauer- und Erhard-Ära. Ein einziges Goldkörnchen wahrer Erkenntnis steckt in dieser sogenannten Tendenzwende: die wiederbelebte konservative Kulturkritik am Industriesystem, die bis Franz von Baader zurückreicht. Aber diese ökologisch und futurologisch höchst notwendige Kritik verbündet sich sofort mit der mehr oder weniger kaschierten Anerkennung des gesellschaftlichen und wirtschaftlichen Status quo – eine logische Unmöglich-

keit, die nur aus der zwanghaften Befolgung von Dämonenbefehlen erklärbar ist. Ivan Illich, heute der legitimste und konsequenteste Bannerträger konservativ-katholischer Kritik am Industriesystem, paßt jedenfalls überhaupt *nicht* in solche Tendenzwende.

Schein-Kontroversen und ritueller Lärm

Ich habe diese öffentliche Diskussion, diesen Geisterkampf in den Lüften um längst abgebrauchte und sinnlose Worte, harmlos genannt, aber nur oberflächlich harmlos. In der Tiefe ist diese Unfähigkeit, von alten Begriffen wegzukommen, einer der bestürzendsten und gefährlichsten Ausweise der Dämonenherrschaft. (Wiederholen wir, um un- oder neugläubigen Hörern und Lesern nicht auf die Nerven zu gehen, unsere anthropologische Definition des Dämonen: er ist eine *ideelle* Wesenheit, eine Idee, ein Symbol, ein Begriff oder Begriffssystem, das sich reproduziert, und zwar in einem Milieu von menschlichen Gehirnen.) Gegen die Kontroverse an sich kann ein gutsituierter Dämon nämlich gar nichts haben, solange sie die Formel des Exorzismus nicht genau enthält. Im Gegenteil, Kontroverse ist sozusagen der Kraftdünger für seine Gehirn-Äcker. Solange, zum Beispiel, darüber gestritten wird, ob das private oder das staatliche Eigentum an den Produktionsmitteln geeigneter ist, den Menschen zur Freiheit zu führen, solange kann das System selber, das ein System von Produktions*formen*, nicht von Produktions*mitteln* ist, überhaupt nicht in Frage gestellt werden, und der Dämon gedeiht und wird fetter. Gleiches gilt für die Kontroverse zwischen ‚konservativ' und ‚progressiv': da sie eine Scheinkontroverse ist, welche nicht mehr den geringsten Bezug zu den tatsächlichen Verhältnissen aufweist, kann sie den Dämonen, welche diese tatsächlichen Verhältnisse herbeigeführt haben, nur recht sein; sie hindern die Zeitgenossen daran, die richtige Formel des Exorzismus zu finden.

Mit anderen Worten: wir befinden uns in einer sehr schlimmen Phase, die Konfuzius bereits beschrieben hat: Wenn die Wörter nicht mehr stimmen, können auch die Regierungen nicht mehr stimmen.

Welche Rolle spielt nun gemeinhin die Publizistik in dieser Lage?

Zu fünfundneunzig Prozent, so müssen wir feststellen, nimmt sie keine exorzistische, sondern im Gegenteil eine kultisch-verstärkende Funktion wahr. Wenn ein Boulevard-Blatt irgendeine Scheinkontroverse entfacht, um seine Leser zu unterhalten, dann kann man gelegentlich die Schlagzeile ‚Wirbel um...' wahrnehmen. Wirbel um –: diese Formel beschreibt nicht nur den angestrebten Boulevard-Effekt, sondern neun Zehntel unseres sogenannten Kultur- und Geistesbetriebs bis hinauf zu den Wochenendtagungen der sogenannten Akademien, deren Themen oft genug aus nichts anderem als dem ‚Wirbel um –' zu erwachsen pflegen. Dieser Wirbel ist, natürlich ohne daß die naiven Headline-Bastler dies wüßten, eine perfekte Beschreibung des dämonenfreundlichen Rituals: Wirbel pflegen in der magischen Phase der Menschheit das Erscheinen des Göttlich- oder Dämonisch-Mächtigen anzukündigen, wobei man oft genug in der Mitte des Wirbels, im Herzen des Tornados – nichts vermuten darf. Indem er Wirbel schafft und erzeugt, verbirgt der Dämon seine fundamentale Schwäche: die Tatsache nämlich, daß er ohne die kultivierende und nährende Kraft menschlicher Gehirne überhaupt nicht existieren könnte. Um der Kritikfreude eines angeblich aufgeklärten Zeitalters zu entrinnen, schafft er also Wirbel, Lärm, Kontroverse im Vorfeld, dort, wo ihm nach Lage der Dinge nichts passieren kann. Seine Wirbel mimen das, was der heilige Paulus als den ‚Kampf mit den Herrschern der Lüfte' bezeichnet, also die wirkliche Daimonomachie, die Schlacht auf Leben und Tod mit den Herrschern, die uns verderben. Und diese Wirbel bedürfen der Diener, die sie erzeugen – eben der Diener der sogenannten öffentlichen Meinung, der Publizisten. Je scheinbar scharfsinniger sie dem Geschäft der Tages-Kontroverse obliegen, desto eleganter der Wirbel und desto geschützter die Identität (oder Nicht-Identität) des Dämonen oder der Dämonen, denen sie verpflichtet sind. Äußerst bezeichned für solchen Gang der kultischen Geschäfte war und ist das Schicksal der ökologischen Prognostik. Mindestens seit 1968, dem Jahr, in dem Garett Hardin seinen Vortrag über *Die Tragik der Allmende* hielt, liegen die Fakten sozusagen auf dem Tisch; das Faktum nämlich, daß die weitere wirtschaftlich-technische Zukunft der Welt politischer Regulierungen drastischen Ausmaßes bedarf. Erst 1972, mit dem sattsam bekannten

Meadows-Report, erreichte dieser Tatsachenkomplex den Status, der einen publizistischen Wirbel erlaubte. Daß der Meadows-Bericht angegriffen wurde, lag teilweise an echten methodischen Schwächen, teilweise auch an handfesten wirtschaftlichen, politischen, und, im Fall des Marxismus, auch ideologischen Interessen. Daß die ihm zugrundeliegende Frage – nämlich die Frage nach der Zukunft eines begrenzten Planeten für eine ständig wachsende Menschheit bei ständig abnehmenden Rohstoffvorräten – damit keineswegs erledigt war und ist, liegt auf der Hand. Aber indem man den Autoren des Berichts methodische Schwächen nachweisen konnte oder zu können glaubte, die mit der zentralen Frage nichts zu tun hatten, war es möglich, wieder zu der Tagesordnung, das heißt zu den Scheinkontroversen des Dämonenkults zurückzukehren. Wäre auch nur ein Bruchteil des Ernstes der Lage in die Gehirne der sogenannten Aufklärer eingedrungen, müßte heute jede Zeitung, jedes Funkprogramm, jedes Fernsehmagazin das *ceterum censeo* einer aufgebrachten und mobilisierten öffentlichen Meinung widerspiegeln. Daß dies nicht geschieht, hat seinen Grund: die Besessenheit. Würde man sie nicht voraussetzen, könnte man nur schließen, daß die Mehrzahl unserer Publizisten entweder Dummköpfe oder Kriminelle sind.

Einige Anweisungen für den Exorzisten

Die Aufgabe des christlichen Publizisten in solcher Lage – oder, besser gesagt: die christlich definierte Aufgabe des Publizisten in solcher Lage – ist einfach und klar: es ist die Aufgabe des Exorzisten, des Dämonenaustreibers. Dabei sind natürlich einige praktische Dinge zu beachten.
Erstens: Es handelt sich um eine Aufgabe von hoher Rationalität. Dies schließt jedoch nicht aus, daß sie nur nach gründlicher existenzieller Vorbereitung angegangen werden sollte. Bekanntlich hat Jesus von Nazareth, der mit dergleichen Erfahrung hatte, von einer Sorte von Dämonen gesprochen, die man nicht mit einfachen Formeln austreiben kann, sondern nur durch Gebet und Fasten. Gebet und Fasten: das heißt, auf das Amt beziehungsweise das Charisma des Publizisten übertragen: ständige erleuchtete Selbst-

überprüfung und ständige kritische Distanz zum eigenen Bedürfnis nach der bergenden, nährenden, da fix und fertig vorgefundenen Formel.

Zweitens (was aus erstens folgt): Die wichtigste selbstkritische Anstrengung ist dabei die ständige Frage an sich selbst, ob man nicht dabei sei, den Teufel durch Beelzebub auszutreiben, das heißt: einen dämonischen Parasiten durch einen anderen zu ersetzen. Es entsteht so nur die schon geschilderte Schein-Kontroverse, welche kein Exorzismus, sondern ein dämonisches Kult-Ereignis ist.

Drittens (was aus erstens und zweitens folgt): Der Publizist, der seine exorzistische Aufgabe ernst nimmt, sollte sich vor dem hüten, was man den Trend, die Tendenz, die geistige Strömung nennt. Es ist nicht von vornherein gesagt, daß alles, was sie enthält, von vornherein dämonische Luftspiegelung ist – dazu wurde im Zusammenhang mit der jüngeren ‚Tendenzwende' schon einiges gesagt. Aber im Zweifelsfall ist der grundsätzliche Zweifel besser als die grundsätzliche Zustimmung.

Viertens (was aus drittens folgt): Der Publizist sollte auf scheinbar isolierte, scheinbar widersprüchliche, scheinbar paradoxe Fakten achten. In ihnen drückt sich die wirkliche Tendenz, das wirklich zugrundeliegende Weltgeschehen oft genauer aus als im allgemein gesehenen und mitgemachten Wirbel.

Dafür sollten einige Beispiele gegeben werden. Der Verfasser gehörte zum Beispiel längere Zeit zu den Leuten, die – wie ich noch heute glaube, zu Recht – die Proteste gegen das Morden in Vietnam unterzeichneten. Er hat diese Praxis erst im Augenblick eingestellt, wo ihm klar wurde, daß es allenthalben auf der Welt Fälle von Genozid gab und gibt, die dieser Solidarität der westlichen Intelligenz grundsätzlich ermangelten. (Hier seien nur die Anstrengungen des Irak genannt, die Kurden auszumorden, wie die des Nordsudan, die schwarze Bevölkerung des Südens zu tyrannisieren.) Einordnung solcher Genozidfälle in den ‚Trend' war und ist nicht möglich, also blieben und bleiben solche Schändlichkeiten isoliert, unbehandelbar, außerhalb des publizistischen Dossiers. Entweder gilt das Genozidverbot für alle, dann wäre es – für einen exorzistisch denkenden und handelnden Publizisten – erste moralische Pflicht, es in *jedem* Fall zum Gegenstand seiner Aufmerksamkeit zu machen. Gelingt es nicht, es in einen allgemeinen ‚Trend' einzuordnen, dann stimmt eben der Trend nicht, und man muß ohne ihn, mit der schlichten Moral, auskommen.

Ein weiteres Beispiel, diesmal das einer scheinbar völlig isolierten Nachricht. Vor einiger Zeit wurde ein bescheidener Posten aus dem Budget des Entwicklungsministeriums gestrichen, der noch aus der Epplerzeit stammte. Es handelt sich um ein paar hunderttausend Mark für ein Institut, das sich mit Erstellung und Koordinierung von sogenannter intermediärer Technologie befassen sollte. Diese Technologie bedarf keines großen Aufwands, es ist geradezu ihr Charakteristikum, daß sie mit sehr wenig Geld auskommt. Sie soll nämlich der Bevölkerung in den am schlimmsten zurückgebliebenen Agrargebieten der Erde ermöglichen, ihr Leben oberhalb des elenden Existenzminimums zu fristen, auf das sie jetzt zurückgeworfen ist, und zwar ohne ständigen Nachschub an Maschinen, Kunstdünger und Technologie, der die typische Entwicklungshilfe des Westens bisher gekennzeichnet hat.

Die Nachricht gilt auf den ersten Blick einem isolierten Faktum; in Wirklichkeit verbirgt sich jedoch dahinter weit mehr. Die Streichung dieses kleinen Budgetpostens, an sich bedeutungslos im fiskalischen Sinn, ist eben deshalb von ungeheurer Bedeutung, weil sie dem Ministerium, das heißt dem deutschen Steuerzahler, so gut wie nichts einspart. Die Entscheidung war also *politisch*. Welche Politik beendet sie, und welche leitet sie ein?

Sie war die Antwort einer deutschen, einer linken, einer sozial-liberalen Regierung auf den ersten Hauch der Rezession. Sie war die Entscheidung, Entwicklungspolitik im Interesse der deutschen Industrie zu betreiben, nicht im Interesse der hungernden Massen der Dritten Welt. Es geht solcher Entwicklungspolitik nicht darum, bei der Gesundung der Strukturen der südlichen Hemisphäre zu helfen, es geht ihr darum – oder doch in erster Linie darum – zu exportieren, Kapazitäten der westlichen Überproduktion zu erhalten und die totale Abhängigkeit der Entwicklungsländer von unserem Industriepotential zu vervollständigen. Anders ist diese Nachricht nicht interpretierbar.

Der Beispiele sind genug – jetzt: Waidmannsheil!

PEDRO SALINAS

Das neue Analphabetentum

Der Lyriker PEDRO SALINAS *wird im gleichen Atemzug mit dem zarten Renaissancedichter Garcilaso de la Vega (1503–1536) und dem großen spanischen Romantiker Gustavo Adolfo Bécquer (1836–1870) genannt, und seine Liebeslyrik gilt als die schönste und innigste des an lyrischen Meisterwerken so reichen spanischen 20. Jahrhunderts. Er gehört der gleichen Dichtergeneration an wie Federico García Lorca, die auch die „Professorengeneration" genannt wird, da außer Pedro Salinas auch mehrere andere gleichzeitig führende Universitätsprofessoren waren, denen die Literaturwissenschaft wichtige Impulse verdankt (z. B. Dámaso Alonso, der derzeitige Präsident der ‚Real Academia de la Lengua'). Pedro Salinas lehrte schon 1914 an der Sorbonne, später in Sevilla, Murcia, Cambridge, Madrid. 1936 folgte er einem Ruf an das Welleslay College bei Boston (USA). Da der Ausgang des spanischen Bürgerkrieges ihm die Rückkehr nach Spanien unmöglich machte, wirkte er bis zu seinem Tode in den USA. An das amerikanische Publikum richten sich denn auch seine zahlreichen Vorträge und Essays, in denen er Themen der spanischen Literatur behandelt, vor allem aber auch sich für die Verteidigung jener kulturellen Werte einsetzt, die er durch die moderne Zivilisation bedroht sieht.*

Am Anfang war das Analphabetentum. Erst allmählich ging im Lauf der Jahrhunderte das Licht auf, das uns heute, Gott sei Dank, erleuchtet: der obligatorische Elementarunterricht. Die meisten Leute, und sogar die meisten Pädagogen, sehen den Alphabetismus, das heißt den Zustand, daß ein Mensch lesen kann, als eindeutige und klare Grenzlinie, die die Menschheit in zwei grundverschiedene Gruppen scheidet.
Jenseits dieser Linie der anonyme Haufen der Armen, die nicht in die Geheimnisse des gedruckten Buchstabens einzudringen vermögen und im-

mer am Rand bleiben wie am Ufer eines Meeres, auf dem sie in wunderbare Länder reisen könnten, wenn sie ein Schiff hätten, das sie hinfahren würde. Diesseits der Linie die Legionen der vom Schicksal Begünstigten, die den segensreichen Zustand erreicht haben, in dem man ohne Zögern weiß, daß c-o co ist und c-a ca; und dank diesem Wissen entziffern sie mühelos die Plakate, die uns allerorts die magischen Wörter „Coca-Cola" verkünden.

Ich muß Ihnen gestehen, und zu diesem Zweck bin ich hierher gekommen, daß ich schwere Zweifel hege, ob diese Zweiteilung der Menschheit in Alphabeten und Analphabeten, und ganz besonders die Folgen, die man für die Bewertung des Menschen daraus abzuleiten pflegt, einen eindeutigen Tatbestand darstellen.

Nicht lesen und nicht schreiben können ist eine angeborene Eigenschaft; wir sind alle so auf die Welt gekommen. Oder um es mit einem Sprichwort zu sagen: es ist noch kein Gelehrter vom Himmel gefallen. Das heißt, der Mensch ist von Natur aus bei der Geburt effektiver Analphabet, aber dank seiner Fähigkeit, lesen zu lernen, gleichzeitig potentieller Alphabet. Analphabet ‚in actu', aber Alphabet ‚in potentia'.

Nun, die Gesellschaft hat sich – aus den verschiedensten Gründen, die es hier nicht zu erörtern gilt – vorgenommen, diese Möglichkeit in Wirklichkeit umzuwandeln: das Mögliche, nämlich die angeborene Fähigkeit des Menschen, Buchstaben oder Gelesenes zu verstehen, in Wirkliches, nämlich in den Besitz der Lese- und Schreibkunst. Das erreicht man in einem vielfältigen Vorgang, der in der ABC-Schule beginnt und Gott weiß wo endet. Am Schluß dieser Arbeit, die man Elementarunterricht nennt, wird das Objekt der Bemühungen Alphabet genannt. Und von diesem Augenblick an ist er mit einer höheren Würde bekleidet. Es besteht kein Zweifel, daß er sie besitzt.

Bis hierher scheint alles sonnenklar. Aber Lesenkönnen ist nun seinerseits etwas Potentielles. Gleich wie jeder Analphabet ein potentieller Alphabet ist, ist jeder nunmehrige Alphabet ein potentieller Leser. Er kann zwar lesen, ob er es tut oder ob er es bleiben läßt, ist damit nicht gesagt. Wenn der neu mit der Fähigkeit zu lesen ausgerüstete Alphabet diese Fähigkeit nicht benutzt, ist der eigentliche Zweck des Alphabetentums nicht erreicht.

Wir kommen also in unserer Untersuchung über den wahren Stellenwert des Alphabetentums zu einer nächsten Stufe. Angenommen der potentielle Leser, der der Alphabet ist, steige zur höheren Stufe empor, er lese und werde damit zum effektiven Leser; können wir nunmehr den Prozeß der Alphabetisierung als glücklich abgeschlossen betrachten? Mitnichten. Denn auf der Stufe des effektiven Lesers angelangt, sieht er einen neuen Gipfel sich auftürmen. Aus dem Analphabeten ist ein Alphabet, und aus dem Alphabeten ist ein Leser geworden, der lesen kann und es auch tut. Aber was liest er? Und wie liest er?

Wieder stehen wir vor der Frage: jeder effektive *einfache* Leser ist ein potentieller *guter* Leser; wird er es dazu bringen oder nicht? Wenn ja,

ist der Zweck der Alphabetisierung vollständig erreicht: gut zu lesen, so daß Geschriebenes sich in Geistiges umsetzt. So daß der Buchstabe nicht tot bleibt, sondern lebendig wird.
Nun, es bleibt niemandem verborgen, daß der Stand des umfassenden Alphabetentums nur selten ganz erreicht wird. Daher die Notwendigkeit, das Vorhandensein eines Typs zur Kenntnis zu nehmen, den ich als Neo-Analphabeten bezeichne: er ist zwar aus dem Tartarus des Nicht-Lesen-Könnens erlöst, aber er ist nicht zu den lichten Sphären des Lesens aufgestiegen und schwebt irgendwo in einem Zwischenreich, im Limbus wie Garibays Seele.
Ich will jetzt nicht von jenen reden, die aus Mangel an Büchern, Bibliotheken usw. keine Möglichkeit zum Lesen haben. Diese Schwierigkeit ist rein materieller Art und ist ziemlich leicht zu beheben. Die USA mit ihrem ausgezeichnet organisierten Bibliothekswesen, wofür sie die ganze Welt bewundert, haben gezeigt, daß buchstäblich jeder, auch der Ärmste, lesen kann, wenn er will. Ich denke nun an jene Alphabeten, die aus tieferliegenden und schwererwiegenden Gründen nicht lesen als dem, kein Buch zur Hand zu haben.
In aller Bescheidenheit schlage ich in diesem Essay vor, das Vorhandensein zweier Typen von Analphabeten zur Kenntnis zu nehmen.
Der eine ist der reine, der klassische, der natürliche Analphabet, der, aus welchen Gründen auch immer, nicht lesen kann. Dieser Analphabet kann eine tragische Figur sein; seine Tragödie besteht darin, daß er zwar vielleicht alle Anlagen besitzt, ein außergewöhnlicher Mensch zu werden, wenn seine Anlagen ausgebildet würden und sich entfalten könnten, daß sie aber mangels Schulung brachliegen bleiben. Ich empfinde für diese Sorte Analphabeten Respekt, Sympathie, Bewunderung. Man muß nur ein wenig über die kastilische Hochebene oder durch die andalusischen Olivenhaine wandern – um von meinem Land zu sprechen –, und man trifft auf Analphabeten, die sich bei näherem Kennenlernen als Personen von so reicher Bildung und Menschlichkeit, Würde und Urteilsvermögen herausstellen wie nur wenige mit Schulwissen Vollgestopfte.
Den andern Analphabeten müßte man entsprechend als unrein, unnatürlich, künstlich bezeichnen. Er ist ein Produkt unseres modernen Schulwesens, und ohne daß er sich selbst dessen bewußt ist, steht er neben ihm auf als der größte Ankläger für dessen Versagen. Da er lesen kann und trotzdem als Mensch ein Analphabet bleibt, bezeichne ich ihn als Neoanalphabeten.
Es gibt zwei große Gruppen von Neoanalphabeten: die totalen und die partiellen Neoanalphabeten.
Ein totaler Neoanalphabet ist, wer zwar lesen gelernt hat, weil man es ihm in der Schule beigebracht hat, aber auf den Gebrauch seiner Lesefähigkeit verzichtet, indem er sie auf das unumgänglich Notwendige beschränkt: Tagespost, Veranstaltungskalender, Telefonbuch. Der eine und andere stürzt sich in Unkosten und riskiert zehn oder fünfzehn Minuten für Sportberichte – welch verdienstvolle journalistische Gattung, ist sie doch

für viele Menschen die einzige Leseübung geworden! Man streiche diese umfangreiche Sparte aus den Tageszeitungen – man möge mir verzeihen, daß ich eine solche Katastrophe für die Menschheit, die zum Glück so wenig wahrscheinlich ist wie das Ende der Welt in den nächsten hunderttausend Jahren, auch nur zu erwähnen wage –, und Millionen von Menschen machen von ihrer Lesefähigkeit keinen Gebrauch mehr.
Beinahe hätte ich vergessen hinzuzufügen, und zum Glück kommt es mir zur Erleichterung meines Gewissens noch rechtzeitig in den Sinn, daß diese Sorte von Neoanalphabeten die Augen auch auf jenen Seiten der Zeitung ruhen läßt – und zwar mit gesammelter Aufmerksamkeit – wo die mechanische Litanei der Börsenkurse aufgeführt ist. Aber eigentlich weiß ich nicht, was diese Art von Lektüre – von Zahlen, nicht von Buchstaben – mit Alphabetentum oder Analphabetentum zu tun hat.
Diese Untergruppe ist besonders häufig unter den sogenannten Tatmenschen, den Praktikern, anzutreffen oder, um sie mit einem zeitgemäßeren, schöneren Wort zu benennen, das die Aureole der griechischen Klassik mit der modernen Technik verbindet, den ‚dynamischen Persönlichkeiten'. Für diese Leute sind Ideen das Überflüssigste der Welt; sie brauchen aktive, wagemutige, unermüdliche, angriffige Menschen, die im Flugzeug über die Erde pfeilen, sich mit Sekretärinnen und Tipfräuleins umgeben und dauernd am Telefon, dieser Nabelschnur des modernen Erwachsenen, hängen, Unternehmen gründen, Fabriken bauen und das nationale Bruttosozialprodukt vergrößern, ohne das eigene darüber zu vernachlässigen. Nicht Dozenten für dieses oder jenes Fach, nein, Professoren für Tatkraft und Energie.
Lektüre? Wozu? Noch nie ist mit Theorien etwas geleistet worden, sagt die dynamische Persönlichkeit. Die einzige wahre Lehrmeisterin für das Leben ist die Erfahrung, und diese Schule ist für alle offen. In der Jugend Zeitungen vertragen, nachher als Ausläufer mit dem Fahrrad umherfahren, Eiscrème und Soda feilbieten, das ist das wahre Trivium und Quadrivium unserer Zeit, das sich zum Septenarium des modernen Menschen kombiniert. Man lese die Biographien so und so vieler heutiger Erfolgsmenschen.
Und wieviel gesünder und aufbauender ist es doch, zur Erholung in der Freizeit fünf Stunden am Samstagnachmittag daran zu geben, auf dem glattrasierten Rasen wacker und kraftvoll ein weißes Bällchen von einem Loch zum andern zu schießen, als in einem geschlossenen Zimmer sich ruhig hinzusetzen und Zeile um Zeile den Irrfahrten des Odysseus durch die griechischen Meere oder Sherlock Holmes durch die siebenundzwanzig Gemächer des Verbrecherschlosses zu folgen! Dieser Analphabet setzt den Gott Tat, den Gegenspieler des Gottes Idee, als Retter in den Tabernakel seines Gewissens. Natürlich weiß er nicht, was Tat eigentlich ist. Für ihn gilt der Satz von Barrés: „Tat besteht nicht darin, ein Fahrrad zu besteigen und zu fahren."
So wie man früher an die Urzeugung glaubte, so glaubt er an die Tat als geheimnisvolle Kraft, die aus dem Nichts gezeugt ist, aus dem Nichts

entsteht und für die man über den unmittelbaren Zweck hinaus kein Ziel suchen muß. Wenn ihn jemand überzeugen wollte, daß Karl Marx mit den in einem Buch gesammelten Theorien und Ideen auf der Welt eine Lawine von Taten von immerhin beträchtlichen Ausmaßen ausgelöst hat, so würde er ihn für verrückt oder verschroben erklären, und doch kann es jeder bezeugen, dem etwas von der Weltgeschichte der letzten sechzig Jahre zu Ohren gekommen ist.

Blutsverwandt mit dem eben beschriebenen ist ein Typ von Neoanalphabeten, für den ich die Bezeichnung ‚Fortschrittsanbeter' vorschlage. Natürlich versteht er unter Fortschritt die ständige Zunahme an Maschinen, Apparaten und Motörchen, wie sie von der modernen Technik erfunden, hergestellt und auf den Markt geworfen werden. Wenn es auf Weihnachten zugeht, wird er keinesfalls die Märchen der Gebrüder Grimm oder ein Kinderspiel in den bereitgelegten Sankt-Niklaus-Strumpf legen. Er wird ihn mit mechanischem Spielzug, Bauklötzen, chemischem Bastelmaterial füllen, damit sich das Kind schon in zartestem Alter am Vorspiel seiner ersehntesten Zukunft ergötzen könne: Techniker zu werden.

Seine Freizeit pendelt zwischen zwei Punkten: Radio und Kino. Das magische Kästchen genügt ihm vollauf, um sich über die guten und schlimmen Ereignisse, die jede Morgenröte in ihrem Schoß mitbringt, auf dem laufenden zu halten. Wenn er ausgehen und sich unterhalten möchte, steht das Auto vor der Tür, das Kino um die Ecke, und der Film flimmert ohne Unterbruch über die Leinwand.

Früher, als wir noch nicht weit genug fortgeschritten waren, mußte man im Kino immerhin noch einiges lesen: die Zwischentitel. Heutzutage ist dieser Nachteil dank dem Tonfilm ausgeschaltet, abgesehen von den kurzen Augenblicken, da in sorgfältiger Reihenfolge die Namen der zwanzig oder dreißig ehrenwerten Damen und Herren, die sich mit ihren Reizen und Talenten zu der nun abrollenden Filmschöpfung zusammengefunden haben, über die Leinwand wandern.

Da es zum guten Ton gehört, auf eine Zeitung abonniert zu sein, so kommt dieser Mann der gesellschaftlichen Konvention nach. Das verpflichtet ja schließlich zu nichts, denn heutzutage kann man ruhig eine Zeitung aufschlagen, mehr oder weniger blasiert durchblättern und gar nicht oder nur zum kleinsten Teil lesen, denn die großen modernen Tageszeitungen sind auf der Höhe der Zeit und bauen die Spalten mit Männchen in Reihenbildern, wo die Zeichnung so gut wie vollständig von der mühsamen Arbeit des Lesens enthebt, Tag für Tag weiter aus. Dieser Mann hat den Teufelspakt geschlossen, den ihm der schlaue Bildchendämon vorgelegt hat: „Überlasse mir deine Lesefähigkeit, und ich überschütte dich dafür mit verführerischen schwarzweißen und farbigen, bewegten und unbewegten Bildchen; denn das ist das wahre Leben, das du mit eigenen Augen sehen kannst und nicht erst aus der Verschlüsselung der Schrift herauslösen mußt."

Und so überspringt dieser Bildchen-Neoanalphabet geschickt die Hindernismauer, die Gutenberg mit seinem Geniestreich aufgerichtet hat, nämlich die Welt des gedruckten Wortes; und wie sein steinzeitlicher Vorfahre in Altamira hält er sich an die Bilder. Und wenn er im Schaufenster einer Buchhandlung ein Buch sieht, das seine Neugier weckt – sagen wir „Das Gastmahl“ von Plato – so wartet er getrost auf den Tag, der sicher schon vor der Tür steht, da es mit den besten Hollywood-Stars verfilmt wird oder da es ein Zeichner für eine neue ‚Männchen‘-Serie benutzt.

Wenden wir uns nun den partiellen Analphabeten zu, das heißt denen, die ihre Lesefähigkeit zwar noch benützen, aber nur innerhalb eines ganz beschränkten Bereichs. Sie haben fast alle unter dem weiten Mantel ‚Spezialistentum‘ Platz.

Beim Wort ‚Spezialist‘ taucht in meiner frühesten Erinnerung eine blankpolierte Messingtafel auf; denn zum erstenmal begegneten meine Augen dem Wort in schwarzen Lettern auf dem glänzenden Türschild eines Arztes: „Dr. Soundso, Spezialist für Ohren-, Nasen- und Halskrankheiten“. Ich muß gestehen, daß mich der Text unheimlich beeindruckte.

Als ich schon ein bißchen größer war, so zwischen 1911 und 1915, tauchte das Wort außer auf den Türschildern der Ärzte auch an andern Orten auf, vor allem in Akademikerkreisen, und sowohl Professoren als auch vorgerückte Studenten sprachen es mit einer Art mystischen Scheu aus. „Und Manolo?“, erkundigte man sich nach irgendeinem Bekannten. „Er spezialisiert sich auf das Hochmittelalter.“ Hochachtungsvolle Stille pflegte nach einer solchen Antwort zu herrschen. „Man muß sich spezialisieren“, bedeutete damals das gleiche wie zur Zeit der Reconquista der Schlachtruf „Santiago, und ganz Spanien!“

Genaugenommen wußte niemand, was eigentlich damit gemeint war. Denn auf Spezialistentum beruht zwar der unbestrittene Ruhm der modernen Wissenschaft, und wir verdanken ihm zahllose Wohltaten, aber es ist etwas Zwiespältiges.

Einerseits heißt Spezialisieren eine große Masse Kenntnisse und viel geistige Energie auf einen Problemkreis oder einen Punkt konzentrieren, so daß das Unbekannte dem Ansturm erliegen muß. Und Konzentrieren-können setzt natürlich ausgedehnten Besitz voraus. Noch nie ist es einem großen Feldherrn eingefallen, eine Bresche in eine ummauerte Stadt zu schlagen, ohne vorher alles verfügbare Angriffsmaterial versammelt zu haben.

Aber Spezialisieren bedeutet gleichzeitig Einengen, verlangt, die Denkfähigkeit ausschließlich auf das ausgewählte Gebiet zu beschränken und steriles Verzetteln zu vermeiden. Von da aus war einem degenerierten Begriff von Spezialisierung Tür und Tor geöffnet; er meinte nun nicht mehr die freigewählte Beschränkung des Forschungsgebietes, sondern die Beschränkung und Verarmung der Allgemeinbildung des sogenannten Spezialisten, von dem man keinerlei besondere Geistesgaben mehr verlangte. Bedeutende Spezialisten können nur wenige werden, denn dies setzt außergewöhnliche Fähigkeiten und Weisheit voraus. Der große Spezialist ist überdurchschnittlich und außergewöhnlich. Aber Spezialist im landläufigen Sinn kann jedermann werden.

Tausende und Abertausende solcher Jedermanns haben sich dieser verfälschten Auffassung von Spezialisierung verschrieben und haben den Begriff zu Recht in Verruf gebracht. Denn der landläufige Spezialist ist weit entfernt davon, die Mittelmäßigkeit zu überragen, ja er steht sogar weit darunter; dorthin verweisen ihn seine fehlende geistige Neugier, sein enges Wissen und die damit verbundene Aufgeblasenheit, mit der er sein Spezialistentum als Sockel für seine menschliche Bedeutungslosigkeit mißbraucht.

Groß ist das Spezialistentum, wenn es vom Wunsch nach Vollständigkeit und vom Schwung der Phantasie genährt wird, wenn es die Beschränkung überwinden will; klein ist das Spezialistentum, wenn es von unnötiger Ausschließlichkeit, von faulen Verzichten und von der Angst vor dem geistigen Wagnis lebt.

Ich habe mich so lange beim Begriff der Spezialisierung aufgehalten, um an meiner uneingeschränkten Achtung und meiner dankbaren Bewunderung vor dem großen modernen Spezialistentum keinen Zweifel zu lassen. Alles andere wäre unverzeihliche Überheblichkeit. Beweis der Hochachtung vor etwas ist der Zorn über dessen Verfälschung. (Es gibt kein besseres Anzeichen für die hohe Wertschätzung, die der moderne Mensch dem Geld zollt, als den heiligen Zorn über eine Fälschung, wie er in manchen Strafgesetzbüchern zum Ausdruck kommt, und die Eile, mit der Falschmünzer angezeigt und bestraft werden.) Aber so wie jeder Körper ungewollt groteske Schatten wirft, wenn die Sonne schräg genug einfällt, so wie jede Umrißlinie latent ihre Karikatur enthält und so wie alles Menschliche seine Verzerrung in sich trägt, wie es Hieronymus Bosch, Goya, Valle-Inclén unter andern meisterhaft zeigen, so ist aus dem Spezialisten hohen Ranges durch kleinliche Nachahmung der Typ des Pseudo-Spezialisten hervorgegangen. Und hier herrscht nun ein Klima mit ewigem Frühling, dauernde Keimfähigkeit für partielles Neoanalphabetentum.

Wenn man einem Spezialisten, der in einer Labortechnik bewandert ist, sofern er Chemiker oder Biologe ist, oder sich dem Studium des Gebrauchs der Präpositionen im Dialekt der Provinz Aragón verschrieben hat, zum Beispiel den Vorschlag macht, ins Theater zu gehen und eine Tragödie von Ibsen anzuschauen, so bekommt man zur Antwort: „Sehen Sie, für solches habe ich keine Zeit. Ich bin mit meinen Problemen beschäftigt." Und wenn er sagt „für solches", schaut er uns mitleidig an, als wären wir unverständige Kindergartenkinder. „Ins Theater gehe ich höchstens zur Zerstreuung, und da will ich etwas Leichtes sehen." Und wenn man ihm vorschlägt, einen Roman von Proust oder einen Essay von Santayana zu lesen, setzt er eine Miene auf wie eine tugendhafte Dame bei einer etwas zweideutigen Anspielung: „Ich kann nicht. Ich lese keine Literatur." Und mit Literatur meint er alles außer Abhandlungen, Monographien und Separatdrucken aus seinem Spezialgebiet. Und das Erheiternde daran ist, daß er es voller Stolz sagt und sich mit seinem Analphabetentum brüstet.

Auch viele von den Aktenmappenherren, die einen der sogenannten freien Berufe ausüben, leiden an der Krankheit, ihre geistigen Grenzen mit denen

ihres Berufsgebietes zusammenfallen zu lassen. Sie lesen zwar. Aber sie lesen nichts, was nicht direkt mit ihrem Beruf zusammenhängt.
Ich erinnere mich an einen Literaturprofessor in Spanien, einen einfallslosen Mann mit bescheidenen Möglichkeiten und verbissenem Arbeitseifer, der auf die Dienerfiguren in Lope de Vegas Komödien spezialisiert war. Er las nie eine Zeitung – und das im Jahre 1916, mitten im Ersten Weltkrieg – und begründete seine weitblickende Anmaßung damit, daß er die Wahrscheinlichkeit für sehr gering halte, in ihren Spalten etwas Brauchbares für seine Arbeit zu finden.
Wir alle kennen den Arzt – und ich habe ihn in mehreren Ländern kennengelernt –, der nur zwei Arten von Gedrucktem den Zutritt zu seinem Haus gestattet: den dicken Bänden mit glänzendem Einband, die die Meisterwerke medizinischer Wissenschaft enthalten, und den leichtgewichtigen aktuellen Wochenblättern, sechs oder sieben an der Zahl, die während einer oder zwei Wochen von den Familienmitgliedern gelesen werden und seine Töchter mit den Normen der Sommermode vertraut machen und dann ins Wartezimmer wandern, wo sie der Ergötzung des auf die Konsultation wartenden Patienten dienen – bis sie auseinanderfallen.
Ich kenne auch Soziologen, die nie von der relativen Höhe eines Toynbee, Spengler oder Pareto heruntersteigen werden und mit vornehm gespreizten Lippen erklären, daß sie keine Romane lesen; ausgerechnet jene literarische Gattung, deren Schicksal es ist, Menschen in kriegerischer oder friedlicher Auseinandersetzung mit der Gesellschaft zum Thema zu haben.
Es gibt noch andere partielle Analphabeten, die ihre Lektüre auf ein bestimmtes Gebiet beschränken, allerdings nicht aus beruflichen Gründen, sondern aus Interesse an einem Fach, aus Liebhaberei oder aus einseitigem persönlichem Geschmack.
Nehmen wir als Beispiel den Politiker, gleichgültig ob er nun eine lokale, nationale oder internationale Größe sei. Er verschlingt unermüdlich Leitartikel, Tagesnachrichten, Abhandlungen über aktuelle Probleme und das eine oder andere Buch eines scharfsinnigen Reporters, der in den drei oder vier Wochen, die er sich nimmt, einen Kontinent zu bereisen, das Kunststück fertigbringt, Pulsschlag und Drangsale aller Nationen einzufangen und großmütig der Welt mitzuteilen. Die Ideen, die er bei seiner Lektüre zusammengetragen hat, wendet er unverzüglich in seinen Stammtischgesprächen an und setzt sie im Streit mit seinem Nachbar wie ein gereizter Kampfhahn ein.
Wenn man die Zeitungskioske, die viele Städte, wie z.B. Paris, Berlin oder Madrid, schmücken, von weitem mit halbgeschlossenen Augen betrachtet, sehen sie aus wie riesige Blumen mit bunten Kronen. Jede der ausgestellten Zeitschriften und Magazine steuert einen Farbton zur bunten Pracht bei. So wie nun die Biene um die pompöse Blüte surrt, so gibt es auch eine Sorte partieller Neoanalphabeten, die die Zeitungskioske umschwirren und sich mit dem nötigen Material eindecken, um daraus den Honig ihres Geisteslebens zu fabrizieren.
Diese Leute lesen keine Bücher: sie lassen sich von der Vielfalt der Zeit-

schriftentitel und von der Vielfalt der darin behandelten Themen faszinieren. Dieser Neoanalphabet verdient Mitgefühl und Rettung; ihn reut die Zeit zum Lesen nicht, er vergeudet sie vielmehr. Er liest viel. Der Arme kommt mit einer Rolle Zeitschriften unter dem Arm heim, verbringt jeden Abend Stunde für Stunde mit ihrer Lektüre und holt doch nicht mehr heraus als das Kind, das sich neben ihm mit einem Zusammensetzspiel abmüht und nie zum Gesamtbild kommt, wo alles an seinem Platz ist.

Noch viel düsterer und schwieriger wird die Welt dieses armen Lesers, wenn er außer den Originalzeitschriften auch noch die Wiederkäuerhefte kauft, die aus Artikeln verschiedener Herkunft zusammengebastelt sind und die sich wie mit Pfauenfedern mit Überschriften schmücken, aus denen irgendwie die Idee der Auswahl oder Anthologie hervorgeht, ein Blickfang, der Millionen Unvorsichtiger anzieht.

Die Bürde dieses Lesers ist mitleiderregend. Denn je mehr er liest, desto tiefer versinkt er im bodenlosen Meer, das Woche um Woche um einige Meter steigt und uferlos ist. Wer ein Buch liest, weiß, wo seine Arbeit anfängt und wo sie aufhört, er kann sich ausruhen und Ferien nehmen. Wer Zeitschriften liest, vor allem der Abonnent, fühlt sich von diesen schrecklichen Wochen-, Zweiwochen- und Monatsgeschöpfen wie von modernen Furien gejagt. Sobald er in seinem Lesepensum ein bißchen nachläßt, gerät er in Rückstand, die neuen Nummern türmen sich auf die alten, und wer mit dem Produktionsrhythmus der Redaktionen und Druckereien Schritt halten will, wird zu titanischen Anstrengungen gezwungen. Hundert Autoren, die für zwanzig Zeitschriften schreiben, hetzen ihn wie eine unermüdliche Meute Hunde den Hasen und lassen ihn keinen Augenblick verschnaufen.

Erwähnen muß man auch die Neoanalphabeten unter den Künstlern. Es gibt Maler, die meinen, die Malerei sei die einzige Möglichkeit, um mit der Welt in Beziehung zu treten, sie in ihrer Wirklichkeit wahrzunehmen und in Kunst umzusetzen. Ein Satz wird nie zustande bringen, was ein Pinselstrich kann. Sie halten die Malerei für eine autonome Funktion, meinen, bei der Gedankenkultur gebe es nichts zu holen. Das Leben drückt sich ganz in Farben, Formen und Massen aus. (Obwohl Leonardo da Vinci gesagt hat, Malerei sei etwas Geistiges.)

Neoanalphabeten gibt es auch unter den Dichtern, männlichen und weiblichen. Obwohl sie schriftstellerisch tätig sind, sind sie überzeugt, daß ihre Art zu schreiben eine Himmelsgabe sei, die mit der Übung der intellektuellen Rede nichts gemein habe, und ihre Seele brauche keinerlei andere Nahrung als die Gnade der Inspiration.

Die Idee, daß man aus den Werken anderer etwas lernen oder sie zum Vorbild nehmen könnte, ist für sie unfaßlich. Mehr als einen habe ich schon sagen hören, er wolle nicht zu viel lesen, weil er fürchte, sonst seine Eigenständigkeit zu verlieren. Wo es doch erwiesen ist, daß die Meisterschaft und Originalität des Dichters der Meisterschaft des Schwimmers gleicht, die nur der erreicht, der in das fremde Element springen und in

vielen Meeren tauchen kann, und wenn er aus dem Wasser steigt, beherrscht er sich und seine Bewegungen besser als vorher.
Viele der dichtenden Analphabeten lassen sich herab, das eine oder andere Gedichtbuch oder sogar hie und da einen Roman zu lesen. Aber sie weichen mit einer Geste gezierter Verachtung vor einem Werk philosophischen oder sozialen Inhalts zurück, denn sie halten es für unmöglich, daß es mit irgend etwas Dichterischem in Beziehung zu bringen sei. Als ob in der Seele nicht alles eins werde und als ob die Blume sich weigere, sich von den Säften der Erde und dem Wasser des Himmels ernähren zu lassen unter dem Vorwand, sie seien zu wenig fein, als ob sie fordere, in blütenblättergedüngtem Boden zu wachsen und mit parfümiertem Wasser begossen zu werden…
Verlassen wir diese ganz und gar nicht vollständige Galerie der Neoanalphabeten, und versuchen wir, einige Schlußfolgerungen zu ziehen. Als erstes müssen wir, und das kann nicht oft genug betont werden, ständig vor der Mehrdeutigkeit des Wortes ‚lesen' und damit von Ausdrücken wie ‚lesen lernen' und ‚lesen können' auf der Hut sein. Vielschichtige und schwer auszulotende Wörter, nichts wäre gefährlicher, als sich mit ihrer Vorderseite, mit ihrer oberflächlichen Bedeutung zufriedenzugeben, das heißt, einfach als die Fähigkeit, den äußeren Sinn des geschriebenen Wortes zu verstehen. Es stimmt zwar, daß der Besitz dieser mechanischen Fertigkeit den Menschen dem natürlichen Analphabetentum entreißt und ihn befähigt, seine menschlichen Möglichkeiten in märchenhafte Weiten auszudehnen. Aber wenn der Besitzer dieser Fähigkeit sie nicht dazu benützt, seine Seelenkräfte zu entwickeln und sich zur Fülle der Geistigkeit anzuspornen, so gerät er in eine von den Wörtern her paradox scheinende Situation, sie ist aber grundwahr: ein Analphabet zu sein, der lesen kann. Er ist zwar dem reinen Analphabetentum entrissen worden, aber mangels Übung verliert er seine Fähigkeit zu lesen und was diese mit sich zieht, so daß Regressionskräfte zu wirken beginnen, die ihn früher oder später zum Ausgangspunkt zurückbringen, nämlich zu geistigem Analphabetentum.
Denn es ist eine Tatsache, daß es Analphabeten auf dem Hinweg und Analphabeten auf dem Rückweg gibt. Mit dem Lesen-Können hat man sie wohl mit einer vorläufigen Ahnung von allem Höheren versehen, das der Buchstabe in sich birgt und das ihnen nun zugänglich geworden ist; aber ihre Unfähigkeit, dem Sog des Niederen, des Vegetativen, das uns alle tausendstimmig in die Tiefe zieht, wirksam zu widerstehen, läßt die Gegenkräfte der Lektüre in ihnen ersterben, und die vorübergehenden Alphabeten fallen in den Dämmerzustand des Analphabetentums zurück, wo sie schon immer ruhten. Aber obwohl das die reine Wahrheit ist, hält man zum Zweck der Statistik und der sozialen Konvention eine Fiktion aufrecht, und dabei sollten diese Leute zu den Analphabeten gezählt werden, und zwar zu den privilegierten, die lesen können. Darin, wie in vielen andern Belangen, gibt sich die Welt skrupellos mit einer Halbwahrheit zufrieden und bejubelt sie wie eine Ganzwahrheit, obwohl

jedermann dunkel spürt, daß alle Akteure und Opfer eines riesigen Täuschungsmanövers sind.
Allmählich wird diese neue Klasse immer größer, und ich finde, es ist an der Zeit, ihr Namen und Status zuzuerkennen: die Klasse der Neoanalphabeten, die viel bedrohlicher und gefährlicher ist als die der reinen Analphabeten. Weder gehören sie zum Teufel und seinem Schattenreich der Unwissenheit, noch streben sie zu Gott und dem Licht seiner Weisheit. Alle Möglichkeiten stünden ihnen offen, aber sie haben nichts gewagt. Ihr Platz ist bei den Verdammten des Dritten Kreises der Hölle:

> Ed elli a me: „Questo misero modo
> tengon l'anime triste di coloro
> che visser sanza infamia e sanza lodo.
> Mischiate sono a quel cattivo coro
> delli angeli che non furon ribelli
> né fur fedeli a Dio, ma per sé foro."
>
> Und er: „So ist das klägliche Gebaren
> der armen Seelen, die ihr Leben lang
> sich weder Ruhm noch Schmach verdienen konnten.
> Sie sind den faulen Engelscharen bei-
> gemischt, die gegen Gott sich nicht empörten,
> noch treu ihm waren, sondern nur für sich."
>
> Übersetzt von Karl Vossler

Und noch eine Folgerung: dringendst muß mit unserer abgöttischen und hypnotischen Haltung dem ‚Problem des Analphabetentums' gegenüber Schluß gemacht werden. In der modernen Bildungspolitik macht sich ein Fetisch breit, ein blutrünstiger Gott, dem jedes Opfer dargebracht wird, ohne daß er seinen Anbetern den geringsten Gegenwert zusichert: der Kampf gegen das Analphabetentum. Wenn dieser Satz wie ein Pingpongbällchen in den Zeitungsartikeln umherspringt oder wie ein Stern über den Gipfeln der politischen Reden funkelt, verbreitet sich ein heiliger Schauer. Solch hypnotische Autorität genießt dieser Satz, daß er, kaum ist er ausgesprochen, jeden Versuch zur Kritik abwürgt und die bedingungslose Preisgabe der freien Urteilsfähigkeit zustande bringt.
Vielleicht steigt im einen oder andern meiner Leser schon die Welle der Empörung vor dem Ketzer hoch, der sich herausnimmt, im Kampf gegen das Analphabetentum Vorbehalte anzumelden. Dennoch: wenn man die Richtigkeit oder mindestens die Wahrscheinlichkeit meines Standpunktes in diesem Essay zugibt, das heißt, daß Lesen-Lehren in den wenigsten Fällen genügt, um den Menschen, der in den Genuß dieser Kunst gekommen ist, aus dem ursprünglichen Zustand geistiger Trägheit herauszuholen – oder wie T. S. Eliot sagt, daß „es nur in einem sehr beschränkten Sinn zutrifft, daß Bildung Kultur hervorbringt" –, so sieht man vielleicht, daß meine Absicht darin besteht, dem Satz, dem Motto, der Aufgabe ‚Kampf gegen das Analphabetentum' neue Spannung zu geben.

Ich verkenne die Bedeutung der Tragödie nicht, die der Analphabetismus ist; vielmehr halte ich sie für größer, denn ich nehme zwei feindliche Mächte uns gegenüber wahr: da ist einmal die altbekannte, die uns ins Gesicht blickt und auf die alle pädagogischen Geschütze gerichtet sind; aber an ihrer Seite stolziert großspurig eine vermummte Gestalt durch die Gesellschaft und gaukelt uns unter der Maske des Alphabetentums vor, sie sei für uns kein Problem mehr, sie kämpfe auf unserer Seite, sie sei Arbeiterin im Weinberg des Geistes, obwohl sie in Tat und Wahrheit wegen ihres trägen Widerstandes dem zum Geist gewordenen Buchstaben gegenüber zur fünften Kolonne des totalen Analphabetismus, zum geschworenen Feind gehört.

Man muß den Kampf gegen das Analphabetentum in seiner neuen Tiefe und Schärfe verstehen lernen. Denn wir haben einen neuen Feind entdeckt.

Und vor allem dürfen wir uns nicht an die Statistiken halten, wenn wir wissen wollen, ob unser Kampf erfolgreich ist. Statistiken sind Betäubungsmittel, die den braven Bürger mit ihren Zahlenreihen einlullen; denn wenn er liest, daß es in diesem Jahr dreißigtausend Analphabeten weniger gibt als im letzten, versinkt er in eine süßduftende Wolke bürgerlicher Zufriedenheit und kümmert sich nicht weiter um die Angelegenheit. Die Statistiken haben verkündet, daß in Deutschland das Analphabetentum überwunden sei, aber hinter dem Rücken der Statistiken bereitete sich in den vergifteten Seelen der Neoanalphabeten die große Verschwörung zum Sturz der westlichen Welt vor.

Andere Anzeichen, feinere Anhaltspunkte, die Verbesserung der menschlichen Eigenschaften, nicht die größere Anzahl Personen sagen uns, ob unsere Anstrengungen Früchte tragen. Natürlich ist es zu begrüßen, daß dank den Leistungen des Elementarunterrichts dieses Jahr soundso viele tausend Kinder dem Monstrum Analphabetentum entrissen worden sind. Aber es wäre angezeigt, den weiteren Lebensweg dieser Kinder zu verfolgen, die eben erst der Höhle des Analphabetentums, dem Drachen der Unwissenheit entrissen worden sind. Eine schreckliche Überraschung würde uns nämlich von der Naivität überzeugen, in der wir leben. Diese Kinder, die wir, mit den Waffen der Lesekunst ausgerüstet, vertrauensvoll ins Leben entlassen haben, weil ja der große Feind, die ursprüngliche Unwissenheit, besiegt war, trafen auf einen viel schlimmeren Feind, der schon an der nächsten Hausecke auf sie lauerte. Eine Zauberin wie die archetypische Kirke lockt sie an, verwandelt sie in niedere Lebewesen, die Neoanalphabeten, und läßt sie in den bequemen Ställen des materiellen Fortschritts behaglich dahinleben, auf ewig verurteilt zur zweiten und endgültigen Unwissenheit, aber nicht wie bei Homer mit edlen Eicheln ernährt, sondern mit dem neuesten Wunder des Fortschritts, mit Kunststoff, abgefüttert.

Aus dem Spanischen übersetzt von Erna Brandenberger

Dokumentation

Adam Müller (1779–1829)

Eine Regierungs- und eine Oppositionszeitung zugleich

Ich erwarte vom preußischen Dienst, den ich hinlänglich kenne, vorläufig nichts, als Arbeit und Leiden, die mich aber hinlänglich reizen, weil sie dem Vaterlande geweiht werden, welches gerettet werden kann, weil sie mit Männern getheilt werden, die ich verehre und weil ich meiner Kraft vertraue.

Erlauben mir Ew. Hochwohlgebohren, Ihnen eine bestimmte Stelle zu zeigen, von der ich wirken kann. Sollte nicht die alte Sinecure eines preußischen Historiographen dem Staatsrathe an irgend einem Orte, z.B. bey der Section für die *allgemeine* Gesetzgebung, annectirt und dadurch practisch gemacht werden können? – Ein Staat wie der reorganisirte Preußische muß auch sprechen: die Gesichtspunkte sowohl für die Beurtheilung der neuen Organisation, als für die der außerordentlichen Maaßregeln, welche die zerrüttete Lage des Staats nothwendig macht, müssen populär ausgedrückt, die Opposition, die durch alle Reform hervorgerufen wird, nicht niedergeschlagen, aber geleitet, noch besser *vorweggenommen* werden. Vorzüglich aber muß auf offiziellem Wege den Partheien, die den Staat vollends verzehren, durch eine überlegene Meinung und *durch eine überlegene Opposition* imponirt werden. – Ich getraue mir 1) öffentlich und unter der Autorität des Staatsraths ein Regierungsblatt 2) anonym und unter der bloßen Connivenz desselbigen ein Volksblatt, mit andern Worten, eine Ministerial- und Oppositionszeitung zugleich zu schreiben, die dem Einen, was uns Noth thut, der Wiedererzeugung einer wahren und ernsthaften, preußischen, öffentlichen Meinung thätig zu Hülfe kommen soll. Dies aber

kann ich als Partikulier nicht: der Staat selbst muß diese wichtige Sache übernehmen, mich autorisiren und für meine Instructionen sorgen; mir selbst muß der Zutritt zur Regierung erleichtert seyn; auch practisch und gesellschaftlich muß ich so gestellt werden, daß mir der Verkehr mit allen Partheien geöfnet sey. Mit Rücksicht auf die auswärtigen Verhältnisse müßte freilich einstweilen noch lavirt werden, indeß giebt die leider allzugroße, meiner Persönlichkeit widerwärtigste Parthey der einheimischen Enragés, den besten Grund an die Hand, auf eine Weile den gegenwärtigen Machthabern der Welt das Wort zu reden: daß es ohne Präjudiz und ohne Schaden für Wahrheit und Recht geschähe, wäre meine Sorge. Ich fühle mich oft versucht, eine Lobrede auf den sichtbaren Urheber unsrer Noth zu schreiben, wenn ich die kindischen Spielereien mit dem heiligen Gedanken, ihn zu bezwingen, um mich her erwäge.
Die Kosten einer so nützlichen Unternehmung kommen fast nicht in Anschlag: ein großer Theil derselbigen wird durch die Sache selbst getragen. Ein Translateur, ein Canzlist für die Correspondenz und ein Bote würden das ganze Büreau des dafür zu ernennenden Staatsraths formiren.
Verzeihen Ew. Hochwohlgebohren meine Geschwätzigkeit; erkennen Sie in meinen Träumereyen den Wunsch, Ihnen den Gedanken meiner Anstellung annehmlich und die Stelle deutlich zu machen, auf welche ich hin begehre. Ich bitte diesmal zu viel und ich scheue es zu sehr, Ihr Gefühl auch nur leise zu verletzen, um Ihnen heute zu sagen, wie und aus wie vielen Gründen ich Sie verehre. Ich wünsche Ihnen nur ausdrücken zu können, wie schwer mir sonst jede Art von Sollicitation wird und wie leicht mir die heutige geworden. Hochachtungsvoll

Ew. Hochwohlgebohren
unterthänigster
Adam Müller
Sr. Durchlaucht zu Sachsen-Weimar Hofrath.

Berlin
den 21. August 1809.

Brief an den preußischen Staatsrat Friedrich August von Stägemann. Aus: Adam Müllers Lebenszeugnisse. Hrsg. von Jakob Baxa. Schöningh, München – Paderborn – Wien 1966, Bd. 1, S. 483f.

Maurice Joly (1829–1878)

Medienpolitik aus der Unterwelt

Ein Gespräch zwischen Machiavelli und Montesquieu

Maurice Joly, *geboren 1821 in Lons-le-Saumier, gestorben (Selbstmord) am 16. Juli 1878. Advokat in Paris, Sekretär der Prinzessin Mathilde (einer Cousine Napoleons III., Tochter Jérômes Bonaparte, des einstigen Königs von Westfalen, und seiner Gemahlin Katharina von Württemberg). 1864 ließ er als anonymer „Zeitgenosse" in Brüssel seine „Dialoge in der Unterwelt zwischen Machiavelli und Montesquieu" erscheinen. Er wurde dafür zu fünfzehn Monaten Gefängnis und 200 Francs Geldstrafe verurteilt. Gegen*

Ende des zweiten Kaiserreichs gehörte Joly zu den eifrigsten und am meisten gehörten politischen Rednern. Ein Versuch, nach dem deutsch-französischen Krieg einen Posten in der neuen Regierung zu erhalten, mißlang. Joly wurde Mitarbeiter der „Liberté" und anderer Zeitungen. Obwohl sich Jolys Lehrgespräch unmittelbar gegen den autoritären Cäsarismus Napoleons III. wendet, ist das Werk, wie der Autor selbst im Vorwort bemerkt, an keine bestimmte Person gebunden: „Es gibt die Antwort auf einen Anruf des Gewissens. Jeder hat es in seinen Gedanken getragen. Ist es ausgeführt, so verschwindet der Verfasser; denn er hat nur Gedanken aufgezeichnet, die im Bewußtsein aller da sind. Er ist nur einer der mehr oder weniger im Dunklen bleibenden Verschwörer, die sich zum Kampf für das Gute vereinigt haben." Was Joly Machiavelli sagen läßt, gilt heute noch weit mehr als zur Zeit Napoleons III.: „Das, was ich Ihnen geschrieben habe, alle diese ungeheuerlichen Dinge, von denen sich unser Geist abwendet, dieses Werk, das nur der Teufel selbst vollbringen könnte, das alles ist vollbracht, das alles gibt es, das alles gedeiht im vollen Sonnenlicht – jetzt, zu dieser Stunde, an einer Stelle der Erde..."

Elftes Gespräch

Machiavelli: In Ihrem ›Geist der Gesetze‹ machen Sie die recht vernünftige Bemerkung, daß das Wort Freiheit ein Begriff ist, der sich in sehr verschiedenem Sinne verstehen läßt. In Ihrem Werke soll folgender Satz zu lesen sein: »Die Freiheit ist das Recht, das zu tun, was die Gesetze erlauben.« Ich mache mir gern diese Definition, die ich ganz richtig finde, zu eigen, und ich kann Ihnen versichern, daß meine Gesetze nur das erlauben, was getan werden soll. Sie werden ihren Geist kennenlernen. Womit wollen wir anfangen?
Montesquieu: Es wäre mir ganz recht, wenn ich zunächst wissen dürfte, wie Sie sich gegen Angriffe der Presse sichern.
Machiavelli: Sie legen tatsächlich den Finger auf die empfindlichste Stelle meines Unternehmens. Das System, das ich hier einzuführen gedenke, ist ebenso umfassend wie vielseitig in seinen Anwendungen. Glücklicherweise habe ich auf diesem Gebiete Bewegungsfreiheit. Ich kann der Sache in voller Ruhe den rechten Zuschnitt geben, und zwar ohne mich dabei irgendeinem Vorwurf auszusetzen.
Montesquieu: Inwiefern denn, bitte?
Machiavelli: Weil die Presse in den meisten parlamentarisch regierten Ländern es darauf abgesehen hat, sich verhaßt zu machen, weil sie immer nur im Dienste der heftigen, egoistischen, sich gegen alles andere abschließenden Leidenschaften steht, weil sie auf Grund ihrer Vorurteile verleumdet, weil sie käuflich, ungerecht, engherzig und ohne vaterländische Gesinnung ist, kurz und vor allem: weil Sie der großen Masse eines Landes nie beibringen werden, wozu die Presse eigentlich da ist.
Montesquieu: Ja, wenn Sie nach Vorwürfen suchen, die man der Presse machen kann, so wird es Ihnen ein Leichtes sein, einen ganzen Haufen zusammenzubringen. Wenn Sie aber fragen, wozu sie da ist, so ist das

eine andere Sache. Sie verhindert ganz einfach die Willkür bei der Ausübung der Macht. Sie zwingt dazu, nach der Verfassung zu regieren. Sie zwingt die Vertreter der Staatsautorität zur Anständigkeit, zur Zurückhaltung, zur Achtung vor sich selbst und den anderen. Kurz, um alles mit einem Worte zu sagen: Sie gibt jedem, der unterdrückt wird, die Möglichkeit sich zu beklagen und gehört zu werden. Man kann einer Einrichtung viel verzeihen, die bei allem Mißbrauch so viele gute Dienste leisten muß.
Machiavelli: Jawohl, mir ist diese Rechtfertigung der Presse bekannt. Aber bringen Sie das der großen Masse bei, wenn Sie es können. Zählen Sie doch einmal die Leute, die am Schicksal der Presse ein Interesse haben, und Sie werden gleich sehen, wie es steht.
Montesquieu: Deshalb ist es wohl besser, daß Sie gleich zu dem praktischen Mittel greifen, ihr einen – wie man so sagt – Maulkorb anzulegen.
Machiavelli: Ganz recht, so sagt man. Im übrigen beabsichtige ich, nicht nur dem Journalismus einen Zaum anzulegen.
Montesquieu: Sondern gleich allem, was gedruckt wird.
Machiavelli: Sie fangen an, recht ironisch zu werden.
Montesquieu: Sie werden mir das gleich unmöglich machen, so wie Sie ja auch die Presse in allen ihren Formen knebeln wollen.
Machiavelli: Gegen solche geistreichen Scherze kann man sich nicht wehren. Aber Sie werden sehr wohl begreifen, daß es sich gar nicht lohnen würde, sich vor den Angriffen der Journalisten zu retten, wenn man den Angriffen durch Bücher weiterhin ausgesetzt bleiben müßte.
Montesquieu: Schön, fangen wir also mit den Journalisten an.
Machiavelli: Wenn ich soweit ginge, die Zeitungen einfach ganz und gar abzuschaffen, würde ich recht unklug das Volksempfinden verletzen, dem offen entgegenzutreten immer gefährlich ist. Ich werde mit einer Reihe von Anordnungen vorgehen, die so aussehen, als wären sie einfache Vorsichts- und Ordnungsmaßnahmen.
Ich verordne, daß in Zukunft keine Zeitung ohne die Ermächtigung der Regierung gegründet werden darf. Damit ist das Übel schon an seinem Ursprung erfaßt; denn Sie können sich wohl denken, daß die von jetzt an genehmigten Zeitungen nur Organe sein können, die der Regierung ergeben sind.
Montesquieu: Aber, da Sie jetzt auf lauter solche Einzelheiten eingehen wollen, erlauben Sie mir die Frage: Der Geist einer Zeitung ist doch abhängig von dem Geist des Personals ihrer Redaktion, und wie wollen Sie es machen, eine Ihrer Macht feindlich gesinnte Redaktion zu entfernen?
Machiavelli: Der Einwurf ist recht schwach; denn schließlich werde ich, wenn es mir paßt, das Erscheinen keines einzigen neuen Blattes genehmigen. Aber ich habe, wie Sie noch sehen werden, andere Pläne. Sie fragen mich, wie ich eine mir feindlich gesinnte Redaktion kaltstellen werde? Auf die allereinfachste Art und Weise. Ich werde zu meiner Verordnung hinzusetzen, daß zu allen Änderungen im Personal der Hauptschriftleiter oder der Herausgeber der Zeitung die Genehmigung der Regierung erforderlich ist.

Montesquieu: Aber die alten Zeitungen, die Feinde Ihrer Regierung geblieben sind und deren Redaktion nicht gewechselt hat, sie werden ihre Stimme erheben.
Machiavelli: O nein, warten Sie! Ich belege alle gegenwärtig und zukünftig erscheinenden Zeitungen mit fiskalischen Lasten, die die publizistischen Unternehmen in den ihnen gebührenden Schranken halten. Ich werde die politischen Blätter dem unterwerfen, was Sie heute Stempelsteuer und Kaution nennen. Die Zeitungsindustrie wird infolge der Erhebung dieser Steuern bald so wenig lohnend sein, daß man sich ihr nur nach reiflicher Überlegung widmen wird.
Montesquieu: Das Mittel verfängt nicht; denn den politischen Parteien kommt es aufs Geld nicht an.
Machiavelli: Seien Sie unbesorgt. Ich habe Mittel, ihnen den Mund zu stopfen. Wir kommen nämlich jetzt zu den Maßnahmen für die Beschränkung der Pressefreiheit. Es gibt in Europa Staaten, in denen man den Schwurgerichten das Recht gegeben hat, über Pressedelikte zu Gericht zu sitzen. Ich kenne keine kläglichere Maßnahme; denn das heißt doch, die Öffentlichkeit wegen des kleinsten Journalisteneinfalls in Aufregung bringen. Die Pressevergehen sind etwas derart Dehnbares, der Schriftsteller kann seine Angriffe auf so verschiedene und raffinierte Weise verbergen, daß es gar nicht möglich ist, den Gerichten die Beurteilung solcher Vergehen zu überlassen. Die Gerichte werden hierzu immer gerüstet sein, das ist selbstverständlich, aber die Waffe, mit der man tagtäglich die Pressefreiheit beschränkt, gehört in die Hände der Verwaltung.
Montesquieu: Es wird also Vergehen geben, für die die Gerichte nicht zuständig sind, oder besser: Sie werden mit beiden Händen zuschlagen, mit dem Gericht und mit der Verwaltung?
Machiavelli: Das wäre kein großes Unglück. Man nimmt viel zu viel Rücksicht auf ein paar schlechte und böswillige Journalisten, die imstande sind, alles anzugreifen, alles schlecht zu machen, die mit den Regierungen umgehen wie die Banditen, die dem Reisenden auf der Straße mit dem Dolch in der Hand den Weg verlegen. Sie stellen sich stets außerhalb der Gesetze, obwohl man sie gern ein wenig darunter beugen möchte.
Montesquieu: Also nur diese Journalisten werden es sein, die Ihre Strenge zu fühlen bekommen?
Machiavelli: Auf sie kann ich mich nicht beschränken; denn solche Leute gleichen den Köpfen der Hydra. Wenn man zehn abgeschlagen hat, wachsen dafür fünfzig neue nach. Ich werde mich in erster Linie an die Zeitungen als die öffentlichen Unternehmen halten. Ich werde ihnen einfach folgendes erklären: Ich hätte euch alle verbieten können, ich habe es bisher nicht getan; ich kann es immer noch tun, ich lasse euch leben, aber selbstverständlich nur unter der einen Bedingung, daß ihr mir kein Hindernis in den Weg legt und meine Macht nicht untergrabt. Ich möchte nicht jeden Tag gegen euch vorgehen; ich will nicht fortwährend Zusätze zum Gesetz erlassen, um eure Vergehen zu erfassen. Ich kann auch nicht eine ganze Armee von Zensoren halten, die jeden Abend das prüfen müssen, was

ihr am nächsten Tage herausbringen wollt. Ihr habt Federn, also schreibt damit; aber merkt euch gut: Ich behalte mir und meinen Mitarbeitern das Recht vor, die zu richten, die mich angreifen. Macht mir dabei keine Spitzfindigkeiten. Wenn ihr mich angreift, werde ich das sehr wohl merken, und ihr merkt es auch. In diesem Falle werde ich mir mit meinen eigenen Händen Recht verschaffen, nicht gleich, denn ich will dabei Milde walten lassen; ich werde euch einmal, zweimal warnen, beim dritten Mal werde ich euch vernichten.

Montesquieu: Ich sehe mit Staunen, daß es eigentlich gar nicht der Journalist ist, der durch dieses System getroffen wird, sondern die Zeitung als solche, und ihr Untergang zieht dann den der Interessen nach sich, die sie vertritt.

Machiavelli: Mögen sie sich sonstwo vertreten lassen; hierüber wird nicht verhandelt. Meine Regierung würde also, so wie ich es Ihnen gesagt habe, zuschlagen, ohne dabei natürlich in die Aburteilungen einzugreifen, die von den Gerichten vollzogen werden. Zwei Verurteilungen im Jahre würden die rechtsgültige Einziehung der Zeitschrift nach sich ziehen. Dabei würde ich es noch nicht bewenden lassen. Ich würde den Zeitungen noch sagen – natürlich durch eine Verordnung oder in der Form eines Gesetzes –: Da ihr in allen Dingen, die euch selbst betreffen, äußerste Vorsicht walten zu lassen habt, so gebt euch nicht der Hoffnung hin, die öffentliche Meinung durch Kommentare über die in den beiden Abgeordnetenkammern geführten Debatten zu erregen. Ich verbiete euch, hierüber zu berichten. Ich verbiete euch auch die Berichte über die Gerichtsverhandlungen in Angelegenheiten der Presse. Denkt ferner nicht daran, auf die Öffentlichkeit durch Nachrichten zu wirken, die angeblich aus dem Ausland kommen. Ich würde falsche Nachrichten mit körperlicher Züchtigung bestrafen ohne Rücksicht darauf, ob sie in guter oder in böser Absicht publiziert wurden.

Montesquieu: Das scheint mir ein wenig hart zu sein; denn schließlich werden die Zeitungen, die sich nur unter größter Gefahr der Kritik der politischen Ereignisse widmen können, fast nur noch vom Nachrichtendienst leben. Wenn nun eine Zeitung eine Nachricht verbreitet, so scheint es mir doch recht schwer, von ihr den Nachweis der Wahrheit dieser Nachricht zu verlangen; denn meistens wird sie nicht mit Sicherheit für die Wahrheit eintreten können, und wenn sie ihrer moralisch gewiß ist, kann ihr doch das Beweismaterial fehlen.

Machiavelli: Da muß man eben eine solche Nachricht unter diesem doppelten Gesichtspunkte prüfen, bevor man die öffentliche Meinung verwirrt.

Montesquieu: Aber ich sehe noch etwas anderes kommen. Wenn man Sie nicht mehr durch Zeitungen, die im Inland erscheinen, bekämpfen kann, wird man es durch die ausländischen Blätter tun. Alle Unzufriedenen, alle von Haß Erfüllten werden vor den Toren Ihres Reiches schreiben; man wird Zeitungen und aufreizende Schriften über die Grenzen werfen.

Machiavelli: Sie berühren da eine Sache, die ich aufs strengste zu regeln gedenke; denn die Auslandspresse ist in der Tat sehr gefährlich. Zunächst

wird jedes Einführen oder Inumlaufsetzen von nicht genehmigten Zeitschriften oder Schriftstücken mit Gefängnis bestraft werden, und die Strafe wird hart genug werden, um die Lust an so etwas zu nehmen. Ferner werden diejenigen meiner Untertanen, die überführt wurden, im Ausland gegen die Regierung geschrieben zu haben, bei ihrer Rückkehr ins Reich aufgegriffen und bestraft werden. Es ist doch wirklich eine Gemeinheit, im Ausland gegen seine eigene Regierung zu schreiben.
Montesquieu: Das kommt auf die Umstände an. Aber die Auslandspresse der benachbarten Staaten wird sich selbst rühren.
Machiavelli: Glauben Sie? Wir gehen doch von der Annahme aus, daß ich in einem großen Reiche Herrscher bin. Die kleinen Staaten an den Grenzen werden recht ängstlich sein, das kann ich Ihnen versichern. Ich werde sie veranlassen, Gesetze zu geben, durch die ihre eigenen Landsleute betroffen werden, wenn sie meine Regierung durch die Presse oder sonstwie angreifen.
Montesquieu: Ich sehe, daß ich recht hatte, wenn ich im »Geist der Gesetze« sagte, daß zwischen dem Land eines Despoten und allen anderen Ländern eine Wüste liegen müßte. Die Kultur darf dort nicht hinkommen. Ihre Untertanen werden gewiß ihre eigene Geschichte nicht kennen. Nach einem Ausspruch Benjamin Constants werden Sie aus dem Reich eine Insel machen, wo man von dem, was in Europa vorgeht, nichts weiß, und aus der Hauptstadt werden Sie eine zweite Insel machen, auf der man von dem nichts weiß, was sich in den Provinzen ereignet.
Machiavelli: Ich will nicht, daß mein Reich durch Gerüchte aus dem Ausland in Aufregung versetzt wird. Wie kommen denn überhaupt Nachrichten aus dem Ausland herein? Durch ein paar Agenturen, die die Nachrichten sammeln, die ihnen von überall her zugeleitet werden. Nun, diese Agenturen wird man sich kaufen können, und von da an werden sie nur Nachrichten unter der Kontrolle der Regierung bringen.
Montesquieu: Das ist gut! Sie können jetzt zur Überwachung der Bücher übergehen.
Machiavelli: Daran bin ich weniger interessiert. Denn in einer Zeit, in der die Zeitungen eine so ungeheure Verbreitung gefunden haben, liest man fast keine Bücher mehr. Trotzdem werde ich ihnen keineswegs alle Wege der Verbreitung offen lassen. Zunächst werde ich alle, die den Beruf eines Buchdruckers, eines Verlegers oder eines Buchhändlers ausüben wollen, dazu zwingen, sich einen Ausweis zu verschaffen, das heißt eine Genehmigung, die ihnen die Regierung jederzeit entziehen kann, entweder direkt oder durch gerichtliche Entscheidungen.
Montesquieu: Aber dann werden diese freien Unternehmer doch eine Art von Staatsbeamten. Die Waffen des Geistes werden zu Waffen der Staatsgewalt werden.
Machiavelli: Ich denke, Sie werden sich darüber kaum beklagen können; denn so war es ja auch zu Ihrer Zeit unter dem parlamentarischen Regime. Man muß die alten Gebräuche erhalten, wenn sie gut sind. Ich werde auf fiskalische Maßnahmen zurückgreifen. Ich werde die Stempelsteuer der

Zeitungen auch auf die Bücher ausdehnen, oder besser: ich werde die Lasten einer Steuer auf solche Bücher legen, die nicht mehr als eine bestimmte Zahl von Seiten haben. Ein Buch zum Beispiel, das keine zweihundert oder dreihundert Seiten hat, soll nicht als Buch, sondern als Broschüre gelten. Sie werden sicher den Vorteil dieses Tricks begreifen. Auf der einen Seite vermindere ich durch die Steuer diese Flut kleiner Schriften, die nichts als Anhängsel von Zeitungen sind; auf der anderen Seite zwinge ich die Verfasser, die sich der Besteuerung entziehen wollen, lange und kostspielige Werke zu verfassen, die so gut wie unverkäuflich und in dieser Form unlesbar sind. Es sind heute fast nur noch arme Teufel, die glauben, sie müßten ein Buch schreiben; sie werden das bleiben lassen. Der Fiskus wird diesen Leuten den Mut dazu nehmen, ihrem literarischen Ehrgeiz nachzugehen, und das Strafgesetz wird den Druckereien selbst die Waffen aus der Hand schlagen; denn ich mache den Verleger und den Drucker in strafrechtlichem Sinne für das verantwortlich, was in den Büchern steht. Sollte ein Schriftsteller kühn genug sein, Bücher gegen die Regierung zu schreiben, so darf er keinen Verleger finden. Die Auswirkungen dieser heilsamen Einschüchterung werden auf indirektem Wege zur Einrichtung einer Zensur führen, wie sie die Regierung selbst nicht ausüben könnte wegen der Mißachtung, der diese Maßnahme, die ja nur eine vorbeugende sein soll, verfallen ist. Ehe die Drucker und Verleger neue Werke herausbringen, werden sie sich beraten lassen, sie werden Erkundigungen einziehen, sie werden solche Bücher herausbringen, deren Drucklegung das Publikum fordert, und so wird die Regierung immer rechtzeitig über die Veröffentlichungen unterrichtet sein, die sich gegen sie richten. Sie wird ihre vorläufige Beschlagnahme anordnen, wenn sie es für ratsam hält, und die Verfasser vor Gericht bringen.

Montesquieu: Sie haben mir doch gesagt, daß Sie das bürgerliche Recht nicht antasten werden. Sie scheinen sich darüber nicht klar zu sein, daß Sie durch solche Gesetzgebung die Handelsfreiheit treffen; auch das Recht auf Eigentum spielt hier mit herein und wird dabei außer Kraft gesetzt werden.

Machiavelli: Das sind leere Redensarten.

Montesquieu: Dann sind Sie nun wohl mit Ihren Ausführungen über die Presse fertig.

Machiavelli: Aber nein!

Montesquieu: Was fehlt denn noch?

Machiavelli: Die ganze zweite Hälfte der Aufgabe.

Zwölftes Gespräch

Machiavelli: Ich habe Ihnen bisher nur den Teil der Beschränkungen, die ich der Presse auferlegen würde, dargestellt, der gewissermaßen dem Schutze der verfassungsmäßigen Regierung dient. Jetzt habe ich Ihnen zu zeigen, wie ich diese Einrichtung zum Nutzen meiner Regierung zu verwenden gedenke. Ich wage zu behaupten, daß bis zum heutigen Tage noch keine Regierung eine so kühne Idee gehabt hat wie die, von der ich Ihnen jetzt sprechen werde. In den parlamentarisch regierten Ländern werden die Regierungen fast immer mit Hilfe der Presse gestürzt. Ich eröffne nun die Möglichkeit, die Presse durch die Presse niederzuhalten. Da der Journalismus eine so große Macht ist, wissen Sie, was meine Regienung tun wird? Sie wird sich selbst journalistisch bestätigen, und das wird dann ein Journalismus, der Hand und Fuß hat.

Montesquieu: Wahrhaftig, Sie führen mich von einer sonderbaren Überraschung zur anderen. Sie entfalten vor meinen Augen ein fortwährend wechselndes Panorama. Ich muß Ihnen gestehen, daß ich recht neugierig bin zu sehen, wie Sie es anfangen werden, dies neue Programm zu verwirklichen.

Machiavelli: Ich brauche dazu einen viel geringeren Aufwand an Phantasie, als Sie denken. Ich werde die Blätter zählen, die die sogenannte Opposition darstellen. Wenn zehn Zeitungen Opposition machen, werde ich zwanzig haben, die für die Regierung eintreten, wenn zwanzig, dann werde ich vierzig, wenn vierzig, dann werde ich achtzig haben. Dazu wird mir, wie Sie jetzt sehr gut verstehen, das Recht zu Diensten stehen, das ich mir vorbehielt, nämlich die Erlaubnis zur Gründung neuer politischer Blätter zu geben.

Montesquieu: Das ist allerdings sehr einfach.

Machiavelli: Aber doch nicht so einfach, wie Sie es sich vorstellen. Denn die große Masse des Volkes darf von dieser Taktik nichts merken. Sonst wäre der Plan mitßglückt, und die öffentliche Meinung würde sich von den Zeitungen lossagen, die offensichtlich meine Politik vertreten. Ich werde die mir ergebenen Zeitungen in drei oder vier Klassen teilen. An die erste Stelle werde ich eine Anzahl von Zeitungen stellen, die ganz offensichtlich eine amtliche Note haben und die bei allen Konflikten meine Handlungen bis zum Äußersten verteidigen werden. Ich möchte Ihnen gleich sagen, daß das nicht die Blätter sind, die den größten Einfluß auf die öffentliche Meinung haben. An zweiter Stelle werde ich eine Reihe von Zeitungen bringen, deren Charakter nur offiziös ist und die die Aufgabe haben, die große Masse der Lauen und Indifferenten, die ohne Bedenken sich auf den Boden der Tatsachen stellen und mit ihrer politischen Überzeugung nicht darüber hinausstreben, an meine Macht zu binden.

Unter den nun folgenden Gruppen von Zeitungen befinden sich die kräftigsten Stützen meiner Macht. Hier verschwindet die offizielle oder offiziöse Note vollständig, natürlich nur scheinbar; denn die Zeitungen, über die ich noch etwas zu sagen habe, werden alle mit derselben Kette an meine Regierung gebunden sein, einer Kette, die für die einen sichtbar, für andere unsichtbar ist. Ihre Zahl kann ich Ihnen nicht angeben; denn ich rechne bei jeder politischen Richtung und jeder Partei auf ein mir ergebenes Organ. Ich werde ein aristokratisches Blatt in der Aristokratenpartei haben, ein republikanisches in der republikanischen, ein revolutionäres bei der Revolutionspartei; wenn es nötig ist, auch ein anarchistisches bei den Anarchisten. Wie der Gott Wischnu wird meine Presse hundert

Arme haben, und diese Arme werden über das ganze Land hin ihre Hände den Vertretern aller politischen Richtungen reichen. Man wird für mich Partei ergreifen, ohne es zu wissen. Wer da glaubt, seine eigene Sprache zu sprechen, spricht doch nur die meine. Wer da meint, in seinem eigenen Interesse zu agitieren, betreibt nur das meine. Alle, die unter ihrer eigenen Fahne zu marschieren glauben, marschieren unter der meinen.
Montesquieu: Sind das nun Ideen, die verwirklicht werden sollen, oder nur Phantasien? Mir schwindelt dabei.
Machiavelli: Schonen Sie Ihre Kräfte; denn wir sind noch nicht am Ziel.
Montesquieu: Ich frage mich nur, wie Sie dieses ganze der Bearbeitung der öffentlichen Meinung dienende und im geheimen von Ihrer Regierung angeworbene Heer lenken und zusammenfassen können...
Machiavelli: Das ist nur eine Frage der Organisation. Sie werden das gleich verstehen. Ich werde zum Beispiel unter der Bezeichnung Abteilung für Druck- und Pressewesen eine Zentralstelle einrichten, bei der man sich die Instruktionen holt und von der Winke gegeben werden. Dann wird sich denen, die nur zur Hälfte in das Geheimnis eingeweiht sind, ein bizarres Schauspiel darbieten: man wird erleben, daß Zeitungen, die meiner Regierung ergeben sind, mich angreifen, ein großes Geschrei erheben und mir eine Menge Verdrießlichkeiten bereiten.
Montesquieu: Das kann ich nicht fassen; ich verstehe nichts mehr.
Machiavelli: Und doch ist das gar nicht so schwer zu verstehen; denn Sie müssen beachten, daß die Grundlagen und die Prinzipien meiner Regierung niemals von den Zeitungen angegriffen werden, von denen ich eben sprach. Sie werden nie mehr als einen Kleinkrieg führen und gegen das Herrscherhaus nur eine Opposition machen, die sich in den engsten Grenzen hält.
Montesquieu: Und was für einen Vorteil haben Sie davon?
Machiavelli: Ihre Frage ist recht naiv. Das schon recht beachtliche Ergebnis wird sein, daß die meisten Leute sagen: Aber Sie sehen doch, daß wir frei sind, daß man unter dieser Regierung etwas sagen kann, daß sie zu Unrecht angegriffen wird und es duldet und erträgt, statt den Angriff zu unterdrücken, wie sie es leicht hätte tun können. Ein zweites nicht weniger bedeutsames Ergebnis wird es zum Beispiel sein, Erwägungen wie die folgenden hervorzurufen: Sehen Sie, wie die Grundlagen dieser Regierung, wie ihre Prinzipien sich die Achtung aller erworben haben. Diese Zeitungen erlauben sich gewiß die größten Freiheiten, aber sie greifen niemals die bestehenden Ordnungen an. Diese Ordnungen müssen über alle Ungerechtigkeiten der politischen Leidenschaften erhaben sein, wenn selbst die Feinde der Regierung es sich nicht versagen können, ihnen ihre Huldigung darzubringen.
Montesquieu: Ich muß schon sagen, das ist echt machiavellistisch.
Machiavelli: Das ehrt mich sehr; aber es kommt noch besser. Mit Hilfe dieser Zeitungen, die mir im geheimen ergeben sind, lenke ich die öffentliche Meinung in allen Fragen der inneren und äußeren Politik, wie ich wohl sagen kann, nach meinem Belieben. Ich rege die Geister an, oder

ich lasse sie einschlafen, ich ermutige sie oder bringe sie zur Verzweiflung, ich erörtere das Für und Wider, ich verteidige, was wahr oder was falsch ist. Ich mache eine Tatsache bekannt oder lasse sie dementieren, je nach den Umständen. So sondiere ich die Gedanken der öffentlichen Meinung, fasse die Wirkungen zusammen, die ich selbst hervorgebracht habe, probiere Pläne, Projekte, plötzliche Entschlüsse aus, kurz, ich lasse, wie Sie das in Frankreich nennen, Versuchsballons steigen. Ich bekämpfe nach Belieben meine Feinde, ohne dabei jemals meinen eigenen Einfluß bloßzustellen; denn wenn ich diese Blätter dazu verleitet habe, etwas zu sagen, kann ich sie, wenn das nötig ist, dadurch bestrafen, daß ich sie zu einem nachdrücklichen Widerruf zwinge.
Ich gebe der öffentlichen Meinung den Anreiz zu bestimmten Beschlüssen, ich treibe sie vorwärts, oder ich halte sie zurück, ich habe immer die Hand an ihrem Puls, sie spiegelt, ohne es zu wissen, nur meine persönlichen Ansichten wider, und sie wundert sich dann zuweilen, daß sie immer mit ihrem Herrn in so gutem Einvernehmen ist. Man sagt dann, ich hätte ein Fingerspitzengefühl für die Volksstimmung, eine geheime und wunderbare Sympathie verbinde mich mit den Lebensregungen meines Volkes.
Montesquieu: Diese vielseitigen Überlegungen scheinen mir von einer Vollendung zu sein, die geradezu ideal ist. Ich unterbreite Ihnen jedoch noch eine Bemerkung, aber diesmal recht zaghaft: Wenn Sie das Schweigen, das den orientalischen Despoten umgibt, durchbrechen, wenn Sie Ihrer Journalistenarmee zu Ihrem eigenen Vorteil die Scheinopposition erlauben, von der Sie soeben sprachen, so sehe ich wirklich nicht recht, wie Sie die nicht gleichgeschalteten Zeitungen daran hindern wollen, auf Ihre eigenen Sticheleien, deren Absicht sie wohl erraten werden, mit wirklichen Schlägen zu antworten. Glauben Sie nicht, daß sie schließlich doch einige der Schleier lüften werden, die so viele geheime Absichten verdekken? Wenn sie erst einmal hinter das Geheimnis dieser Komödie gekommen sind, können Sie diese Leute dann daran hindern, sich über sie lustig zu machen? Das Spiel scheint mir doch eine recht heikle Angelegenheit zu sein.
Machiavelli: Keineswegs. Ich kann Ihnen nur sagen, daß ich hier einen großen Teil meiner Zeit darauf verwendet habe, die Stärken und Schwächen dieses Systems zu prüfen. Ich habe mich nach den Existenzbedingungen der Presse in den parlamentarisch regierten Ländern genau erkundigt. Sie müssen bedenken, daß die Journalisten so etwas wie einen Freimaurerorden bilden. Die Leute, die vom Journalismus leben, sind alle mehr oder weniger aneinander durch die Bindungen des Berufsgeheimnisses gefesselt. Wie die Auguren des Altertums verraten sie nicht gern das Geheimnis ihrer Orakelsprüche dem Volke. Sie würden dadurch nichts gewinnen, wenn sie einander verrieten; denn sie haben fast alle ihre mehr oder weniger schwachen Stellen. Ich gebe zu, es ist sehr wahrscheinlich, daß im Zentrum der Hauptstadt in einem bestimmten Kreise von Persönlichkeiten diese Dinge kein Geheimnis sein werden; aber sonst wird man nirgends

etwas davon ahnen, und die große Mehrheit des Volkes wird mit vollstem Vertrauen den Führern folgen, die ich ihm geben werde.
Was kümmert es mich, wenn in der Hauptadt gewisse Leute über die Schliche meiner Presse Bescheid wissen? Der größte Teil ihres Einflusses ist für die Provinz bestimmt. Dort werde ich immer die Temperatur der öffentlichen Meinung haben, die ich gerade brauche, und jede meiner Anregungen wird sicher dorthin gebracht werden. Die Provinzpresse wird mir ganz gehören; denn dort ist gar kein Widerspruch und keine Diskussion möglich. Aus dem Zentrum der Verwaltung, in dem ich sitze, wird man regelmäßig dem Gouverneur jeder Provinz den Befehl übermitteln, die Zeitungen in diesem oder jenem Sinne sprechen zu lassen, so daß zur selben Stunde auf das ganze Land dieser oder jener Einfluß ausgeübt, dieser oder jener Impuls gegeben wird, oft sogar bevor man in der Hauptstadt noch etwas davon ahnt. Sie sehen hieraus, daß ich mir über die Meinung der Hauptstadt keine Sorgen zu machen brauche. Sie wird im Ernstfalle über eine Bewegung, die draußen entsteht, zu spät unterrichtet sein, und diese Bewegung wird sie mit fortreißen, im Notfalle wider ihren Willen.
Montesquieu: Ihre Gedankenkette zieht alles mit solcher Wucht mit sich fort, daß ich den Mut zu dem letzten Einwand verliere, den ich Ihnen noch vortragen wollte. Es bleibt trotz allem, was Sie soeben sagten, die Tatsache bestehen, daß in der Hauptstadt noch eine gewisse Zahl unabhängiger Journalisten übrig bleiben wird. Es wird ihnen fast unmöglich sein, über Politik zu schreiben, das steht fest, aber sie können gegen Sie einen Kleinkrieg führen. Ihr Verwaltungsapparat wird nicht vollkommen sein. Die Entwicklung des absoluten Regimes läßt mancherlei Mißbrauch zu, an dem der Herrscher selbst nicht schuld ist. Bei allen Handlungen Ihrer Beamten, die gegen das Privatinteresse verstoßen, wird man finden, daß hier Ihre eigenen schwachen Stellen sind. Man wird sich beklagen, man wird Ihre Beamten angreifen, Sie werden selbstverständlich für deren Handlungen verantwortlich gemacht, und Ihre Achtung wird von einer Kleinigkeit zur anderen sinken.
Machiavelli: Das fürchte ich nicht.
Montesquieu: Sie haben allerdings die Mittel der Unterdrückung derart vermehrt, daß Sie unter ihnen nur zu wählen brauchen.
Machiavelli: Das wollte ich damit nicht sagen. Ich will ja gar nicht fortwährend unterdrücken; ich will nur die Möglichkeit haben, durch eine schlichte Weisung jede Diskussion über ein Thema zu unterbinden, durch das die Regierung angegriffen wird.
Montesquieu: Und wie wollen Sie das machen?
Machiavelli: Ich werde die Zeitungen dazu verpflichten, am Kopf ihrer Spalten die Berichtigungen zu bringen, die ihnen die Regierung zugehen läßt. Die Vertreter der Regierung werden ihnen Noten zustellen, in denen man ihnen kategorisch erklärt: Sie haben einen Bericht über diesen oder jenen Vorgang gebracht, der nicht ganz richtig ist. Sie haben sich die und die Kritik erlaubt. Sie sind der Sache nicht gerecht geworden. Sie haben

sich nicht richtig benommen. Sie haben unrecht gehabt. Richten Sie sich danach. Das wird, wie Sie sehen, eine loyale und ganz offen ausgeübte Zensur sein.
Montesquieu: Auf die es natürlich keine Antwort gibt.
Machiavelli: Sicher nicht. Die Diskussion ist damit geschlossen.
Montesquieu: So werden Sie immer das letzte Wort haben, und zwar ohne Gewalt anzuwenden, das ist sehr fein ausgedacht. Ihre Regierung vertritt, wie Sie es vorhin so schön sagten, tatsächlich einen Journalismus, der Hand und Fuß hat.
Machiavelli: So wie ich nicht möchte, daß das Volk durch die Gerüchte, die aus dem Ausland kommen, beunruhigt wird, will ich auch nicht, daß es gestört wird durch die Gerüchte, die sich im Innern gebildet haben, auch nicht durch einfache Nachrichten aus dem Privatleben. Wenn ein außergewöhnlicher Selbstmord passiert, ein allzu anrüchiges Geldgeschäft, bei dem es sich um große Summen handelt, ein Fehltritt eines im öffentlichen Dienste stehenden Beamten, werde ich den Zeitungen verbieten lassen, darüber zu berichten. In dem Schweigen über solche Dinge liegt mehr Achtung vor der Anständigkeit des Volkes als in dem Gerede darüber.
Montesquieu: Und Sie selbst, Sie werden sich inzwischen hemmungslos journalistisch betätigen.
Machiavelli: Man muß es wohl. Die Presse auszunutzen, sich ihrer in allen ihren Formen zu bedienen, das ist heute die Pflicht aller Regierungen, die am Leben bleiben wollen. Das ist recht sonderbar, aber es ist so. Daher werde ich auf diesem Wege noch viel weiter über alles hinausgehen, was Sie sich ausdenken können.
Um zu verstehen, worauf sich mein System alles erstreckt, muß man darauf achten, wie die Äußerungen meiner Presse dazu bestimmt sind, mit den offiziellen Handlungen meiner Politik zusammenzuwirken. Nehmen wir an, ich wollte eine Entscheidung von großer außenpolitischer und innenpolitischer Kompliziertheit durchsetzen. Diese Entscheidung wird durch meine Zeitungen, von denen jede seit mehreren Monaten die Öffentlichkeit in ihrem Sinne bearbeitet, eines Tages als ein offizielles Ereignis bekanntgemacht. Sie wissen, mit welcher Diskretion und welcher vorsichtigen Behutsamkeit die Dokumente der Regierung in kritischen Situationen abgefaßt sein müssen. Die Aufgabe, die in solchem Falle zu lösen ist, besteht darin, alle Parteien zufriedenzustellen. Dann wird jede meiner Zeitungen im Rahmen der Tendenz, die sie vertritt, sich bemühen, jede Partei davon zu überzeugen, daß die Entscheidung, die getroffen wurde, gerade die für sie günstigste ist. Was in einem offiziellen Dokument nicht geschrieben steht, wird man durch einen Kommentar hierzu herausbringen; was nur angedeutet wird, werden die offiziösen Zeitungen offener vorbringen, die demokratischen und die revolutionären Zeitungen werden es ausposaunen, und während man sich hin und her streitet und die verschiedensten Erklärungen für meine Handlungen gibt, kann meine Regierung allen und jedem einzelnen antworten: Sie täuschen sich über die Absichten der Regierung. Sie haben ihre Bekanntmachungen schlecht gelesen; sie hat nie etwas an-

deres als dies oder jenes sagen wollen. Die Hauptsache ist, daß man sich nie mit sich selbst in Widerspruch setzt.
Montesquieu: Was! Nach allem, was Sie soeben sagten, stellen Sie diese Forderung auf?
Machiavelli: Gewiß, und Ihr Staunen beweist mir, daß Sie mich nicht verstanden haben. Es kommt viel mehr darauf an, daß man die Worte, als daß man die Taten miteinander in Einklang bringt. Wie können Sie verlangen, daß die große Masse des Volkes darüber urteilen kann, ob sich ihre Regierung von der Logik leiten läßt? Es genügt, wenn man ihm das sagt. Ich wünsche, daß die verschiedenen Phasen meiner Politik als die Entwicklung eines einzigen Gedankens dargestellt werden, der auf ein unveränderliches Ziel gerichtet ist. Jedes vorhergesehene oder unerwartet eingetretene Ereignis wird ein weise herbeigeführtes Resultat sein, die Fehler der Führung werden nichts weiter sein als die verschiedenen Ansichten derselben Sache, die verschiedenen Wege, die zum selben Ziele führen, die mannigfachen Mittel zur Lösung derselben Aufgabe, die man unermüdlich über alle Hindernisse hinweg verfolgt hat. Das letzte Ereignis wird sich als logische Folge aus allen anderen ergeben.
Montesquieu: Man muß Sie wirklich bewundern! So ein Scharfsinn und so eine Betriebsamkeit!
Machiavelli: Jeden Tag werden meine Zeitungen angefüllt sein mit offiziellen Reden, Rechenschaftsberichten, mit Berichterstattungen an die Minister, an den Herrscher. Ich würde nie vergessen, daß ich in einer Zeit lebe, wo man glaubt, alle Probleme der Gesellschaft durch die Industrie lösen zu können, wo man sich fortwährend mit der Verbesserung der Lebensbedingungen der Arbeiterklasse beschäftigt. Ich würde mich um so mehr an diese Fragen halten, als sie ein recht glückliches Mittel zur Ablenkung von den Sorgen der inneren Politik sind. Bei den mitteleuropäischen Völkern müssen die Regierungen sich den Anschein geben, als wären sie dauernd beschäftigt. Die Massen geben ihre Zustimmung zu ihrer Untätigkeit nur unter der Bedingung, daß die Regierungen ihnen das Schauspiel einer dauernden Betriebsamkeit, einer fieberhaften Tätigkeit geben, daß sie ständig die Aufmerksamkeit durch Neuerungen, Überraschungen, durch irgendein Theater auf sich ziehen. Das mag sonderbar sein, aber – ich muß es noch einmal sagen – es ist so.
Ich werde mich mehr und mehr diesen Eigentümlichkeiten anpassen. Infolgedessen werde ich auf den Gebieten des Handels, der Industrie, der Kunst und auch der Verwaltung auf alle möglichen Projekte, Pläne, Berechnungen, Änderungen, Umarbeitungen und Verbesserungen bedacht sein, deren Widerhall in der Presse die Stimme der Politiker übertönen wird, und wenn sie noch so zahlreich sind und noch so viel schreiben. Man sagt, die Volkswirtschaft spielt bei Ihnen jetzt eine große Rolle. Gut, ich werde nichts zu erfinden, zu veröffentlichen übrig lassen, nichts auch für Ihre Theoretiker, Ihre Utopisten, für die begeisterten Prediger Ihrer Sekten. Die Volkswohlfahrt wird der einzige sich nie ändernde Gegenstand meiner öffentlichen Kundgebungen sein. Mag ich nun selbst reden oder meine

Minister oder meine Zeitungsschreiber für mich reden lassen, man könnte gar nicht genug über die Größe des Landes, über seinen Wohlstand, über die Erhabenheit seiner Mission und seiner Bestimmung reden; man dürfte gar nicht aufhören, zum Volke von den großartigen Prinzipien des modernen Rechts, den großen die Menschheit bewegenden Aufgaben der Humanität zu sprechen. Alle meine Schriftsätze müßten die Atmosphäre des begeistertsten, alles umfassenden Liberalismus verbreiten. Die abendländischen Völker lieben den orientalischen Stil. Daher müßte der Stil der Reden, aller offiziellen Erklärungen immer bilderreich, stets pompös, schwungvoll und lichtvoll sein. Atheistische Regierungen sind bei den Völkern nicht beliebt. Ich würde es bei meinem Verkehr mit dem Publikum nie unterlassen, meine Taten unter den Schutz der Gottheit zu stellen, wobei ich meinen eigenen Stern mit dem des Landes geschickt in Verbindung bringe.

Ich möchte, daß man zu jeder Zeit die Handlungen meiner Regierung mit denen der früheren Regierungen vergleicht. Auf diese Weise würden meine Wohltaten am besten hervortreten und die Dankbarkeit erregen, die sie verdienen.

Es wäre sehr wichtig, die Fehler meiner Vorgänger hervorzuheben und zu zeigen, daß ich sie stets zu vermeiden wußte. Man würde so gegen die Regierungen, auf die meine Herrschaft folgte, eine gewisse Antipathie, ja sogar einen Widerwillen nähren, der ebenso wenig aus der Welt zu schaffen ist, wie ein Verbrechen durch die Bestrafung des Schuldigen.

Ich würde nicht nur einer bestimmten Zahl von Zeitungen den Auftrag geben, ständig die Herrlichkeit meiner Herrschaft zu preisen, die Verantwortung für die Fehler der europäischen Politik auf andere Regierungen abzuwälzen, sondern ich möchte auch, daß ein großer Teil dieser Lobeshymnen nur als ein Echo ausländischer Blätter erscheint, aus denen man Artikel – echte oder gefälschte – abdruckt, die meiner eigenen Politik eine glänzende Huldigung darbringen. Übrigens würde ich im Ausland Zeitungen unterhalten, die in meinem Solde stehen und deren Unterstützung um so wirksamer sein würde, als ich ihnen die Aufmachung von Blättern geben würde, die in einigen Einzelheiten Opposition machen.

Meine Prinzipien, meine Ideen, meine Taten würde ich mit dem Nimbus der Jugendlichkeit umgeben, mit dem Glanz des neuen Rechts im Gegensatz zur Altersschwäche und Hinfälligkeit der früheren Einrichtungen.

Ich weiß wohl, daß man für die öffentliche Kritik Ventile braucht, daß die geistige Betriebsamkeit, wenn man sie von einem Gebiete abdrängt, sich notwendig auf ein anderes begibt. Deshalb würde ich mich auch nicht scheuen, das Volk in alle möglichen theoretischen Spekulationen und Praktiken der Industrie zu stürzen.

Außerhalb der Politik würde ich im übrigen, das kann ich Ihnen versichern, ein herzensguter Herrscher sein, und ich würde über die philosophischen und religiösen Fragen in voller Ruhe verhandeln lassen. Was die Religion angeht, so ist die Lehre von der freien Entscheidung in Glaubenssachen so etwas wie eine fixe Idee geworden. Man darf sich dieser Bestrebung

nicht widersetzen, man könnte es gar nicht ohne Gefahr tun. In den Ländern Europas, in denen die Zivilisation am weitesten fortgeschritten ist, hat die Erfindung der Buchdruckerkunst schließlich eine verrückte, tolle, zügellose und beinahe unanständige Literatur hervorgebracht. Das ist ein großer Übelstand. Nun ja, es ist traurig, daß man es sagen muß, man wird sich damit begnügen müssen, diese Literatur nicht zu beschränken, damit die Schreibwut, von der Ihre parlamentarisch regierten Länder besessen sind, einigermaßen befriedigt wird.
Diese verseuchte Literatur, deren Verbreitung man nicht hindern kann, die Plattheit der Zeitungsschreiber und der Politiker, die sich des Journalismus bemächtigt haben, werden in einem abstoßenden Kontraste zu der Würde der Sprache stehen, die vom Throne des Herrschers herabklingt, zu der lebhaften und farbenreichen Redeweise, mit der man bemüht sein wird, alle Kundgebungen der Regierung wirksamer zu machen. Sie verstehen jetzt, warum ich meinen Fürsten sich mit einem solchen Schwarm von Publizisten, Verwaltungsbeamten, Advokaten, Geschäftsleuten und Rechtsgelehrten umgeben ließ, die für die Abfassung dieser Unmenge von offiziellen Mitteilungen von Bedeutung sind, von der ich Ihnen sprach, und deren Einfluß auf die Menschen immer ein sehr großer sein dürfte.
Das ist in großen Zügen die allgemeine Organisation meiner Herrschaft über die Presse.

Macht contra Vernunft. Gespräche in der Unterwelt zwischen Machiavelli und Montesquieu. Aus dem Französischen von Hans Leisegang. Mit einem Vorwort von I. C. Horn. Deutscher Taschenbuchverlag, München 1968, S. 87–104 (Lizenzausgabe des Felix Meiner Verlages, Hamburg, der auch diesem Teilabdruck freundlicherweise zugestimmt hat).

Weiterführende neuere Literatur

Abich, Hans: Film oder Die Gelegenheit, nicht auf seine Kosten zu kommen. In: Zwanzig Jahre danach. Eine deutsche Bilanz 1965. Hrsg. von Helmut Hammerschmidt. Desch, München 1965, S. 478–497.

Anders, Günther: Die Antiquiertheit des Menschen. Über die Seele im Zeitalter der zweiten industriellen Revolution. 4 Essays. Beck, München 1956, VIII, 353 S.

ARD (Hrsg.): Rundfunkanstalten und Tageszeitungen. Eine Materialsammlung. Dokumentation 5: Untersuchungsergebnisse und Empfehlungen. Hase & Koehler, Mainz 1969, 352 S.

Arendt, Hannah: Elemente totaler Herrschaft. Europäische Verlagsanstalt, Frankfurt a. M. 1955, XV, 782 S.

Arendt, Hannah: Über die Revolution. Piper, München 1966, 426 S.

Arendt, Hannah: Macht und Gewalt. Piper, München ^{2}1971, 137 S.

Armbruster, Hubert u.a. (Hrsg.): Pressefreiheit. Entwurf eines Gesetzes zum Schutze freier Meinungsbildung und Dokumentation des Arbeitskreises Pressefreiheit. Luchterhand, Berlin-Neuwied 1970, 223 S.

Armbruster, Hubert u.a. (Hrsg.): Entwurf eines Gesetzes zum Schutze freier Meinungsbildung. J. C. B. Mohr (Paul Siebeck), Tübingen 1972, 102 S.

Arndt, Helmut: Die Konzentration in der Presse und die Problematik des Verlegerfernsehens. Metzner, Berlin–Frankfurt a.M. 1967, IX, 96 S.

Aufermann, Jörg, Ernst Elitz (Hrsg.): Ausbildungswege zum Journalismus. Westdeutscher Verlag, Opladen 1975, 314 S.

Autorenkollektiv Presse: Wie links können Journalisten sein? Pressefreiheit und Profit. Rowohlt, Reinbek 1972.

Ball, Hugo: Zur Kritik der deutschen Intelligenz. Hrsg. und eingeleitet von Gerd-Klaus Kaltenbrunner. Rogner & Bernhard, München 1970, 326 S.

Bandulet, Bruno: „Konkret"-Enthüllungen. In: Zeitbühne, Jg. d, H. 1 (Januar 1975), S. 25–30.

Bandulet, Bruno: „Genossen, wir haben Scheiße gebaut!" Röhls Enthüllungen über Ulrike Meinhof und die schicke Linke in der Bundesrepublik. In: Student, Nr. 54 (Juli 1975), S. 4.

Barth, Heinz: Ihr Mythos heißt Objektivität. Die hypertrophierte Macht der Kolumnisten in den USA. In: Die Welt, Nr. 204, 2. Dezember 1972 (Die geistige Welt).

Baumert, Dieter Paul: Die Entstehung des deutschen Journalismus. Dunker & Humblot, München-Leipzig 1928, VIII, 108 S.

Bausch, Hans: Der Kampf um das neue Medium. In: Zwanzig Jahre danach. Eine deutsche Bilanz 1965. Hrsg. von Helmut Hammerschmidt. Desch, München 1965, S. 360–374.

Bell, Daniel, Irving Kristol (Hrsg.): Kapitalismus heute. Herder & Herder, Frankfurt a. M. – New York 1974, 256 S.

Bell, Daniel: Die nachindustrielle Gesellschaft. Campus, Frankfurt a. M. – New York 1975, 392 S.

Berglar, Peter: Monsieur sans gêne. Roman eines Scharlatans. Cura Verlag, Wien 1972, 240 S. (Die Erstauflage erschien 1966 unter dem Titel: „Der Erfolg oder das zerstörte Gesicht").

Bettelheim, Bruno: Aufstand gegen die Masse. Szczesny, München 1964, 331 S.

Binkowski, Johannes: Mensch und Information in der technischen Welt. In: Publizistik 1965.

Binkowski, Johannes: Mit den Massenmedien leben. Möglichkeiten und Grenzen der Manipulation. Schweinfurt 1970.

Birnbaum, Immanuel: Achtzig Jahre dabei gewesen. Erinnerungen eines Journalisten. Süddeutscher Verlag, München 1974, 360 S.

Bittman, Ladislav: Geheimwaffe D. Verlag SOI, Bern 1973, 253 S.

Böddeker, Günter: Die Moral der Laterna magica. Das Fernsehen macht Ungeheuerliches selbstverständlich. In: Die Welt, 16. März 1974, S. 4.

Böhler, Eugen: Psychologie des Zeitgeistes. Herbert Lang, Bern-Frankfurt a. M. 1973, 280 S.

Böhm, Anton: Leben im Zwiespalt. Der moderne Mensch zwischen Angst und Hybris. Herder, Freiburg i. Br. 1974, 208 S. (Herderbücherei 500).

Bon, Frédéric, Michel-Antoine Burnier: Die neuen Intellektuellen. Europaverlag, Wien 1974, 219 S.

Boventer, Hermann: Medienpolitik: Eine andere Pressefreiheit? In: Die neue Ordnung, 1973, H. 5, S. 339–352.

Boventer, Hermann: Medienpolitik – nicht mehr, sondern weniger Pressefreiheit. Bachem, Köln 1974, 16 S. (Kirche und Gesellschaft 15).

Breitbach, Joseph: Genosse Veygond. Komödie in vier Akten. In: Die

Jubilarin – Genosse Veygond – Requiem für die Kirche. S. Fischer, Frankfurt a. M. 1972, S. 107–175.
Breitbach, Joseph: Warum Mihaljov im Gefängnis sitzt. In: Frankfurter Allgemeine Zeitung, Nr. 135, 14. Juni 1975 (Wochenendbeilage).
Brepohl, Klaus: Die Massenmedien. Ein Fahrplan durch das Zeitalter der Information und Kommunikation. Nymphenburger, München 1974, 308 S.
Brinckmann, Carl: Presse und öffentliche Meinung. In: Verhandlungen des 7. Deutschen Soziologentages. Tübingen 1931. S. 27ff.
Brunner, Georg: Totalitarismus und Intellektuelle. In: Criticón, Nr. 16 (März/April 1973), S. 58–61.
Bucerius, Gerd: Die Illustrierten und die Massengesellschaft. Düsseldorf 1961.
Bucerius, Gerd: Der angeklagte Verleger. Notizen zur Freiheit der Presse. Piper, München 1974, 171 S.
Buchheim, Hans: Was heißt politisch denken? In: Neue Rundschau, Jg. 79, H. 2 (1968), S. 255–272.
Buchholz, Ernst: Kunst, Recht und Freiheit. Reden und Aufsätze. Bechtle, München 1965, 204 S.
Bücher, Karl: Gesammelte Aufsätze zur Zeitungskunde. Laupp, Tübingen 1926, VI, 429 S.
Burger, Harald: Die fragwürdige Suggerierung von Objektivität. In: Neue Zürcher Zeitung, Nr. 116, 23. Mai 1975, S. 77f.
Burger, Harald: Wie kann man Nachrichten besser verstehbar machen? In: Neue Zürcher Zeitung, Nr. 128, 6. Juni 1975, S. 77f.
Burke, Edmund: Betrachtungen über die Französische Revolution. Eingeleitet von Dieter Heinrich. Suhrkamp, Frankfurt a.M. 1967, 359 S.
Burnham, James: Begeht der Westen Selbstmord? Ein Versuch über Bedeutung und Zukunft des Liberalismus. Econ, Düsseldorf-Wien 1965, 359 S.
Burrichter, Clemens: Fernsehen und Demokratie. Zur Theorie und Realität der politischen Information des Fernsehens. Bertelsmann, Bielefeld 1970, 231 S. (Gesellschaft und Kommunikation 5).
Burwitz, Wulf Dieter: Bürgerkrieg per Taschenbuch. In: Zeitbühne, Jg. 3, H. 7 (Juli 1974), S. 26–34.
Buselmeier, Michael (Hrsg.): Das glückliche Bewußtsein. Anleitungen zur materialistischen Medienkritik. Luchterhand, Darmstadt-Neuwied 1974, 253 S.
Cassirer, Henry R.: Kommunikation und die Zukunft der Bildung. Deutsch von Ralf Frise. Deutsche Verlags-Anstalt, Stuttgart 1975, 224 S.
Churchman, C. West: Die Rolle der wohlinformierten Öffentlichkeit. In: Philosophie des Managements. Rombach, Freiburg i. Br. 1973, S. 84–99.
Cochin, Augustin: Les Sociétés de pensée et la démocratie moderne. Études d'histoire révolutionnaire. Plon, Paris 1921, IV, 300 S.

Cochin, Augustin: La Révolution et la libre-pensée. Plon, Paris 1924, L II, 292 S.
Cochin, Augustin: Les Sociétés de pensée et la révolution en Bretagne (1788–1789). 2 Bde. Champion (später Plon), Paris 1925, XII, 470 S. (Bd. 1), 390 S. (Bd. 2).
Cochin, Augustin: Abstraction révolutionnaire et réalisme catholique. Desclée de Brouwer, Paris 1935, 137 S.
Coulmas, Peter: Radio ohne Zukunft? Wiederkehr und Wandel eines Mediums. A. Fromm, Osnabrück 1973, 71 S. (Texte + Thesen 42).
Crone, Peter: Der Alptraum vom totalen Bildschirm. Fernsehen in Japan: Ein Medium, das mit absolutem Machtanspruch ein 111-Millionen-Volk regiert. In: Deutsche Zeitung, Nr. 38, 12. September 1975, S. 11.
Dahrendorf, Ralf: Gesellschaft und Demokratie in Deutschland, Piper, München 1965, 516 S.
Demant, Ebbo: Von Schleicher zu Springer. Hans Zehrer als politischer Publizist. Hase & Koehler, Mainz 1971, 263 S.
Dewhirst, Martin, Robert Farrel (Hrsg.): The Soviet Censorship. The Scarecrow Press, Metuchen (New Jersey) 1973, 170 S.
Dietz, Heinrich: Rote Semantik. In: INITIATIVE 5 (1975), S. 20–43.
Doob, Leonhard William: Public Opinion and Propaganda. Holt, New York 1951, VII, 600 S.
Dovifat, Emil: Die Pflicht zur Freiheit in der Publizistik. In: Integritas. Geistige Wandlung und menschliche Wirklichkeit. Hrsg. von Dieter Stolte und Richard Wisser. Wunderlich, Tübingen 1966, S. 429–435.
Eberhard, Fritz: Aufgaben der Massenkommunikationsmittel – Aufgaben der Publizistikwissenschaft. In: Integritas. Geistige Wandlung und menschliche Wirklichkeit. Hrsg. von Dieter Stolte und Richard Wisser. Wunderlich, Tübingen 1966, S. 441–446.
Ecclesiasticus: Die „violette“ Presse. Das evangelische Presse-Imperium. In: Criticón, Nr. 6 (Mai/Juni 1971), S. 118f.
Eichholz, Armin: Das nachrevolutionäre Theater. Nach dem Zusammenstoß von Bühnensinnlichkeit und Gesellschaftsironie. In: Criticón, Nr. 23 (Mai/Juni 1974), S. 113–119.
Eisenreich, Herbert: Plädoyer für das Fernsehen. In: Criticón, Nr. 6 (Mai/Juni 1971), S. 113.
Ellwein, Thomas: Technische und soziale Zukunft der Massenkommunikation. Middelhauve, o.O. 1970, 43 S.
Enzensberger, Hans Magnus: Bewußtseinsindustrie. In: Einzelheiten. Suhrkamp, Frankfurt a. M. 1962, 364 S.
Escarpit, Robert: L'Écrit et la Communication. Presses Universitaires de France, Paris 1973, 128 S.
Escarpit, Robert, Charles Bouazis (Hrsg.): Systèmes partiels de communication. Mouton, Paris – Den Haag 1972, 225 S.
Fabian, Rainer: Die Meinungsmacher. Eine heimliche Großmacht. Hoffmann & Campe, Hamburg 1970, 251 S.
Fernseh-Kritik. Die verhinderte Wirklichkeit. Gewohnheit – Zwang –

Tabu. Hrsg. von Anna-Luise Heygster und Alois Schardt. Hase & Koehler, Mainz 1973, 152 S. (Mainzer Tage der Fernsehkritik 5).
Fest, Joachim: Das Dilemma des studentischen Romantizismus. In: Neue Rundschau, Jg. 79, H. 3 (1968), S. 421–434.
Fest, Joachim: Fernsehen in der Krise. In: Frankfurter Allgemeine Zeitung, Nr. 206, 6. September 1975, S. 1.
Fischer, Akelei: Fernsehen in Amerika – gesteigerter Konsum, gesunkene Wertschätzung. In: Neue Zürcher Zeitung, Nr. 492, 15. November 1974, S. 67.
Flach, Karl-Hermann: Macht und Elend der Presse. Hase & Koehler, Mainz 1967, 224 S.
Fleck, Florian H.: Überlegungen zur Pressekonzentration. In: Publizistik 1971, S. 39–47.
Fleiner, Thomas: Die freiheitliche Organisation und Ausgestaltung der monipolisierten Massenmedien. In: Civitas. Monatsschrift des Schweizerischen Studentenvereins, Jg. 29, H. 11 (Juli 1974), S. 693–698.
Forsthoff, Ernst: Der Verfassungsschutz der Zeitungspresse. Alfred Metzner, Frankfurt a. M. – Berlin 1969, IV, 77 S. (Planungsstudien 3).
Foucault, Michel: Von der Subversion des Wissens. Aus dem Französischen von Walter Seitter. Hanser, München 1974, 180 S.
Freund, Michael: Georges Sorel. Der revolutionäre Konservatismus. Klostermann, Frankfurt a. M. ^{2}1972, 397 S.
Freytag, Gustav: Die Journalisten. Lustspiel in vier Akten. Leipzig 1862, 219 S.
Friedrich, Carl J.: Propaganda, Massenkommunikation und ihr Krankheitsbild. In: Pathologie der Politik. Herder & Herder, Frankfurt-New York 1973, S. 157–171.
Friedrich, Heinz: Wer druckt was für wen und warum? Schwierigkeiten beim Versuch einer verlegerischen Positionsmeldung. In: Neue Zürcher Zeitung, Nr. 233 (Fernausgabe), 25. August 1974, S. 51f.
Frisch, Max: Öffentlichkeit als Partner. Aufsätze und Reden. Suhrkamp, Frankfurt a. M. 1967, 152 S. (edition suhrkamp 209).
Fromme, Friedrich Karl: Die Zeitungsverleger legen Daten vor. In: Frankfurter Allgemeine Zeitung, Nr. 60, 12. März 1975, S. 6.
Fromme, Friedrich Karl: Der Kampf um die Mattscheibe. In: Frankfurter Allgemeine Zeitung, Nr. 203, 3. September 1975, S. 1.
Fülgraff, Barbara: Fernsehen und Familie. Rombach, Freiburg i. Br. 1965, 142 S.
Gehlen, Arnold: Die Seele im technischen Zeitalter. Sozialpsychologische Probleme in der industriellen Gesellschaft. Rowohlt, Hamburg 1957, 131 S. (rowohlts deutsche enzyklopädie 53).
Gehlen, Arnold: Das Engagement der Intellektuellen gegenüber dem Staat. In: Merkur, H. 195 (Mai 1964), S. 401–413.
Gehlen, Arnold: Die Chancen der Intellektuellen in der Industriegesellschaft. In: Neue Deutsche Hefte. Hrsg. von Joachim Günther, Jg. 17 (1970), H. 125, S. 3–15.

Gehlen, Arnold: Die Öffentlichkeit und ihr Gegenteil. In: Auf dem Weg zur hörigen Gesellschaft? Hrsg. von Oskar Schatz. Styria, Graz-Wien-Köln 1973, S. 169–182.

Gehlen, Arnold: Erfahrung zweiter Hand. In: Criticón, Nr. 26 (November/Dezember 1974), S. 243, 246.

Gehlen, Arnold: Die gewaltlose Lenkung. Zur Funktion der Massenmedien in der modernen Gesellschaft. In: Die elektronische Revolution. Wie gefährlich sind die Massenmedien? Hrsg. von Oskar Schatz, Styria, Graz-Wien-Köln 1975, S. 49–64.

Geiger, Theodor: Aufgaben und Stellung der Intelligenz in der Gesellschaft. Enke, Stuttgart 1949, VIII, 167 S.

Gerber, Claus-Peter, Manfred Stosberg: Die Massenmedien und die Organisation politischer Interessen. Bertelsmann, Bielefeld 1969, 168 S. (Gesellschaft und Kommunikation 2).

Globig, Michael: Das Journal im Zeilensprung. Teletext – die Bildschirmzeitung in Großbritannien. In: Deutsche Zeitung, Nr. 38, 12. September 1975, S. 13.

Glotz, Peter, Wolfgang R. Langenbucher: Manipulation – Kommunikation – Demokratie. Prolegomena zu einer Analyse von „Kapitalismus und Kommunikation“. In: Aus Politik und Zeitgeschichte. Beilage zur Wochenzeitung „Das Parlament“ 21. Juni 1969, S. 3–25.

Glotz, Peter, Wolfgang R. Langenbucher: Der mißachtete Leser. Zur Kritik der deutschen Presse. Kiepenheuer & Witsch, Köln 1969 204 S. (Information 22).

Görres, Joseph von: Jakobinerschriften. Hrsg. von Jakob Baxa. Stifterbibliothek, Salzburg 1953, 60 S. (Klassiker der Staatskunst 10).

Goldschmidt, Hermann Levin: Philosophie als Dialogik. Europäische Verlagsanstalt, o.O. 1948, 159 S.

Goldschmidt, Hermann Levin: Dialogik. Europäische Verlagsanstalt, Frankfurt a. M. 1964, 268 S.

Gross, Ingrid: Die Institution Presse. Zugleich ein Beitrag zum Wesen der Einrichtungsgarantie u. ihrem Verhältnis zu den Individualgrundrechten. Duncker & Humblot, Berlin 1971, 206 S. (Berliner Abhandlungen zum Presserecht 12).

Gross, Johannes: Absagen an die Zukunft. Ullstein, Frankfurt a. M. – Berlin – Wien 1974, 169 S. (Ullstein Buch 3649).

Gross, Johannes: Unsere Demagogen. In: Frankfurter Allgemeine Zeitung, 24. März 1975, S. 1.

Grossarth-Maticek, Ronald: Revolution der Gestörten? Quelle & Meyer, Heidelberg 1975, 360 S.

Günther, Joachim: Der unteilbare Liberalismus. In: Neue Deutsche Hefte, Jg. 16, H. 122 (1969), S. 91–100.

Guratzsch, Dankwart: Macht durch Organisation. Die Grundlegung des Hugenbergschen Presseimperiums. Bertelsmann Universitätsverlag, Düsseldorf 1974, 468 S. (Studien zur modernen Geschichte 7).

Gygi, Fritz: Monopolisierte Massenmedien im freiheitlichen Rechtsstaat. In: Neue Zürcher Zeitung, Nr. 518, 16. Dezember 1974, S. 13.
Haacke, Wilmont: Kommunikation oder Massenkommunikation. In: Deutsche Studien, Jg. 11, H. 43 (September 1973), S. 229–238.
Habe, Hans: Wunder, Segen und Fluch der deutschen Presse. In: Zwanzig Jahre danach. Eine deutsche Bilanz 1965. Hrsg. von Helmut Hammerschmidt. Desch, München 1965, S. 338–359.
Habe, Hans: Erinnerungen. Walter, Olten 1973, 464 S.
Habermas, Jürgen: Strukturwandel der Öffentlichkeit. Luchterhand, Neuwied-Berlin 1962, 291 S.
Habermas, Jürgen: Verwissenschaftlichte Politik und öffentliche Meinung. In: Humanität und politische Verantwortung. Hrsg. von Richard Reich. Eugen Rentsch, Erlenbach-Zürich 1964, S. 54–73.
Haensel, Carl: Rundfunkfreiheit und Fernsehmonopol. In: Kursbuch ins dritte Jahrtausend. Hrsg. von Alvin Toffler. Scherz, Bern-München-Wien 1972.
Haesel, Carl: Fünfzig Jahre Rundfunkfreiheit und die Normstruktur der neuen Fernseh-Betriebe. In: Epirrhosis. Festgabe für Carl Schmitt. Dunker & Humblot, Berlin 1968, S. 245–264.
Heidegger, Martin: Sein und Zeit. Erste Hälfte. Niemeyer, Halle 1927, XI, 438 S. (Jahrbuch f. Philosophie und phänomenolog. Forschung 8).
Heidegger, Martin: Die Frage nach dem Ding. Niemeyer, Tübingen 1962, VII, 189 S.
Heidegger, Martin: Die Technik und die Kehre. Neske, Pfullingen 1962, 47 S. (Opuscula aus Wissenschaft und Dichtung 1).
Held, Karl: Kommunikationsforschung – Wissenschaft oder Ideologie? Materialien zur Kritik einer neuen Wissenschaft. Hanser, München 1973, 196 S.
Hennis, Wilhelm: Meinungsforschung und repräsentative Demokratie. Mohr (Siebeck), Tübingen 1957 (Recht und Staat 200/201).
Hentig, Hartmut von: Öffentliche Meinung, öffentliche Erregung, öffentliche Neugier. Göttingen 1969.
Hersch, Jeanne: Die Unfähigkeit, Freiheit zu ertragen. Aufsätze und Reden. Benziger, Zürich-Köln 1974, 192 S.
Hildebrandt, Walter: Geltung und Rang der freien Meinung im politischen Leben. In: Das nachliberale Zeitalter. Diederichs, Düsseldorf-Köln 1973, S. 160–175
Hochkeppel, Willy (Hrsg.): Die Rolle der Neuen Linken in der Kulturindustrie. Piper, München 1972, 151 S.
Höhne, Heinzjoachim: Mit Vorbedacht nicht objektiv. Wie die Agentur TASS ihre Nachrichten zum Wohle Moskaus an den Mann bringt. In: Deutsche Zeitung, Nr. 36, 29. August 1975, S. 7.
Hölzle, Erwin: Idee und Ideologie. Eine Zeitkritik in universalhistorischer Sicht. Francke, Bern 1968, 252 S.
Hoffmann, Kurt (Hrsg.): Macht und Ohnmacht der Intellektuellen. Wegner, Hamburg 1968.

Hoffmann, Rüdiger: Rundfunkorganisation und Rundfunkfreiheit. Verlag Volker Spiess, Berlin 1975, 228 S.

Holl, Adolf: Gott im Nachrichtennetz. Religiöse Information in der modernen Gesellschaft. Rombach, Freiburg i. Br. 1969, 160 S.

Holzer, Horst: Illustrierte und Gesellschaft. Rombach, Freiburg i. Br. 1967, 358 S.

Holzer, Horst: Gescheiterte Aufklärung? Politik, Ökonomie und Kommunikation in der Bundesrepublik Deutschland. Piper, München 1971, 268 S.

Hurwitz, Harold: Die Stunde Null der deutschen Presse. Die amerikanische Pressepolitik in Deutschland 1945–1949. Verlag Wissenschaft und Politik, Köln 1972, 455 S.

Huszar, George B. (Hrsg.): The intellectuals: a controversial portrait. Free Press, Glencoe, Ill. 1960.

Jäde, Henning: Der Staat und die Massenmedien. Aus einem Vortrag im Seminar der Gesellschaft für freie Publizistik. In: Das freie Forum, Jg. 10, H. 192 (Januar-Februar 1971), S. 2–9.

Jaenicke, Heinz D.: Papier – Seelsorge. In: Manipulation der Meinungsbildung. Hrsg. von Ralf Zoll. Westdeutscher Verlag, Opladen 1971.

Jaspers, Karl, Arnold J. Toynbee u.a.: Werden wir richtig informiert? Ehrenwirth, München o.J.

Jaspers, Karl: Die geistige Situation der Zeit. Sechster Abdruck der im Sommer 1932 bearbeiteten 5. Auflage. Walter de Gruyter, Berlin 1965, 211 S. (Sammlung Göschen 1000).

Jouvenel, Bertrand de: Über Souveränität. Auf der Suche nach dem Gemeinwohl. Luchterhand, Neuwied-Berlin 1963, 347 S.

Kemper, G.-H.: Pressefreiheit und Polizei. Duncker & Humblot, Berlin 1964, 128 S. (Berliner Abhandlungen zum Presserecht 2).

Kesting, Hanno: Öffentlichkeit und Propaganda. Zur Theorie der öffentlichen Meinung von Dieudonné Thiebault. Selbstverlag Hanno Kesting, Bochum 1974, 189 S. (vervielfältigt).

Kierkegaard, Sören: Kritik der Gegenwart (1846). Übersetzt und mit einem Nachwort von Theodor Haecker. Brenner Verlag, Innsbruck ^{3}1934.

Kirchner, H. M.: Der Markt der Illustrierten gestern und heute. In: Publizistik 3 (1958), S. 323ff.

Kirchner, J.: Redaktion und Publikum. Deutsche Massenzeitschriften im 19. Jahrhundert. In: Publizistik 5 (1960), S. 463ff.

Klaus, Bernhard: Massenmedien im Dienst der Kirche. de Gruyter, Berlin 1970, VIII, 215 S.

Klecatsky, Hans R.: Die „große" österreichische „Presserechtsreform". Geschichte und Lage. In: Dimensionen des Rechts. Gedächtnisschrift für René Marcic. Duncker & Humblot, Berlin 1974, S. 535–554.

Klein, Hans H.: Öffentliche und private Freiheit. Zur Auslegung des Grundrechts der Meinungsfreiheit. In: Der Staat, BD. 10, H. 2 (1971), S. 145–172.

Klein, Horstpeter: Die öffentliche Aufgabe der Presse. Eine Verfassungsrechtliche und rechtspolitische Untersuchung der Presse in der Demokratie. Düsseldorf 1973. (Journalismus 3).

Kleist, Heinrich von: Über die allmähliche Verfertigung der Gedanken beim Reden. In: Sämtliche Werke und Briefe. Hrsg. von Helmut Sembdner. Carl Hanser, München 1952, Bd. 2, S. 321–327.

Knoll, Joachim H.: Viel geschmähte, notwendige Wissenschaft der Publizistik. In: Die Welt, Nr. 288, 11. Dezember 1965 (Die geistige Welt).

Kolakowski, Leszek: Der Mensch ohne Alternative. Piper, München 1960, 284 S.

Kopp, Hans W.: Basis nach Maß für die Massenmedien? In: Civitas. Monatsschrift des Schweizerischen Studentenvereins, Jg. 29, H. 11 (Juli 1974), S. 699–704.

Korn, Karl: Von deutscher Wirklichkeit. Ein Abend vor dem Bildschirm. In: Frankfurter Allgemeine Zeitung, N. 162, 17. Juli 1975, S. 17.

Kornhauser, William: The Politics of Mass. Society. The Free Press, New York ³1959, 256 S.

Koschwitz, Hansjürgen: Publizistik und politisches System. Piper, München 1974, 275 S.

Koselleck, Reinhart: Kritik und Krise. Eine Studie zur Pathogenese der bürgerlichen Welt. Suhrkamp, Frankfurt a.M. 1973, 248 S. (Zuerst Alber, Freiburg i.Br. – München 1959).

Kracauer, Siegfried: Die Gruppe als Ideenträger. In: Das Ornament der Masse. Essays. Suhrkamp, Frankfurt a. M. 1963, 331 S.

Krämer-Badoni, Rudolf: Die niedliche Revolution. Argus, Opladen 1973, 172 S.

Krämer-Badoni, Rudolf: Wenn die Lawine erst rollt ... In: Die Welt, Nr. 191, 19. August 1975, S. 6.

Kraus, Karl (Hrsg.): Die Fackel. Wien 1899–1936, Nr. 1–922 (Reprint Kösel, München 1973).

Kraus, Karl: Werke. Hrsg. von Heinrich Fischer. Kösel, München (bis 1962), Langen-Müller, München (ab 1963), 1952 ff.

Kraus, Wolfgang: Kultur und Macht. Die Verwandlung der Wünsche. Europaverlag, Wien 1975, 220 S.

Kremp, Herbert: Parteiensystem und Gegenmächte. In: Criticón, Nr. 22 (März/April 1974), S. 51–55.

Kremp, Herbert: Die Prominenz der Gewalt. In: Die Welt, Nr. 296, 20. Dezember 1974, S. 4.

Kreuzer, Helmut: Die Boheme. Beiträge zu ihrer Beschreibung. Metzler, Stuttgart 1968, 435 S.

Kristol, Irving: Sozialismus, Kapitalismus und Nihilismus. In: Neue Zürcher Zeitung, Nr. 336 (Fernausgabe), 9. Dezember 1973, S. 37 f.

Krüger, Herbert, Der Rundfunk im Verfassungsgefüge und in der Verwaltungsordnung von Bund und Ländern. Metzner, Berlin-Frankfurt a.M. 1960 (in Kommission), 154 S.

Kubel, Alfred: Ohne Zeitung versteht der Bürger diese Welt nicht. Rede

auf der Hauptversammlung des Bundesverbandes Deutscher Zeitungsverleger. In: Allgemeine Weserzeitung, 6. Oktober 1973.
Küppers, Heinz: Von „Fernsehkrüppeln", „Heimjecken" und anderen Menschen. In: Frankfurter Allgemeine Zeitung, Nr. 202, 2. September 1975, S. 21.
Kunert, Wolfgang: Pressekonzentration und Verfassungsrecht. Duncker & Humblot, Berlin 1971, 201 S. (Berliner Abhandlungen zum Presserecht 11).
Landmann, Salcia: Der geborgte Heiligenschein. Bemerkungen zum Intellektuellenkult. In: Criticón, Nr. 12 (Juli/August 1972), S. 172–174.
Langenbucher, Wolfgang R. (Hrsg.): Zur Theorie der politischen Kommunikation. Piper, München 1974, 363 S.
La Roche, Walther von: Einführung in den praktischen Journalismus. List, München 1975, 228 S.
Lenz, Friedrich: Die politischen Faktoren der Meinungsbildung. In: Publizistik 5 (1960), S. 505ff.
Lerche, Peter: Rundfunkmonopol. Metzner, Frankfurt a.M. – Berlin 1970, 112 S. (Beiträge zum Rundfunkrecht 11).
Lerche, Peter: Verfassungsrechtliche Aspekte der „inneren Pressefreiheit". Rechtsgutachten. Duncker & Humblot, Berlin 1974, 126 S.
Linz, Gertraud: Literarische Prominenz in der Bundesrepublik Deutschland. Phil. Diss. Tübingen 1964 (Erweitert: Walter, Freiburg i. Br. 1965, 244 S.).
Löffler, Martin (Hrsg.): Das Zusammenwirken der Massenmedien. C. H. Beck, München 1972. (Schriftenreihe der Deutschen Studiengesellschaft für Publizistik 9).
Löffler, Martin (Hrsg.): Die Darstellung der Gewalt in den Massenmedien. C. H. Beck, München 1973, 64 S. (Schriftenreihe der Deutschen Studiengesellschaft für Publizistik 10).
Löwenstein, Hubertus Prinz zu: Tendenzschutz oder Gleichschaltung? In: Für den Autor. FDA-Informationsblatt, Nr. 3 (1975), S. 7ff.
Loewenstern Enno von: Die Um-Schule der Nation. Von des Zuschauers Hilflosigkeit gegenüber den Sendeanstalten. In: Die Welt, Nr. 15, 18. Januar 1974, S. 4.
Loewenstern, Enno von: Zankapfel Medienpolitik. In: Criticón, Nr. 22 (März/April 1974), S. 63–65.
Loewenstern, Enno von: Das Recht auf Fernsehfreiheit. Wenn die „neuen Medien" in die öffentliche Hand fallen. In: Die Welt, Nr. 187. 14. August 1974, S. 4.
Loewenstern, Enno von: Warum die Funkhäuser vor dem Privatfernsehen zittern. In: Die Welt, Nr. 281, 3. Dezember 1974, S. 4.
Loewenstern, Enno von: Neues über die Pressezukunft. In: Die Welt, Nr. 222, 24. September 1975, S. 6.
Mannheim, Karl: Ideologie und Utopie. Schulte-Bulmke, Frankfurt a. M. ^{4}1965, XXVII, 302 S.
Mannheim, Karl: Die Bedeutung der Konkurrenz im Gebiete des Geisti-

gen. In: Wissenssoziologie. Auswahl aus dem Werk. Luchterhand, Berlin-Neuwied 1964, S. 566–613.
Marko, Kurt: Karussell der Schlagworte. In: Österreichische Osthefte, Jg. 16, H. 1, (Wien) Februar 1974, S. 1ff.
Martens, Erika: Zum Beispiel „Das Reich“. Zur Phänomenologie der Presse im totalitären Regime. Verlag Wissenschaft und Politik, Köln 1972, 294 S.
Marx, Karl, Friedrich Engels: Pressefreiheit und Zensur. Hrsg. und eingeleitet von Iring Fetscher. Europäische Verlagsanstalt, Frankfurt a. M. 1969, 240 S.
Mauersberger, Volker: Rudolf Pechel und die „Deutsche Rundschau“ 1919–1933. Eine Studie zur konservativ-revolutionären Publizistik in der Weimarer Republik. Schünemann, Bremen 1971, 344 S.
Mayer, Hans: Rhetorik und Propaganda. In: Festschrift zum 80. Geburtstag von Georg Lukács. Hrsg. von Frank Benseler. Luchterhand, Neuwied-Berlin 1965, S. 119–131.
Mayer-Maly, Theo: Möglichkeit und Grenzen der personellen Mitbestimmung in den Redaktionen. In: Archiv für Presserecht, 1972, S. 298ff.
McLuhan, Marshall: Die Gutenberg-Galaxis. Exon, Düsseldorf-Wien 1968.
McLuhan, Marshall: Die magischen Kanäle. Econ, Düsseldorf-Wien 1968.
Melody, William: Children's Television. The Economics of Exploitation. Yale University Press, New-Haven-London 1973, 164 S.
Milgram, Stanley, R. Lance Shotland: Television and Antisocial Behavior. Field Experiments. Academic Press, New York-London 1973, 183 S.
Mill, John Stuart: Über Freiheit. Aus dem Englischen übertragen und mit einem Anhang versehen von Achim v. Borries. Europäische Verlagsanstalt, Frankfurt a. M. 1969, 165 S.
Milosz, Czeslaw: Verführtes Denken. Kiepenheuer & Witsch, Köln 1959.
Milton, John: Areopagitica. A Speech for the Liberty of Unlicensed Printing. In: The Works. Hrsg. von F. A. Patterson u.a. New York 1931ff.
Mohler, Armin: Vergangenheitsbewältigung. Von der Läuterung zur Manipulation. Seewald, Stuttgart 1968, 102 S.
Mohler, Armin: Von rechts gesehen. Seewald, Stuttgart 1974, 344 S.
Molnar, Thomas: Kampf und Untergang der Intellektuellen. C. H. Beck, München 1966, 462 S.
Molnar, Thomas: Die Linke beim Wort genommen. Klett, Stuttgart 1972, 124 S.
Mühlmann, Wilhelm Emil: Zwischen Exzeß und Ordnung. Reflexionen über die Steuerung des Menschen. In: INITIATIVE 9 (Die Gehäuse des Menschen), 1975, S. 28–53.
Müller-Meiningen jr., Ernst: Justiz und Presse. Besteht die Chance zu ersprießlicher Wechselbeziehung? In: Zwanzig Jahre danach. Eine deutsche Bilanz 1965. Hrsg. von Helmut Hammerschmidt. Desch, München 1965, S. 322–337.

Musulin, Janko: Der Intellektuelle und die Macht. In: Zeitbühne, Jg. 4, H. 1 (Januar 1975), S. 36–41.
Muth, Ludwig: Ist ein goldenes Buchzeitalter zu erwarten? In: Stimmen der Zeit, Bd. 193, H. 3 (März 1975), S. 162–170.
Muth, Ludwig: Die Demokratie braucht Leser. In: Börsenblatt für den Deutschen Buchhandel, Nr. 33, (Frankfurt a.M.) 25. April 1975, S. 539–543.
Neumann, Robert: Literatur, Kritik, Manipulation. In: Zwanzig Jahre danach. Eine deutsche Bilanz 1965. Hrsg. v. Helmut Hammerschmidt. Desch, München 1965, S. 427–437.
Noelle-Neumann, Elisabeth: Wenn die innere Partnerschaft in Zeitungen zerstört wird. Ein Bericht über unerwartete Nebenwirkungen von Reformbestrebungen in Redaktionen. In: Frankfurter Allgemeine Zeitung, Nr. 217, 19. September 1974, S. 11.
Noelle-Neumann, Elisabeth: Die Schweigespirale. Über die Entstehung der öffentlichen Meinung. In: Standorte im Zeitstrom. Festschrift für Arnold Gehlen. Athenäum, Frankfurt a.M. 1974.
Nostitz, Oswald von: Sartres und Jean Amérys seltsamer Humanismus. In: Criticón, Nr. 27 (Januar/Februar 1975), S. 25f.
Nussberger, Ulrich: Die Mechanik der Pressekonzentration. Walter de Gruyter, Berlin 1971, 141 S.
Oakeshoff, Michael: Rationalismus in der Politik. Luchterhand, Neuwied-Berlin 1966, 362 S.
Oeckl, Albert: Öffentlichkeitsarbeit als Arbeit an der öffentlichen Meinung? In: Integritas. Geistige Wandlung und menschliche Wirklichkeit. Hrsg. von Dieter Stolte und Richard Wisser. Wunderlich, Tübingen 1966, S. 447–456.
Oesling-Voss, Wolfgang: Deutschlands „schwarze Presse“. Katholische Zeitungen in der Bundesrepublik. In: Criticón, Nr. 6 (Mai/Juni 1971), S. 116–118.
Oesling-Voss, Wolfgang: Sex-Politik-„Quick“. Der Heinrich-Bauer-Verlag. In: Criticón, Nr. 7 (September/Oktober 1971), S. 174f.
Oesling-Voss, Wolfgang: Die katholische Presse überlebte „Publik“. In: Criticón, Nr. 8 (November/Dezember 1971), S. 215f.
Ortlieb, Heinz-Dietrich: Die verantwortungslose Gesellschaft oder Wie man die Demokratie verspielt. Goldmann, München 1971, 150 S.
Ortlieb, Heinz-Dietrich: Die Machtansprüche der Intellektuellen. In: Criticón, Nr. 16 (März/April 1973), S. 62–65.
Padel, Gerd H.: Vertrauen in die Medien als Frage der journalistischen Qualität. In: Neue Zürcher Zeitung, Nr. 492, 15. November 1974, S. 67.
Padel, Gerd H.: Medienkritik – nur ein Politikum? In: Neue Zürcher Zeitung, Nr. 170, 25. Juli 1975, S. 47.
Padrutt, Christian: Journalistenausbildung – überflüssig oder überfällig? In: Neue Zürcher Zeitung, Nr. 77, 4. April 1975, S. 35.
Paul VI.: Pressefreiheit hat Schranken. In: Forum, H. 126/127, (Wien), Juni/Juli 1964.

Pawek, Karl: Boulevardblätter und Illustrierte. In: Deutsche Presse seit 1945. Hrsg. von Harry Pross. Scherz, Bern – München – Wien 1965.
Pfeiffer, Karl Heinz: Der manipulierte Zuschauer. Wie uns das Fernsehen beeinflußt. Herder, Freiburg i. Br. 1975, 127 S. (Herderbücherei 522).
Picht, Georg: Die Massenmedien und die Zukunft der Gesellschaft. In: Merkur, Jg. 24, H. 263 (März 1970), S. 199–208.
Pörksen, Uwe: Vom pseudowissenschaftlichen Jargon. In: Neue Rundschau, Jg. 85 (1974), H. 2, S. 214–222.
Pross, Harry: Ansichten zur zeitkritischen Funktion der westdeutschen Literaten. In: Festschrift zum achtzigsten Geburtstag von Georg Lukács. Hrsg. von Frank Benseler. Luchterhand, Neuwied – Berlin 1965, S. 176–187.
Pross, Harry: Deutsche Presse seit 1945. Mit Beiträgen von vielen namhaften Publizisten. Scherz, Stuttgart 1965, 256 S.
Pross, Harry: Moral der Massenmedien. Zu einer Theorie der Publizistik. Kiepenheuer & Witsch, Köln 1967.
Pross, Harry: Vom Mißbrauch der Massenmedien. In: Merkur, Jg. 26, H. 288 (April 1972), S. 320–331.
Pross, Harry: Medienforschung. Film, Funk, Presse, Fernsehen. Darmstadt 1972.
Pross, Harry: Politische Symbolik. Theorie und Praxis der öffentlichen Kommunikation. Stuttgart 1974.
Pruys, Karl H.: Die autonomen Meinungsmacher. Innere Pressefreiheit – Fortschritt oder Fessel? In: Konservativ heute, Jg. 5, H. 3 (Mai/Juni 1974), S. 122–128.
Pruys, Karl H., Volker Schulze: Macht und Meinung. Aspekte der SPD-Medienpolitik. Verlag Wissenschaft & Politik, Köln 1975, 160 S.
Ratzke, Dietrich: Steht der „Große Bruder“ schon vor der Tür? Eine perfekte Kabelfernsehtechnik ist anwendebereit, aber noch fehlt die gedankliche Bewältigung des neuen Mediums. In: Frankfurter Allgemeine Zeitung, Nr. 156, 10. Juli 1974, S. 9f.
Regnery, Henry: Kritik als Machtmittel. Als Verleger in den USA. In: Criticón, Nr. 5 (März/April 1971), S. 95f.
Rehbinder, Manfred: Zur inneren Pressefreiheit. In: Die öffentliche Verwaltung, Jg. 1972, S. 437–460.
Richter, Rolf: Kommunikationsfreiheit – Verlegerfreiheit? Zur Kommunikationspolitik der Zeitungsverleger in der Bundesrepbulik Deutschland 1945–1969. Verlag Dokumentation, Pullach 1973. (Dortmunder Beiträge zur Zeitungsforschung 17).
Ridder, Helmut, Ernst Heinitz: Staatsgeheimnis und Pressefreiheit. Zwei Vorträge, gehalten am 25. Mai 1963. Hrsg. vom Vorstand der SPD.
Riesman, David: Die einsame Masse. Luchterhand, Berlin-Darmstadt 1956.
Roegele, Otto B.: Funktion und Verantwortung des Publizisten in der heutigen Gesellschaft. In: Integritas. Hrsg. von Dieter Stolte und Richard Wisser. Wunderlich, Tübingen 1966, S. 508–526.

Roegele, Otto B.: Die Zukunft der Massenmedien. A. Fromm, Osnabrück 1970, 52 S. (Texte + Thesen 1).

Roegele Otto B.: Medienpolitik – und wie man sie macht. A. Fromm, Osnabrück 1973, 110 S. (Texte + Thesen 40).

Röhl, Klaus Rainer: Fünf Finger sind keine Faust. Kiepenheuer & Witsch, Köln 1974, 456 S.

Rohlinger, Rudolf: Die überschätzte Kamera. Fernsehen – nahe besehen. A. Fromm, Osnabrück 1973, 56 S. (Texte + Thesen 41).

Ronneberger, Franz: Ziele und Formen der Kommunikationspolitik. In: Publizistik 11 (1966), S. 399–406.

Ronneberger, Franz: Wege der Meinungsbildung in der komplexen Gesellschaft. Hannover 1972.

Roth, Paul: Radio und Fernsehen in der DDR. In: Neue Zürcher Zeitung, Nr. 89, 18. April 1975, S. 73f.

Röttinger, Heinz: Wie werblich ist die „Propaganda::? In: Die Industrie, Nr. 17, (Wien) 25. April 1975, S. 27f.

Sander, Hans-Dietrich: Die Intellektuellen. In: Criticón, Nr. 3 (November-Dezember 1970), S. 39–42.

Sander, Hans-Dietrich: Machiavellistisches über die SPD. Gedanken beim Lesen der Zeitschrift „Die neue Gesellschaft." In: Criticón, Nr. 7 (September/Oktober 1971), S. 142–147.

Sander, Hans-Dietrich: Erbarmen mit der SPD. Gedanken beim Lesen der neuen „Vorwärts". In: Criticón, Nr. 10 (März/April 1972), S. 68–71.

Sander, Hans-Dietrich: Der prolongierte Maulkorb. In: Zeitbühne, Jg. 3, H. 2 (Februar 1974), S. 31–38.

Sander, Hans-Dietrich: „Welt"-Untergang in Etappen. Boulevard Lisette Mullère als vorletztes Stadium einer großen Zeitung. In: Criticón, H. 30 (Juli/August 1975), S. 152–155.

Sänger, Fritz: Politik der Täuschungen. Mißbrauch der Presse im Dritten Reich. Weisungen, Informationen, Notizen (1933–1939). Europaverlag, Wien 1975, 430 S.

Sarkau, Andreas: Die Medienkritik von links verschleiert die Tatsachen. In: Student, Jg. 5 (1972), Nr. 31/32, S. 1f.

Sauvy, A.: Vom Einfluß der Meinung auf die Macht. In: Diogenes, H. 14/15 (1957), S. 224ff.

Schatz, Oskar (Hrsg.): Auf dem Weg zur hörigen Gesellschaft? Styria, Graz 1973, 269 S.

Schatz, Oskar (Hrsg.): Die elektronische Revolution. Wie gefährlich sind die Massenmedien? Styria, Graz – Wien – Köln 1975, 272 S.

Schelsky, Helmut: Die Strategie der „Systemüberwindung". In: Frankfurter Allgemeine Zeitung, Nr. 286, 10. Dezember 1971, S. 11f.

Schelsky, Helmut: Systemüberwindung, Demokratisierung und Gewaltenteilung. C. H. Beck, München 1973, 130 S.

Schelsky, Helmut: Die Arbeit tun die anderen. Klassenkampf und Priesterherrschaft d. Intellektuellen. Westdeutscher Verlag, Opladen 1975, 376 S.

Schelsky, Helmut: Macht durch Sprache. In: INITIATIVE 5 (1975), S. 176–178.
Scheuch, Erwin K.: Die primäre und die sekundäre Wirklichkeit. In: Merkur, Jg. 24, H. 263 (März 1970), S. 209–229.
Scheuch, Erwin K.: Kulturintelligenz als Machtfaktor. Intellektuelle zwischen Geist und Politik. Edition Interfrom, Zürich 1974, 70 S. (Texte + Thesen 51).
Schlamm, William S.: Vom Elend der Literatur. Pornographie und Gesinnung. Seewald, Stuttgart 1966, 237 S.
Schlamm, William S.: Sprachunterwanderung. In: Zeitbühne, Jg. 1, H. 3 (April 1972), S. 39f.
Schlamm, William S: Das Jahrhundert der Presse. In: Zeitbühne, Jg. 2, H. 11 (November 1973), S. 11–17.
Schlamm, William S.: Die Sterblichen. In: Zeitbühne, Jg. 3, H. 12 (Dezember 1974), S. 56.
Schmidt, Giselher: Das Grundgesetz in Frage stellen? Zu den Schriften der Bundeszentrale für politische Bildung. In: Die Welt, Nr. 254, 31. Oktober 1974, S. 23.
Schmidtchen, Gerhard: Manipulation durch die Massenmedien. In: Die Manipulierbarkeit des Menschen. Mainzer Unterrichtsgespräche, Sommersemester 1968.
Schneider, Franz: Presse- und Meinungsfreiheit nach dem Grundgesetz. Beck, München.
Schneider, Franz: Pressefreiheit und politische Öffentlichkeit. Studien zur politischen Geschichte Deutschlands bis 1848. Luchterhand, Neuwied – Berlin 1966, 350 S.
Schneider, Peter: Pressefreiheit und Staatssicherheit. Hase & Koehler, Mainz 1968.
Schoeck, Helmut: Vorsicht Schreibtischtäter. Politik und Presse in der Bundesrepublik. Seewald, Stuttgart 1972, 254 S.
Schoeck, Helmut: Die Unterwanderung der Massenmedien. Das medienpolitische Konzept der Linken. In: Frankfurter Allgemeine Zeitung, Nr. 158, 12. Juli 1972, S. 13.
Schoeck, Helmut: Die Lust am schlechten Gewissen. Herder, Freiburg i. Br. 1973, 160 S. (Herderbücherei 464).
Schrenck-Notzing, Caspar: Charakterwäsche. Seewald, Stuttgart 1965.
Schrenck-Notzing, Caspar: Zukunftsmacher. Die neue Linke in Deutschland und ihre Herkunft. Seewald, Stuttgart 1968, 310 S.
Schrenck-Notzing, Caspar: Honoratiorendämmerung. Das Versagen der Mitte. Seewald, Stuttgart 1973, 149 S.
Schubbe, Elimar (Hrsg.): Dokumente zur Kunst-, Literatur- und Kulturpolitik der SED. Seewald, Stuttgart 1972, 1813 S.
Schumpeter, Joseph A.: Kapitalismus, Sozialismus und Demokratie. Francke, Bern ^{2}1950, 498 S.
Schwarze, Michael: Das Fernsehverbrechen. In: Frankfurter Allgemeine Zeitung, Nr. 55, 6. März 1975, S. 17.

Sell, Friedrich Wilhelm Freiherr von: Meinungsfreiheit in Rundfunk und Presse aus der Sicht der Verfassung. In: Publizistik 14 (1969), S. 394–397.

Servan-Schreiber, Jean-Louis: Der Bildschirm kann die Zeitung nicht ersetzen. In: Die Welt, Nr. 288, 1. Oktober 1974.

Sichelschmidt, Gustav: Friedrich Nicolai. Geschichte seines Lebens. Nicolaische Verlagsbuchhandlung, Herford 1971, 187 S.

Silbermann, Alphons: Die Zukunft der Massenmedien. In: Die Welt, Nr. 24, 29. Januar 1971, S. 19.

Silbermann, Alphons, U. M. Krüger: Soziologie der Massenkommunikation. Kohlhammer, Stuttgart 1974 (Urban-Taschenbücher 166).

Sola Pool, Ithiel de (Hrsg.): Talking Back: Citizen Feedback and Cable Technology. MIT Press, Cambridge (Massachusetts) 1973, 325 S.

Somerville, John: Wenn Wörter Wahrheit verwirren. In: Die Zeit, Jg. 28, Nr. 14 (30. März 1973), S. 64.

Sonnemann, Ulrich: Machen Meinungsforscher die Meinung, die sie erforschen? In: Das Land der unbegrenzten Zumutbarkeiten. Deutsche Reflexionen. Rowohlt, Reinbek 1963, S. 162–175.

Sorel, Georges: Le procès de Socrate. Paris 1889, 396 S.

Sorel, Georges: Les Illusions du Progrès? Rivière, Paris [2]1911, 340 S.

Springer, Axel: Von Berlin aus gesehen. Zeugnisse eines engagierten Deutschen. Seewald, Stuttgart 1971, 300 S., 52 Bildtaf.

Staël, Germaine de: Über Deutschland (De l'Allemagne). Nach der Übersetzung von Robert Habs hrsg. und eingeleitet von Sigrid Metken. Reclam, Stuttgart 1962, 397 S., 24 Abb.

Steinbuch, Karl: JA zur Wirklichkeit. Seewald, Stuttgart 1975, 297 S.

Steinbuch, Karl: Kommunikation als technisches und gesellschaftliches Phänomen. In: Die elektronische Revolution. Wie gefährlich sind die Massenmedien? Hrsg. von Oskar Schatz. Styria, Graz – Wien – Köln 1975, S. 31–48.

Steinmann, Matthias F.: Massenmedien und Werbung. Rombach, Freiburg i.Br. 1971, 454 S. (Beiträge zur Wirtschaftspolitik 14).

Stern, Klaus, Herbert Bethge: Öffentlich-rechlicher und privatrechtlicher Rundfunk. Rechtsgutachtliche Untersuchung der Verfassungsmäßigkeit des Zweiten Gesetzes zur Änderung und Ergänzung des Gesetzes Nr. 806 über die Veranstaltung von Rundfunksendungen im Saarland vom 7. Juni 1967. Beiträge zum Rundfunkrecht, Bd. 13. Alfred Metzner, Frankfurt a.M. – Berlin 1971, 136 S.

Stieler, Kaspar: Zeitungs Lust und Nutz. Vollständiger Neudruck der Originalausgabe von 1695. Hrsg. von Gert Hagelweide. Schünemann, Bremen 1969, XXV, 327 S., 3 Abb.

Stöcklein, Paul: „An ihrer Sprache werdet ihr sie erkennen“: Spracherfahrungen, Machterfahrungen. In: Literatur als Vergnügen und Erkenntnis. Quelle & Meyer, Heidelberg 1974, S. 155–168.

Streithofen, Heinrich Basilius, Friedrich Zimmermann: Grundsätze zur Medienpolitik. Seewald, Stuttgart 1974, 132 S. (Walberberger Gespräche 3).

Studnitz, Hans-Georg: Mitbestimmung beim Fernsehen. In: Zeitbühne, Jg. 3, H. 12 (Dezember 1974), S. 14–22.

Sturm, Hertha: Die Faszination der Medien schwindet. In: Neue Zürcher Zeitung, Nr. 516, 13. Dezember 1974, S. 67.

Sturm, Hertha: Informationserwartung des Publikums und deren Konsequenzen für die Massenmedien. In: Neue Zürcher Zeitung, Nr. 522, 20. Dezember 1974, S. 55.

Theissing, Heinrich: Die Sehnsucht nach Wirklichkeit. Bemerkungen zu Aktion und Happening. In: Jahresring 1970/1971.

Tönnies, Ferdinand: Kritik der öffentlichen Meinung. Berlin 1922.

Topitsch, Ernst: Links, wo der Geist ist? Das war einmal. In: Criticón, Nr. 8 (November/Dezember 1971), S. 186–188.

Traugott, Edgar: Die Herrschaft der Meinung. Über die Wechselwirkung von demoskopischen Daten und politischen Entscheidungsprozessen. Bertelsmann Universitätsverlag, Düsseldorf 1970, 209 S.

Trittel, Gisela: Hitler: Auch als Toter noch eine Gefahr? In: Report, Jg. 3, Nr. 8 (August 1972), S. 3–6.

Verhandlungen des 49. Deutschen Juristentages, Sitzungsbericht N: Empfiehlt es sich, zum Schutze der Pressefreiheit gesetzliche Vorschriften über die innere Ordnung von Presseunternehmen zu erlassen? München 1972.

Wallenreiter, Christian: Verantwortung für den Rundfunk. In: Auftrag und Engagement der Mitte. Eckwerte der Demokratie in der Bundesrepublik. Hrsg. von Hildegard Hamm-Brücher. Piper, München 1974, S. 219–228.

Walther, Helmut: Der Rundfunk auf dem Weg zur vierten Gewalt. In: Die Welt, Nr. 223, 25. September 1971.

Walther, Helmut: Rundfunkreform – Schicksalsfrage für den Bund Deutscher Länder. Hrsg. von der Studiengesellschaft für staatspolitische Öffentlichkeitsarbeit e. V. Amorbach 1973, 10 S. (vervielfältigt).

Walther, Helmut: Die verfassungsfeindliche Bewußtseinsbildung durch öffentlich-rechtliche Rundfunkanstalten. Notizen – Dokumente – Kritik. Hrsg. von der Studiengesellschaft für staatspolitische Öffentlichkeitsarbeit e. V. Amorbach 1973.

Walther, Helmut: Das Fernsehen – eine Schicksalsfrage. Unkontrollierte Machtausübung widerspricht dem demokratischen Prinzip. In: Rheinischer Merkur, Nr. 27, 6. Juli 1973.

Walther, Helmut: Memorandum zur Rundfunkreform in Nordrhein-Westfalen. Plädoyer für einen staatsfreien und demokratischen WDR. Hrsg. von der Aktion Funk und Fernsehen (AFF) e. V. Köln 1974, 62 S. (vervielfältigt).

Weber, Werner: Innere Pressefreiheit als Verfassungsproblem. Berlin 1973. (Berliner Abhandlungen zum Presserecht 16).

Weinreich, Harald: System, Diskurs und die Diktatur des Sitzfleisches. In: Merkur. Deutsche Zeitschrift für europäisches Denken, Jg. 16, H. 8. (August 1972), S. 801–812.

Weischedel, Wilhelm: Wahrheit und Unwahrheit der öffentlichen Meinung. In: Wirklichkeit und Wirklichkeiten. Berlin 1960.

Wenke, Hans: Freie Meinungsbildung und ihre Grenzen. In: Integritas. Geistige Wandlung und menschliche Wirklichkeit. Hrsg. von Dieter Stolte und Richard Wisser. Wunderlich, Tübingen 1966, S. 421–429.

Wheeler, Harvey: Die Politik der Revolution. In: Neue Deutsche Hefte, Jg. 15 (1968), H. 120, S. 3–41.

Wiehn, Erhard: Intellektuelle in Politik und Gesellschaft. Enke Stuttgart 1971, XII, 140 S.

Williams, F.: Das Recht auf Information. Der Aufstieg der Weltpresse.

Williams, Raymond: Television, Technology and Cultural Forms. Collins Sons & Co., London 1974, 160 S.

Wilson, R. M.: Lord Northcliff. London 1927.

Wufka, Eduard: Die verfassungsrechtlich-dogmatischen Grundlagen der Rundfunkfreiheit. Zugleich ein Beitrag zu Problemen der Rundfunkorganisation und Staatsaufsicht. Alfred Metzner, Frankfurt a.M. – Berlin 1971, 145 S. (Beiträge zum Rundfunkrecht 12).

Zehm, Günter: Die Macher und die Kritiker. Versuch, ein neues soziologisches Modell zu etablieren. In: Die Welt, Nr. 31, 6. Februar 1971 (Die geistige Welt).

Zehm, Günter: Die Arbeit tun die anderen. Klassenkampf der Intellektuellen. Zu neuen Büchern von Schelsky und Steinbuch. In: Die Welt, Nr. 72, 26. März 1975, S. 21.

Zoll, Ralf, Eike Henning: Massenmedien und Meinungsbildung. Angebot, Reichweite, Nutzung und Inhalt der Medien in der BRD. Juventa, München 1970, 335 S.

Zoll, Ralf (Hrsg.): Manipulation der Meinungsbildung. Zum Problem der Öffentlichkeit. Westdeutscher Verlag, Opladen 1971, 372 S. (Kritik 4).

Notizen über die Autoren

Carl Amery, geboren am 9. April 1922 in München. Seine Jugend wurde bestimmt durch die Spannungen, die sich aus der festen Haltung seines Elternhauses gegenüber dem Nationalsozialismus und frühen Kontakten mit dem Kreis um die Zeitschrift „Hochland" ergaben. Soldat von 1941 bis 1946 (davon drei Jahre US-Kriegsgefangenschaft). Nach der Rückkehr nahm er, neben dem Studium der Romanistik, seine schriftstellerische Tätigkeit auf. Nach belletristischen Arbeiten und Auftragsarbeiten für Film und Funk verlegte er das Schwergewicht seiner literarischen Bemühungen auf den kritischen Essay.
Wichtigste Veröffentlichungen: Der Wettbewerb (Roman, 1954), Die Große Deutsche Tour (Roman, 1958), Die Kapitulation oder Deutscher Katholizismus heute (1963), Fragen an Welt und Kirche (1967), Das Ende der Vorsehung (1972), Das Königsprojekt (Roman, 1974).

Hermann Boventer, geboren 1928 in Düsseldorf, Studium der Philosophie, Soziologie und Kunstgeschichte, drei Jahre Studium und Lehrtätigkeit in Nordamerika, zwölf Jahre Tätigkeit als Journalist. Seit 1968 Leiter der Thomas-Morus-Akademie in Bensberg bei Köln. Vorsitzender der Gesellschaft Katholischer Publizisten Deutschlands.
Wichtigste Veröffentlichungen: Broschüren und Magazine der Bundeszentrale für Politische Bildung (Automation wohin?; Wahlrecht; Der Einzelne vor der Politik: Eine politische Verhaltenslehre; Respekt vor der Obrigkeit: Autorität und Staat; Fremde, Gäste, Freunde: Gastarbeiter in Deutschland, Bonn 1966–1969), Die Illustrierten (In: Handbuch der Publizistik, Bd. 3, 1969), Medienpolitik (Mönchengladbach 1974), Fernsehen und Politik (In: Stimmen der Zeit, 1974, H. 1).

HELMUT WALTHER, geboren 1922 in Neustadt (Schwarzwald), Studium der Rechtswissenschaft in München und Freiburg i. Br. Von 1955–1959 im Öffentlichen Dienst, dann in der freien Wirtschaft und als Anwalt in Frankfurt a. M. tätig. 1965 Rückkehr in den Öffentlichen Dienst bei einer Bundesoberbehörde in Frankfurt a. M., im Frühjahr 1971 Versetzung nach Baden-Württemberg. Verfasser zahlreicher Denkschriften zu Problemen von Rundfunk und Fernsehen, Vorstandssprecher der Zuschauervereinigung „Aktion Funk und Fernsehen".

RUDOLF ZIHLMANN, geboren 1925 in Luzern. Studium der Rechte an den Universitäten Zürich und Bern. Seit 1952 als freier Anwalt tätig.
Wichtigste Veröffentlichungen: Vom Kosmos des Staates. Fragmente zur Wiedergeburt des konservativen Denkens (Zürich – Paderborn 1962), Zur Mutation des Konservatismus. In: Konservatismus international. Hrsg. von G.-K. Kaltenbrunner (Stuttgart 1973).

HEINRICH DIETZ, geboren 1905. (Vgl. INITIATIVE 2, 5 u. 6.)

HENNING JÄDE, geboren 1948 in Hof/Saale. Nach Ablegung der Reifeprüfung (1967) Studium der Rechtswissenschaften in Erlangen und München. Redakteur einer überregionalen Studentenzeitung.
Wichtigste Veröffentlichungen: Volksfront-Universität. Die revolutionäre Zerstörung der Wissenschaft (1967), Die Schule der Sprachlosigkeit (In: INITIATIVE 5, 1975).

DIETER MEICHSNER, geboren 1928 in Berlin, Studium der Germanistik, Anglistik und Geschichte an der Freien Universität Berlin. Leiter der Hauptabteilung Fernsehspiel des NDR, Mitglied des Pen-Clubs und der Freien Akademie der Künste Hamburg.
Wichtigste Veröffentlichungen: Versucht's noch mal mit uns (1948), Weißt Du warum? (Roman, 1952), Die Studenten von Berlin (Roman, 1954), zahlreiche Features im Hörfunk, Hör- und Fernsehspiele.